MW01039581

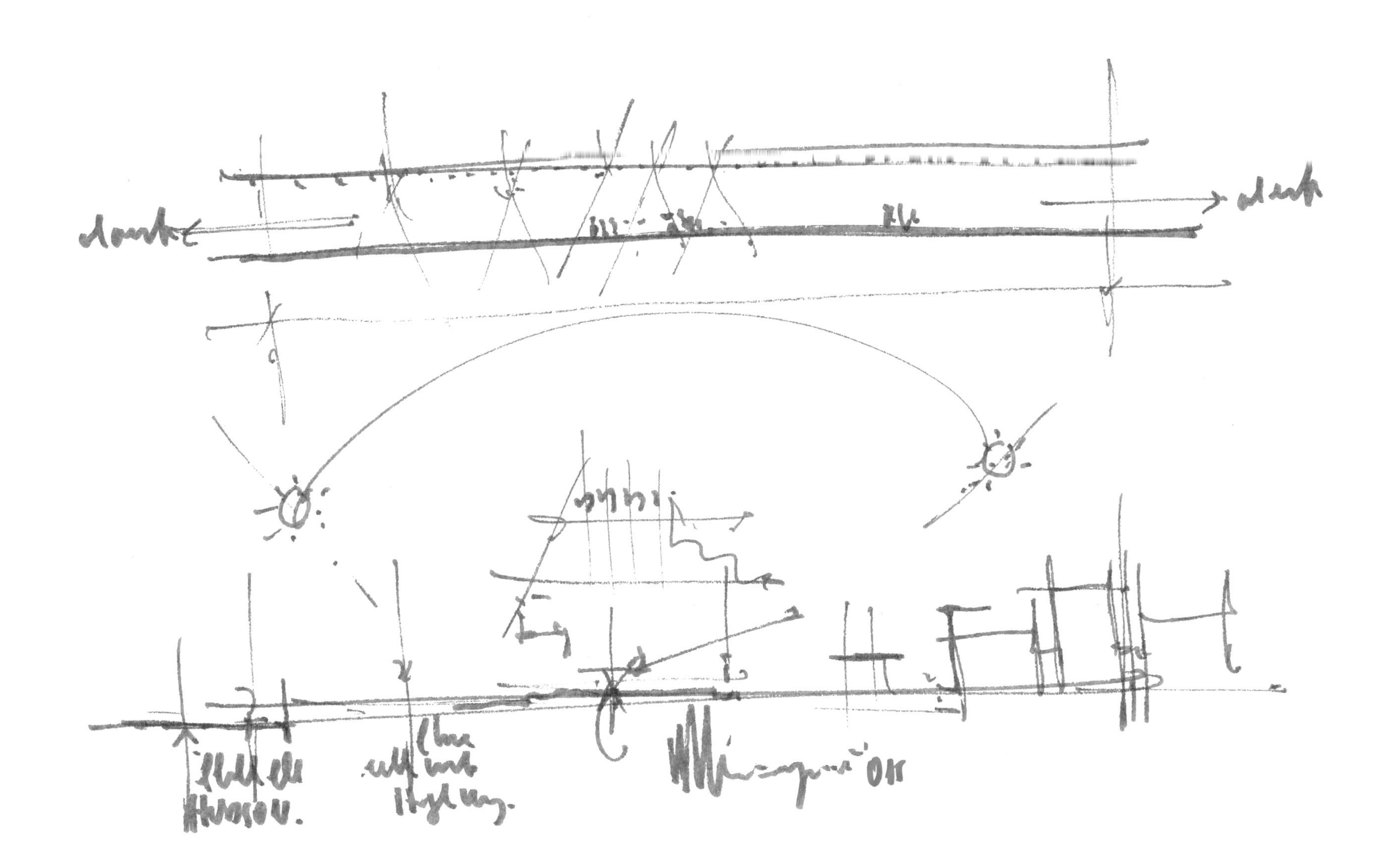

the West.

the far west

the Hudson River

the new Park on the river

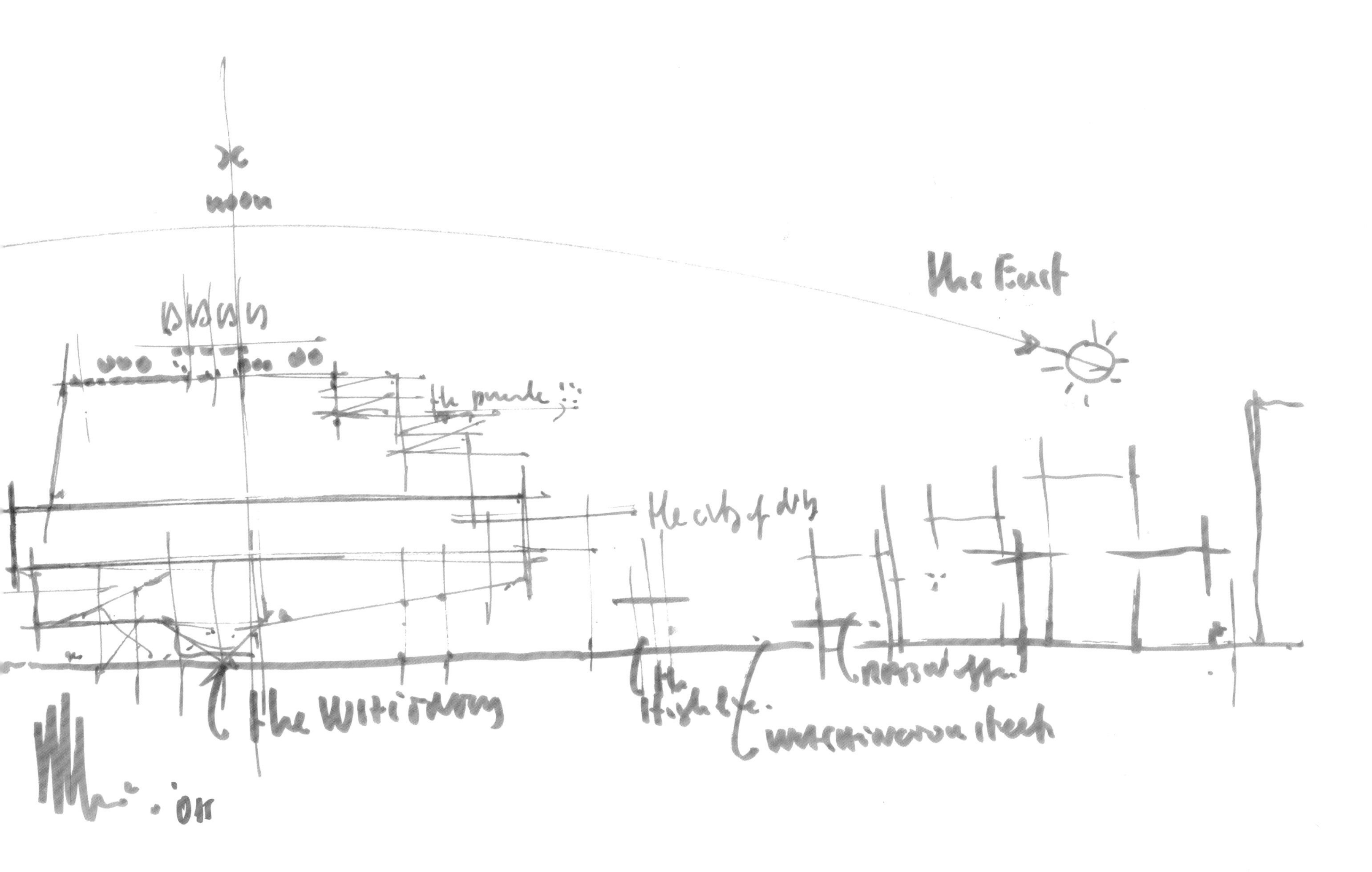
moon
the East

La storia di questo museo inizia con Gertrude Vanderbilt Whitney, la scultrice che nel 1914 fondò nel Greenwich Village il Whitney Studio, un club aperto ad artisti americani affermati ed emergenti. Quando nel 1928 il Metropolitan Museum rifiutò la donazione delle 500 opere della sua collezione, Gertrude decise di creare un proprio museo indipendente, inaugurato nel 1931.

The history of this museum starts with Gertrude Vanderbilt Whitney, the sculptor who in 1914 founded the Whitney Studio in Greenwich Village as a club open to established and emerging American artists. In 1928 the Metropolitan Museum refused Gertrude's offer of a donation of 500 works from her collection, so she decided to create her own independent museum, inaugurated in 1931.

Whitney Studio Club

Prima sede del Whitney Museum of American Art sull'Ottava Strada,1931

First home of the Whitney Museum of American Art, West 8th Street, 1931

Nel 1954 il museo abbandonò la prima sede per spostarsi sulla Cinquantaquattresima Strada, e dodici anni dopo si trasferì nel museo progettato da Marcel Breuer. Questo edificio ha ospitato la collezione fino ad oggi.

In 1954 the museum abandoned its original premises and moved to West 54th Street, and twelve years later moved again to the museum designed by Marcel Breuer. This building has housed the collection to date.

Collezione permanente, 1931

Permanent collection, 1931

Seconda sede del Whitney Museum of American Art sulla Cinquantaquattresima, 1954.

Second home of Whitney Museum of American Art, West 54th Street,1954.

'erza sede, progettata da
Aarcel Breuer su Madison Avenue
la Settantacinquesima Strada, 1966.

Third home, designed by Marcel
Breuer on Madison Avenue at 75th
Street, which opened in 1966.

Adam D. Weinberg
Alice Pratt Brown Director
Whitney Museum of American Art

L'architettura è un'arte lenta, e forse addirittura la forma d'arte più lenta, se consideriamo il tempo che occorre per progettare, ottenere le autorizzazioni e costruire un edificio. Dicendo un'ovvietà, una buona architettura nasce da un rapporto profondo tra architetto e cliente, e, come ogni relazione duratura, serve tempo per costruirla. Quando nel 2003 il Museo di Arte Americana Whitney iniziò a lavorare con Renzo Piano al progetto di ampliamento della nostra ex sede nell'Upper East Side a Manhattan, non avevamo idea che la nostra collaborazione sarebbe durata oltre un decennio. Come prima cosa, appena avuto l'incarico di studiare l'estensione all'edificio progettato da Marcel Breuer – dove il Whitney aveva avuto sede sin dal 1966 – Renzo Piano e il suo studio Renzo Piano Building Workshop (RPBW), iniziarono intensi colloqui con il board e lo staff del museo, per comprendere l'ethos, la storia e il carattere del Whitney, nonché la sua collezione e il suo programma. Durante questo periodo, la reciproca comprensione delle future necessità del museo è aumentata, gettando le basi per un profondo legame con Piano e i suoi fidati collaboratori. Ma un ampliamento nei quartieri residenziali non si poteva fare: il Whitney avrebbe quasi immediatamente superato il volume consentito in quella sede. Nel 2006, peraltro, il Whitney identificò una possibile sede per il nuovo edificio nel Meatpacking District, in un sito in stato di abbandono, che offriva vantaggi straordinari: era un grande spazio orizzontale ideale per creare sale senza colonne, vicino al quartiere delle gallerie d'arte di Chelsea, che godeva di ampie vedute sul Fiume Hudson, a pochi passi dalla High Line. Il potenziale nuovo edificio avrebbe avuto una vista a 360 gradi, all'interno di un quartiere da molto tempo legato all'arte e agli artisti, e a due passi dal Greenwich Village (non lontano da dove il Whitney fu fondato sull'Ottava Strada nel 1931). Ma, soprattutto, questo sito esteso ci permetteva di sognare un futuro a lungo termine per il Museo, e non solo una sistemazione temporanea. Renzo Piano accolse con entusiasmo la scelta, e capì immediatamente che un edificio nuovo in quel luogo avrebbe dovuto avere un aspetto esterno forte, audace e simbolico, e interni aperti, accoglienti, flessibili e intimi, così da incarnare davvero lo spirito del Whitney. Dopo aver rivisto e rivalutato il programma con lo staff del museo, compresa l'urbanistica e i requisiti geologici del sito, e riconosciute le opportunità e i limiti del nostro budget, Renzo Piano – con rinnovati energia e slancio – elaborò un'idea e un progetto schematico:
istintivamente egli seppe esattamente ciò che voleva per il carattere e la sede dell'edificio. E fu così che la forma seguì la funzione: l'edificio fu progettato dall'interno verso l'esterno, e prese forma rapidamente, rispondendo alle necessità del programma, con un accesso diretto all'arte per visitatori e staff, ampi spazi esterni, e splendide gallerie senza colonne che avrebbero reso giustizia a qualunque opera, dai piccoli disegni alle installazioni di grandi dimensioni. Il concept rivela a est una serie di gradoni, come in uno ziggurat, che digradano verso la High Line e Washington Street, mentre la massa dell'edificio aumenta a ovest e sul fiume Hudson. I piani a cascata abbracciano visivamente la High Line e le strade circostanti, quasi a diventare un segnale per il vicinato. La massa che si innalza a ovest apre ai visitatori la vista panoramica del lungofiume mentre l'intero edificio "levita" visivamente dalle sue fondamenta – come direbbe Piano – grazie a un atrio interamente trasparente, con nastri di acciaio verniciato che lo avvolgono, assorbendo la cangiante luce riflessa dal fiume e modificandone l'aspetto in funzione dell'ora del giorno, della stagione e delle condizioni atmosferiche. Inoltre, già dall'inizio è stato immaginato che i visitatori avrebbero potuto muoversi nello spazio con facilità e che gli interni avrebbero dovuto trasmettere un senso di intimità: per questo il museo è facile da comprendere, anche se ogni piano ha una forma unica, che riflette uno scopo specifico, e offre una diversa esperienza di scoperta. Ciascuno dei quattro edifici che hanno ospitato il Whitney ha davvero incarnato lo spirito e le aspirazioni dell'istituzione in un particolare momento storico. Il Whitney sull'Ottava Strada (1931-54) aveva un aspetto prevalentemente nazionale, come la sua scala e, per certi versi, la sua funzione, in quanto rappresentava la casa, letterale e metaforica, dell'arte e degli artisti americani. Il Whitney sulla Cinquantaquattresima (1954-66) offriva spazi più ampi e confortevoli per i visitatori, in una sede che ne sottolineava il grande ruolo pubblico, mentre il coraggioso edificio firmato da Breuer sulla Madison Avenue all'incrocio con la Settantacinquesima (1966-2014) voleva essere una dichiarazione dell'indipendenza del museo e un segno del suo ingresso nel gota delle grandi istituzioni d'arte. L'elegante edificio progettato da Piano continua questa evoluzione con molto più spazio per esporre la nostra impareggiabile collezione di arte americana moderna e contemporanea, per il centro studi sui nostri numerosi lavori su carta, e per lo straordinario laboratorio di conservazione. Al tempo stesso rappresenta un'ulteriore apertura al pubblico, con la sua trasparenza, i molteplici spazi interni ed esterni, e le aree totalmente dedicate alle esibizioni e alla formazione. Anche se il museo guarda al futuro, il ritorno downtown ci ricorda le nostre radici e il nostro antico ruolo di "museo degli artisti".
È nostra viva speranza che la scala, la flessibilità, e il carattere del magnifico edificio di Piano e i suoi superbi spazi per l'arte saranno di ispirazione per gli artisti delle generazioni a venire.

Adam D. Weinberg
Alice Pratt Brown Director
Whitney Museum of American Art

Architecture is a slow art—if not the slowest art form given the time it takes to design, get approvals, and construct a building. To state the obvious, good architecture derives from a strong relationship between architect and client. And like any durable relationship, it takes duration to build. When the Whitney Museum of American Art began working with Renzo Piano in 2003 on plans for expanding our former home on Manhattan's Upper East Side, we had no idea that our collaboration would endure for more than a decade. After we engaged Piano and the Renzo Piano Building Workshop (RPBW) to create an addition to the Marcel Breuer-designed building that the Whitney inhabited since 1966, Piano had intensive conversations with the Board of Trustees and staff to understand the ethos, history, and character of the Whitney as well as its collection and program. During this period, our mutual understanding of the future needs of the Museum grew, and we established a deep connection with Piano and his trusted colleagues. But an uptown expansion was not to be—the Whitney would have outgrown any expansion at that location almost immediately. In 2006, however, the Whitney identified a possible site for a new building in the Meatpacking District. The largely abandoned lot offered extraordinary advantages: a large, horizontal space ideal for creating column-free galleries; proximity to Chelsea's gallery district; sweeping views of the Hudson River; adjacency to the High Line; the opportunity for 360-degree views of a potential building; a neighborhood long connected to art and artists; and a location near the edge of Greenwich Village (not far from where the Whitney originated on Eighth Street in 1931). Above all, this spacious site enabled us to dream about the Museum's long-term future and not merely consider what could be accommodated in the short-term. Piano enthusiastically embraced this location and knew that an entirely new building on this site would need to have an exterior that was strong, bold, and identifiable but still be open, welcoming, flexible, and intimate within so as to embody the spirit of the Whitney. Revisiting and reconsidering the program plans with the Museum staff, understanding the zoning and geological requirements of the site, and acknowledging the opportunities and limitations of our budget, Piano—with renewed energy and excitement—commenced with a concept and a schematic design. He instinctively knew what he wanted regarding the character and siting of the building. From there, form followed function: the building was designed from the inside out and quickly took shape in response to the needs of the program with direct access to the art for both visitors and staff, extensive outdoor spaces, and stunning column-free galleries that would do justice to works ranging from small drawings to large-scale installations. The concept design reveals a series of ziggurat-like steps on the east descending toward the High Line and Washington Street with the mass of the building rising to the west and the Hudson River. The cascading floors visually embrace the High Line and the surrounding streets, serving as a nod to the neighborhood. The rising mass on the west affords visitors panoramic views of the waterfront while the whole building visually "levitates"—as Piano would say—off the foundation with a fully transparent lobby. Ribbons of painted steel enfold the building and absorb the changing light reflected by the river, varying the Museum's appearance depending on the time of day, season, and atmospheric conditions. In addition, it was always understood that visitors should be able to navigate the space with ease and that the interior should have a sense of intimacy. Accordingly, the Museum is easy to comprehend, yet each floor is a unique shape, reflects a specificity of purpose, and offers an experience of discovery. Each of the Whitney's four buildings has truly embodied the spirit and aspirations of the institution at a particular historical moment. The Whitney on Eighth Street (1931-54) was largely domestic in appearance, scale, and, to some degree, function, providing a literal and metaphorical home for American art and artists. The Whitney on Fifty-fourth Street (1954-66) offered larger, visitor-friendly spaces in a location befitting its greater public role. And the intrepid, signature Breuer building on Madison Avenue at Seventy-fifth Street (1966-2014) was a declaration of the Museum's independence and a sign of its coming of age as a full-fledged collecting institution. Piano's elegant building continues this evolution with far more room for the display of our unparalleled collection of modern and contemporary American art, a study center for our extensive holdings of works on paper, and an extraordinary conservation lab.

At the same time, it represents a further opening up to the public with its transparency, multiple indoor and outdoor spaces, and spaces fully devoted to performances and education. Even as the Museum looks ahead, the move back downtown is a reminder of our roots and our longstanding role as the "artists' museum." It is our fervent hope that the scale, flexibility, and character of Piano's magnificent building its superb spaces for art will be an inspiration to artists for generations to come.

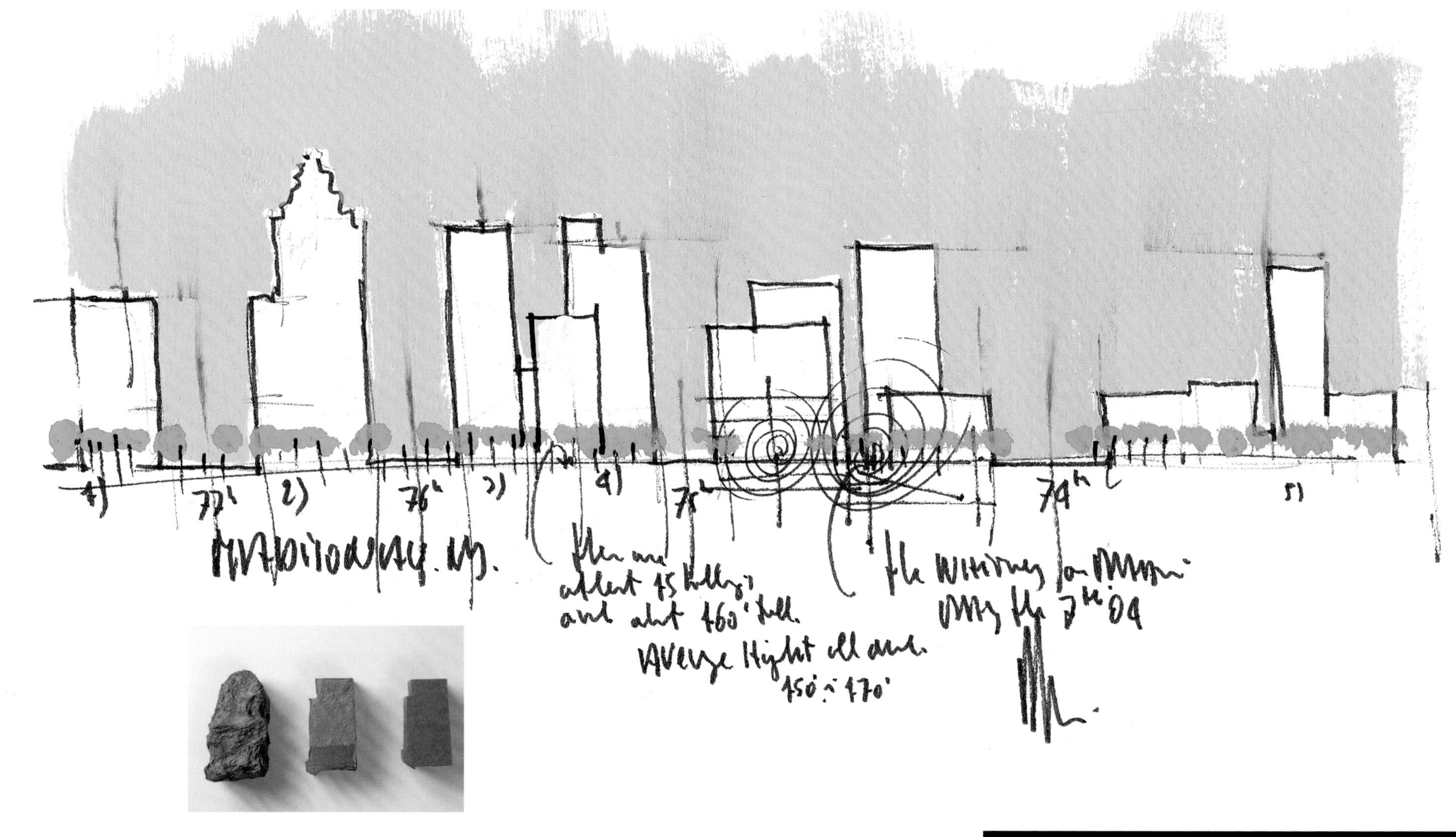

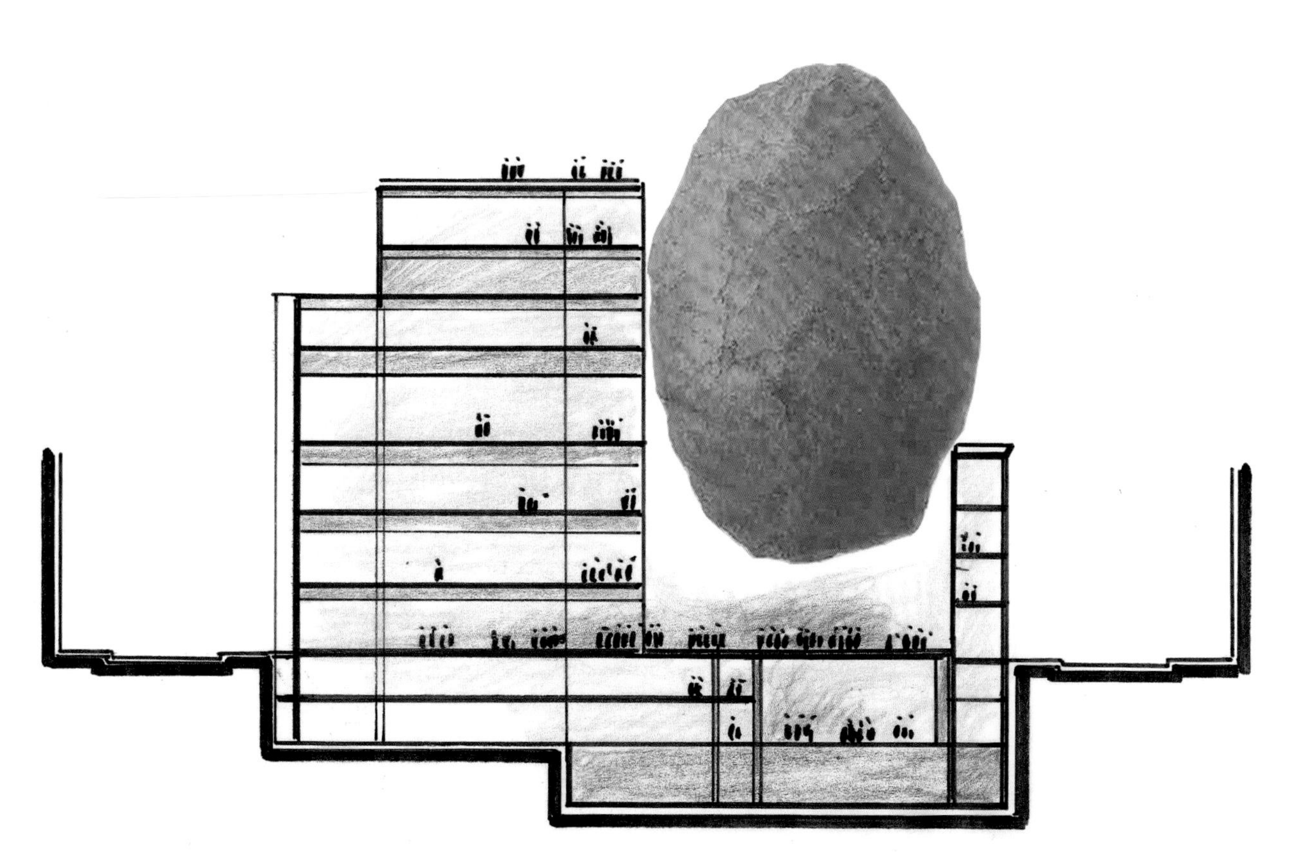

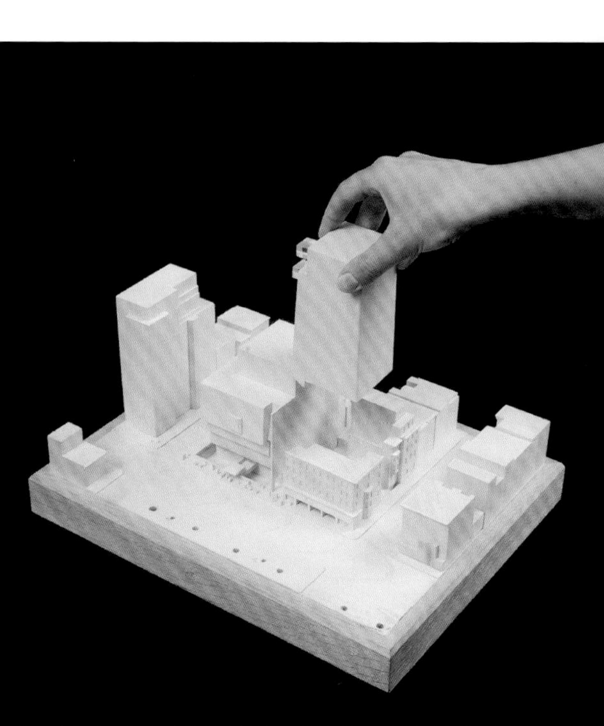

Per due anni abbiamo lavorato a una prima ipotesi di progetto, che prevedeva la ristrutturazione della vecchia sede sulla Madison e l'espansione in un edificio accanto. Sarebbe stato un progetto interessante, ma non funzionava. Tuttavia le idee di un piano terra pubblico e accessibile dalla strada, e di un museo aperto e tollerante sono rimaste: semplicemente hanno attraversato Manhattan e sono state utilizzate nel progetto definitivo, in tutt'altra parte della città.

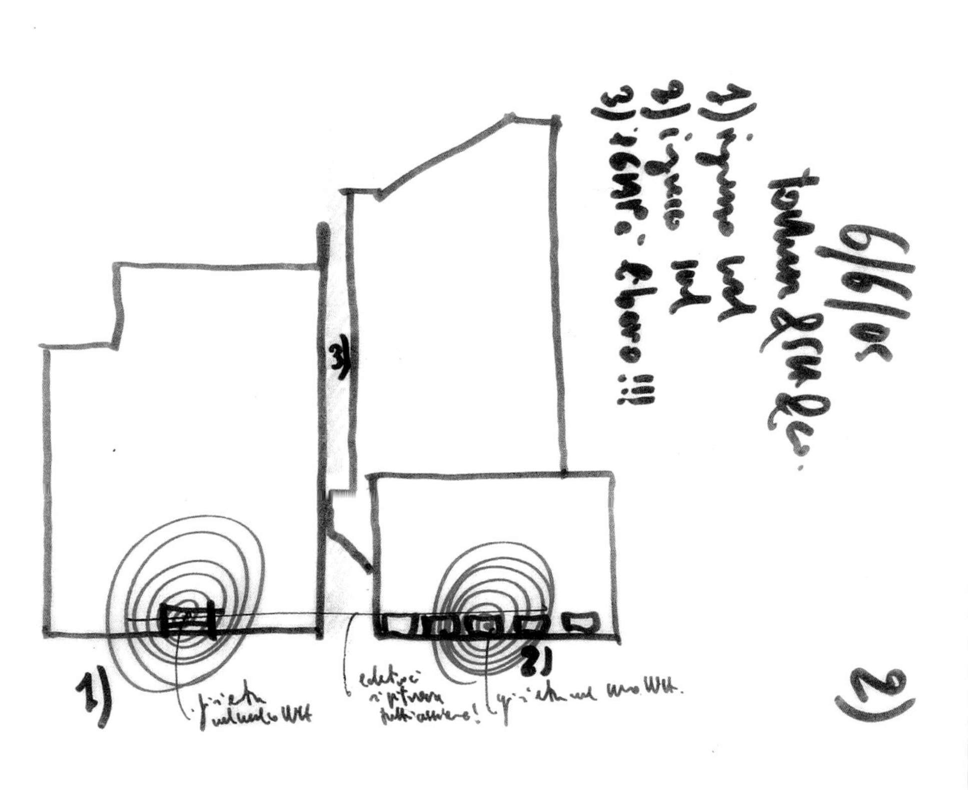

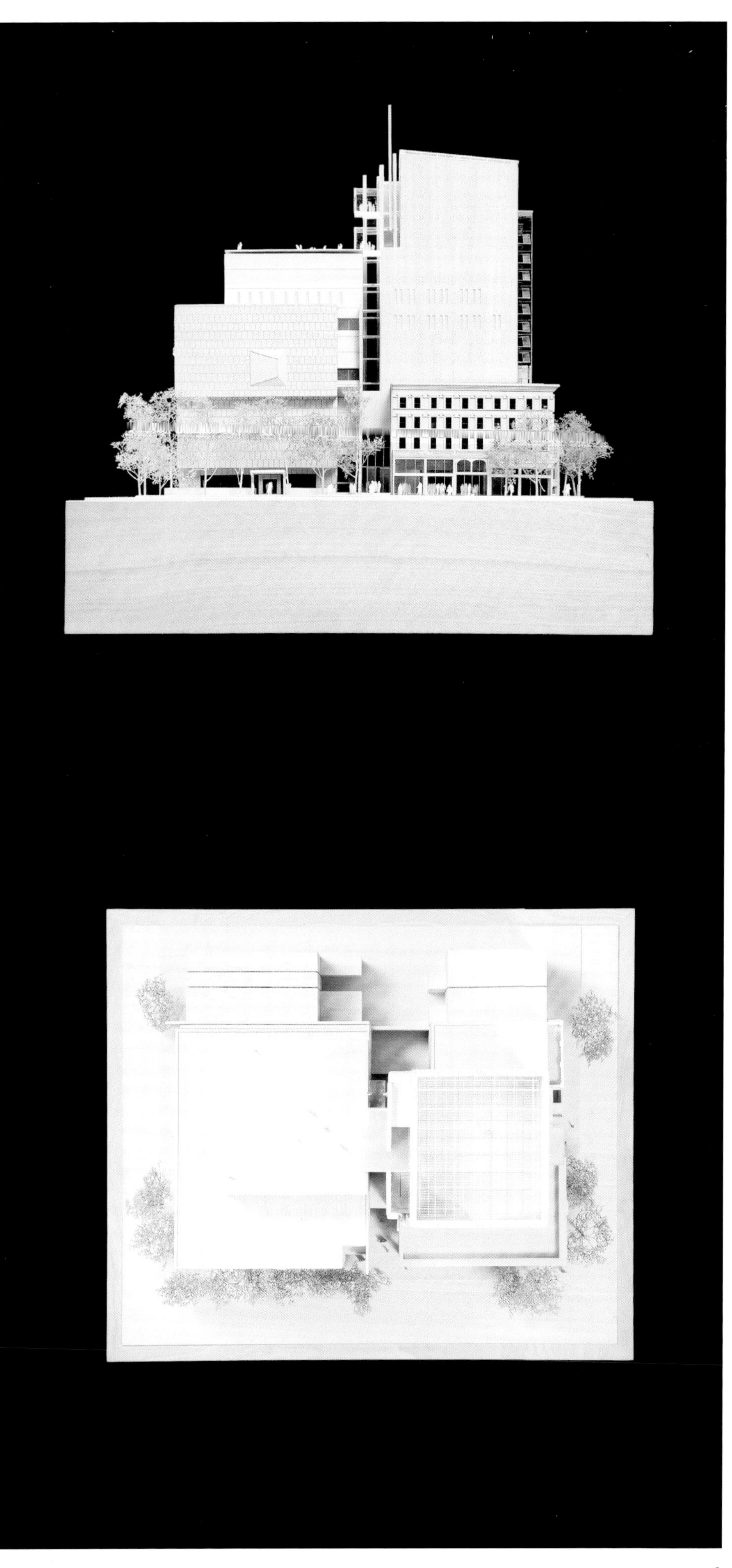

For two years we worked on a first idea for the project , which included the enovation of the former headquarters on Madison and its expansion in a building close to it.It would have been an interesting project, but it did not work. All the same, the ideas for a public ground level accessible from the street and an open, tolerant museum remained. They have simply been taken across Aanhattan and used in the final project, in a completely different part of town.

Nel 2006, dopo due anni di lavoro, c'è stato un cambiamento che ha segnato una svolta radicale: il board ha deciso di spostare la sede. Era giusto riportarlo downtown, dov'era nato, e non nell'Upper East. Emigrare a sud era un modo di tornare alle origini, a casa.

In 2006, after two years' work, there came the breakthrough. The board decided to move the premises. It was right to take it back downtown, where it was born, not on the Upper East Side. Migrating south was a way of getting back to its roots, of going back home.

Meatpacking District

Prima visita al nuovo sito con Leonard Lauder, Presidente Emerito del board del Whitney.

First visit to the new site with Leonard Lauder, Chairman Emeritus of the Whitney's Board of Trustees.

Whitney Museum on Madison Avenue, 75th St
Whitney Museum of American Art, 54th St
Whitney Museum at Gansevoort, 99th St
Whitney Studio Club, 8th St

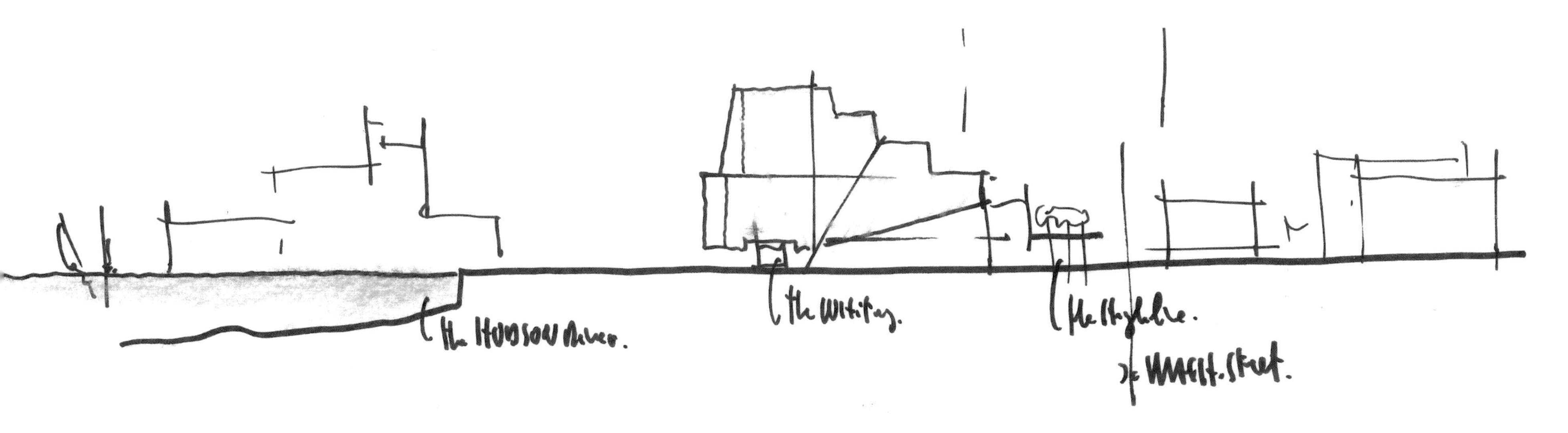
the Hudson River.
the Whitney.
the Highline.

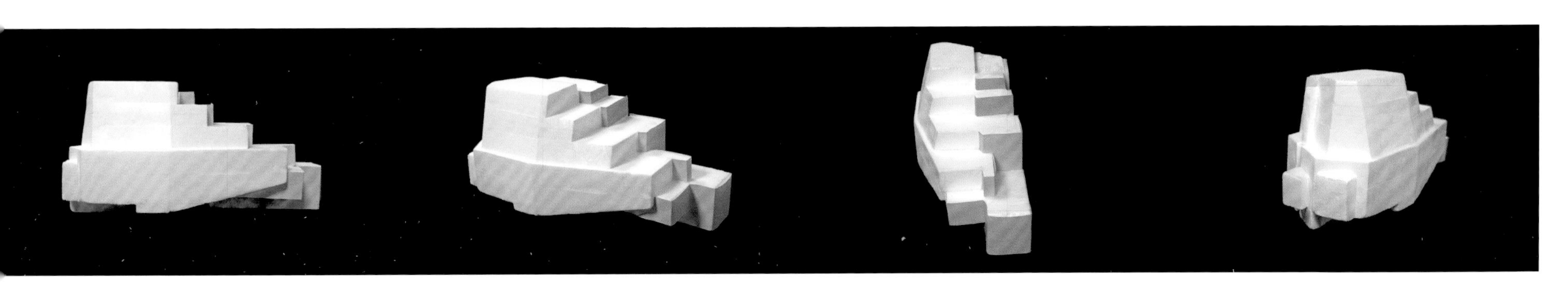

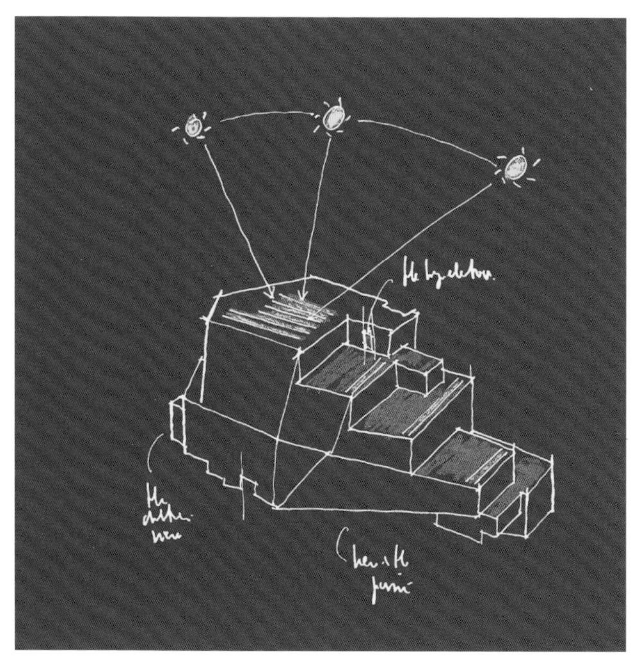

Nel disegno di Shunji Ishida Renzo Piano e Adam Weinberg che osservano il museo.

In Shunji Ishida's design, Renzo Piano and Adam Weinberg looking at the museum.

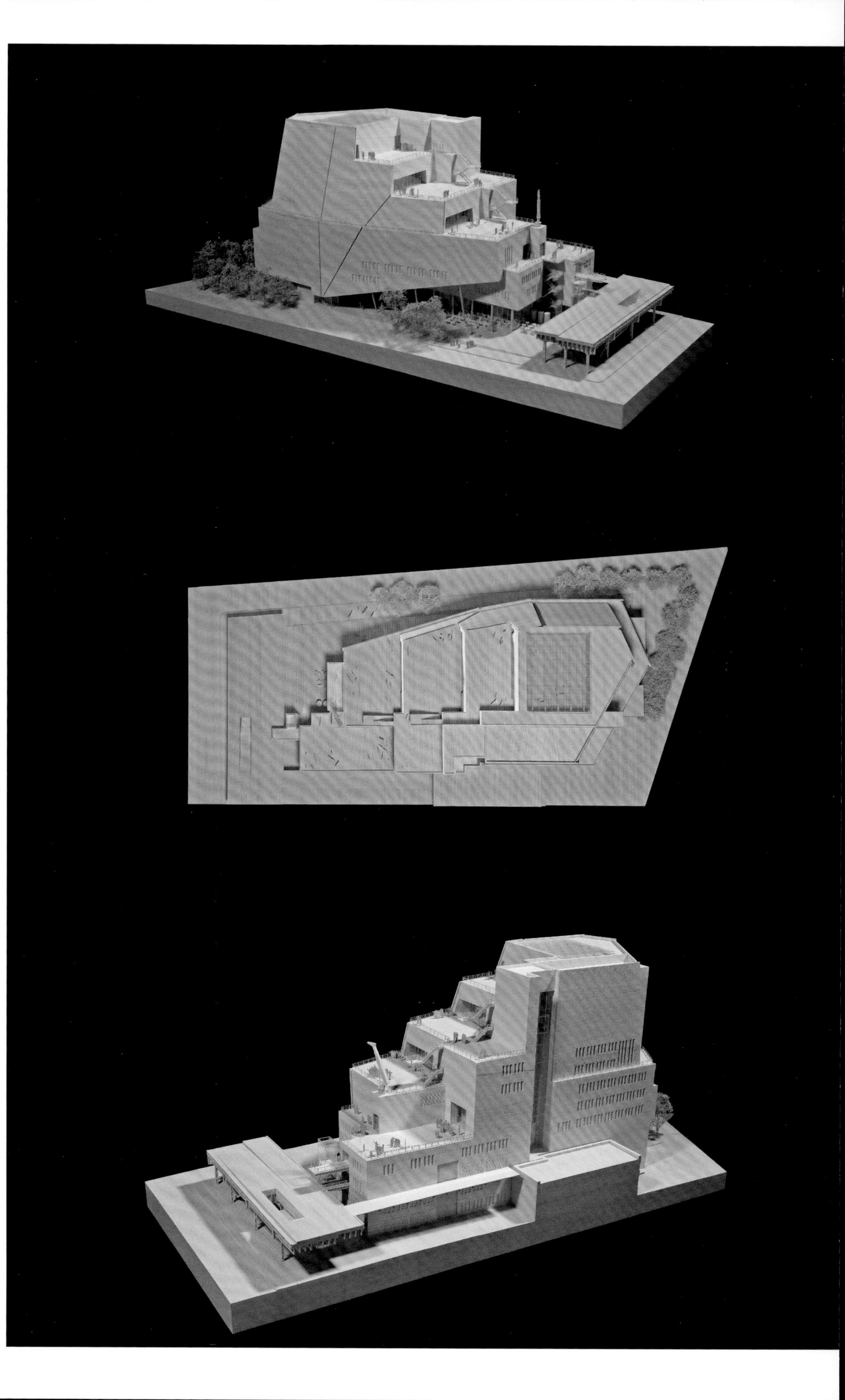

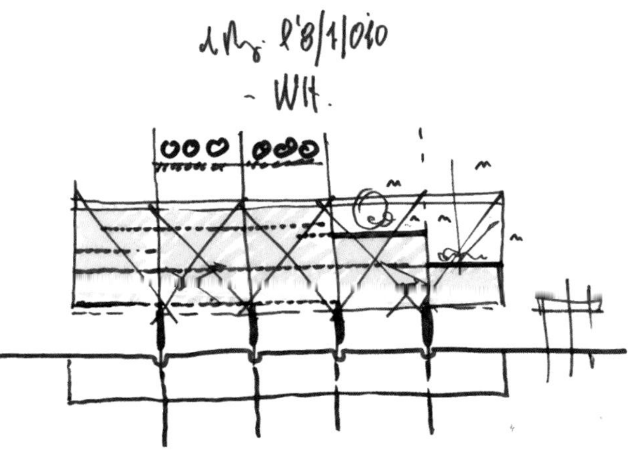

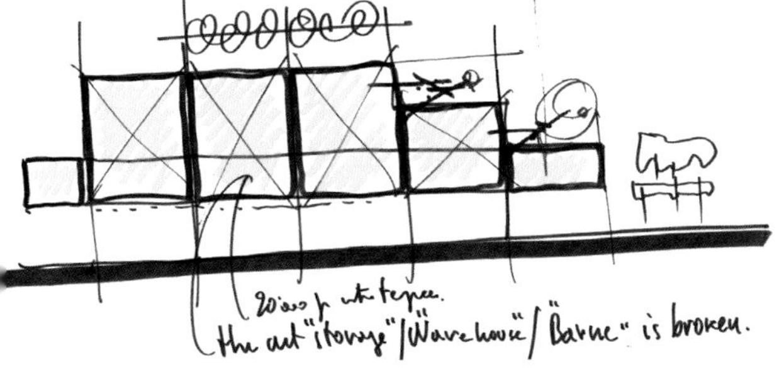

Cominciammo a lavorare a questo secondo progetto. Un'impresa piuttosto lifficile. Intanto per le dimensioni: abbiamo costruito 19.500 metri quadri, ollevati dal suolo. Questa era un'idea importante: non prendere possesso lello spazio a terra, ma lasciarlo alla città, farsi invadere dalla strada. Significa conoscere il valore civico di un luogo per la cultura e per l'arte, e farne uno pazio trasparente e accessibile.

he choice was made, and so we started work on this second project. It was o easy task. First of all because of its scale. We built 210,000 square feet, antilevered off the ground. This was an important idea: not to take possession f the space at grade, but leave it to the city and let the street encroach. It neant recognizing the civic value of a place for culture and art, and making the pace transparent, accessible.

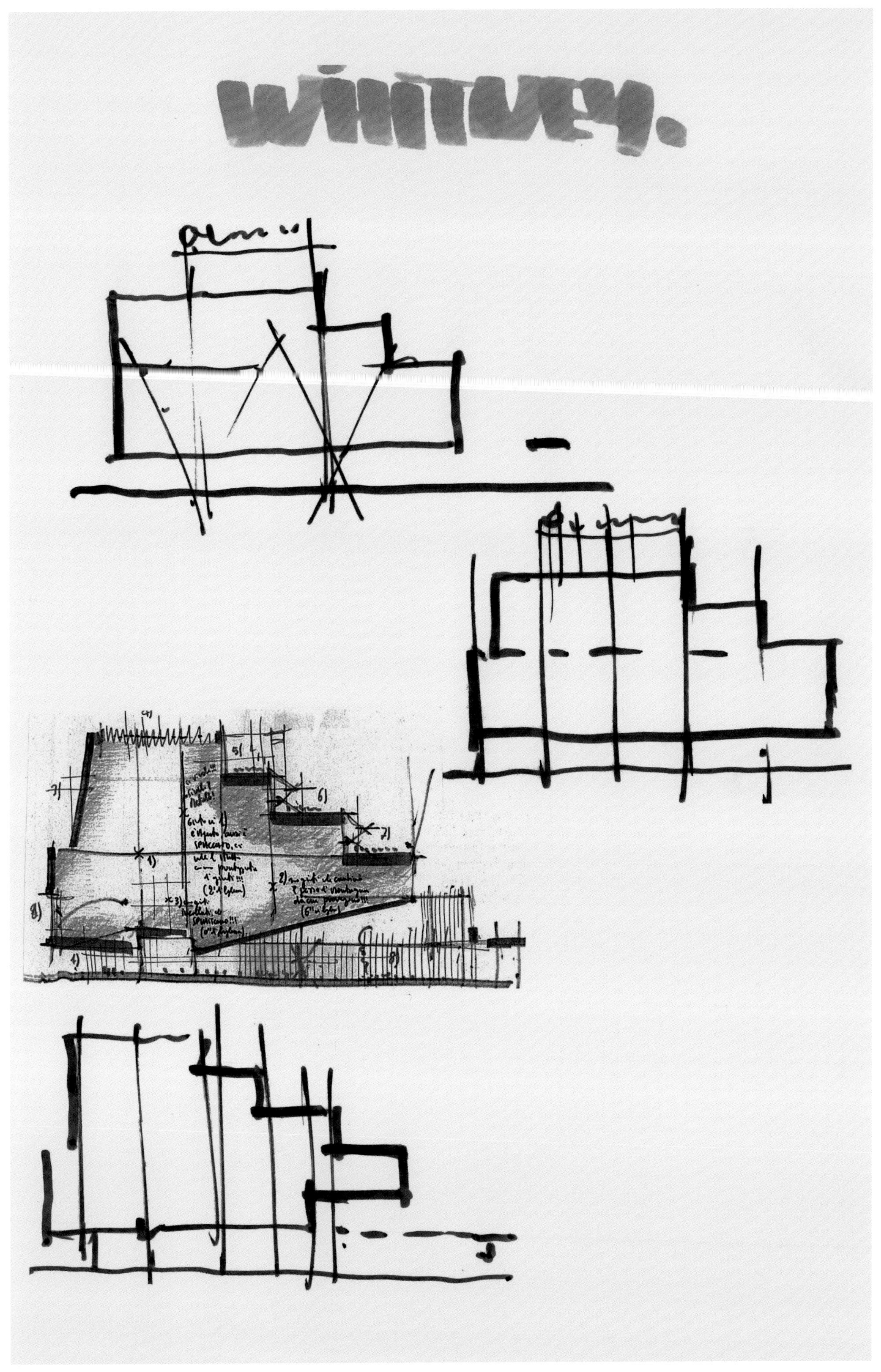

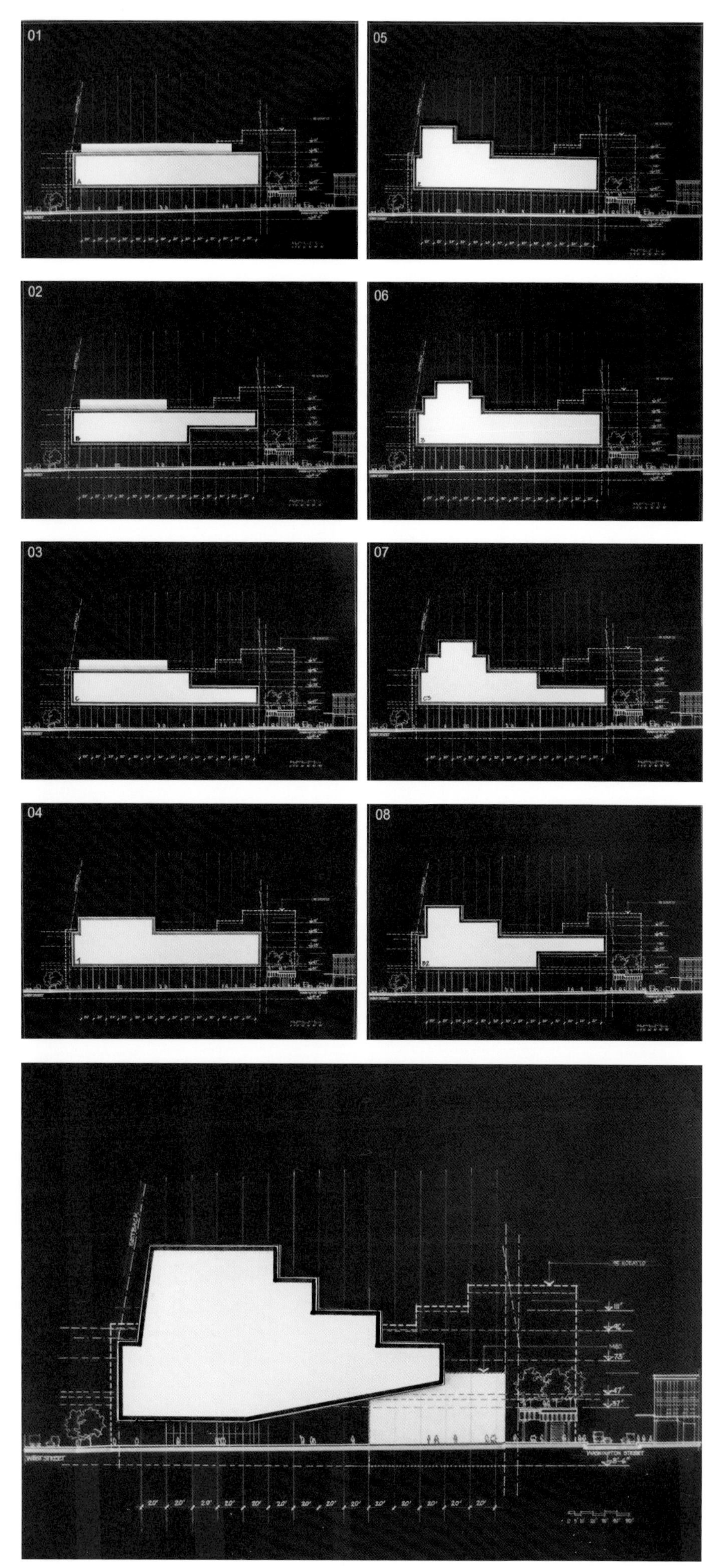
01
05
02
06
03
07
04
08

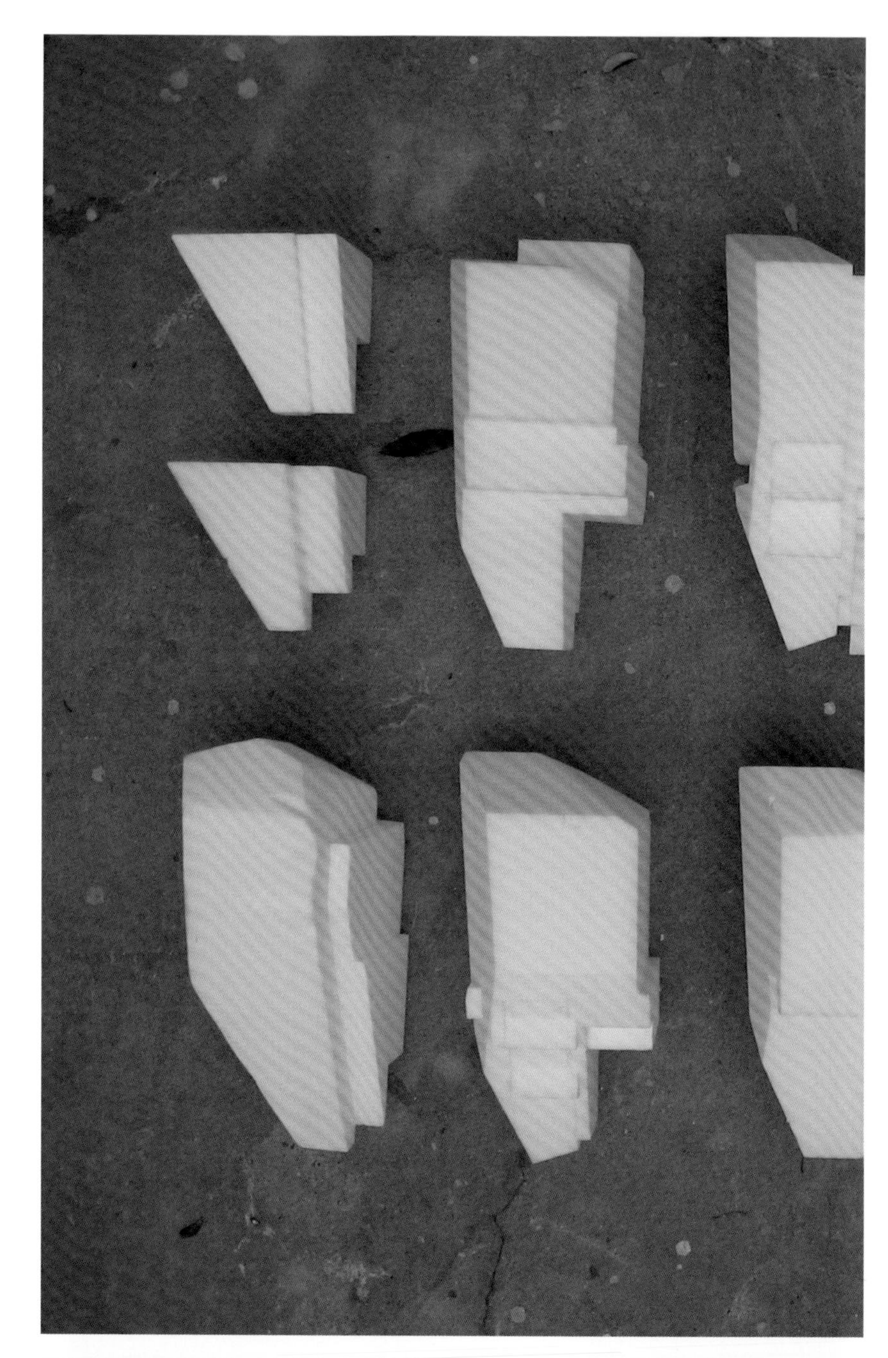

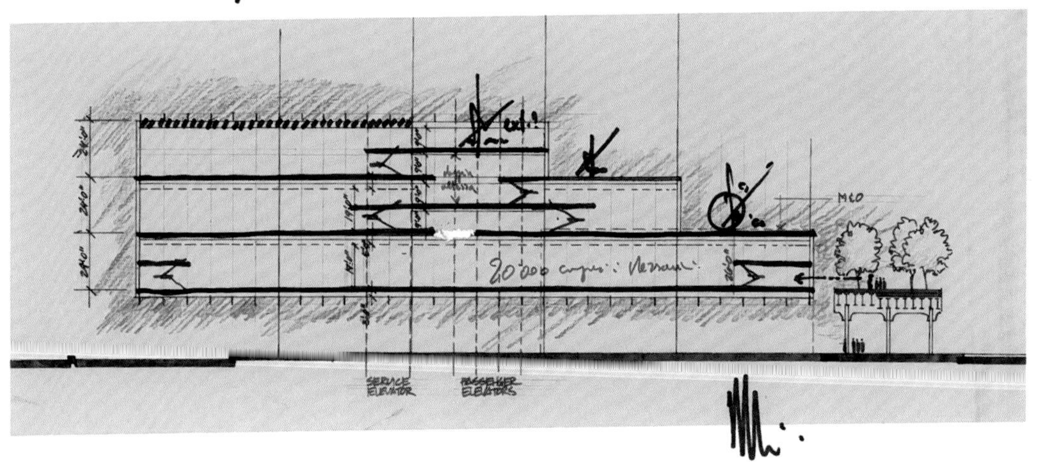

Schizzi e modello di concetto: le sfere rappresentano le diverse funzioni del museo, ognuna identificata da un colore diverso. Il modello è servito a capire come collocare le funzioni in modo che la massa dell'edificio sia maggiore verso il fiume e alleggerita verso la città.

Sketches and concept model : the balls represent the different functions of the museum , each identified by a different color. The model was used to understand how to place the functions so that the mass of the building is greater towards the river and lighter towards the city.

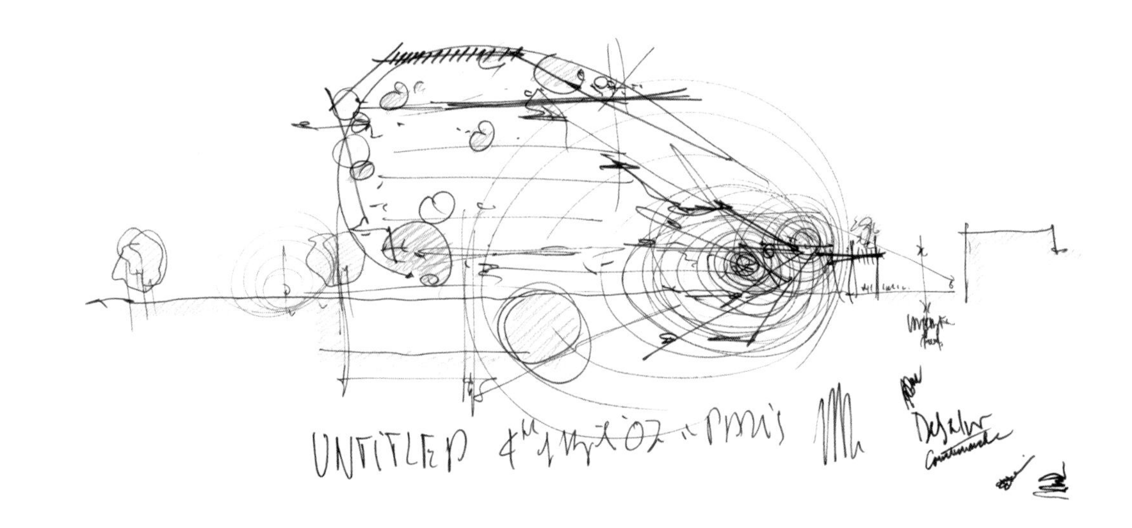

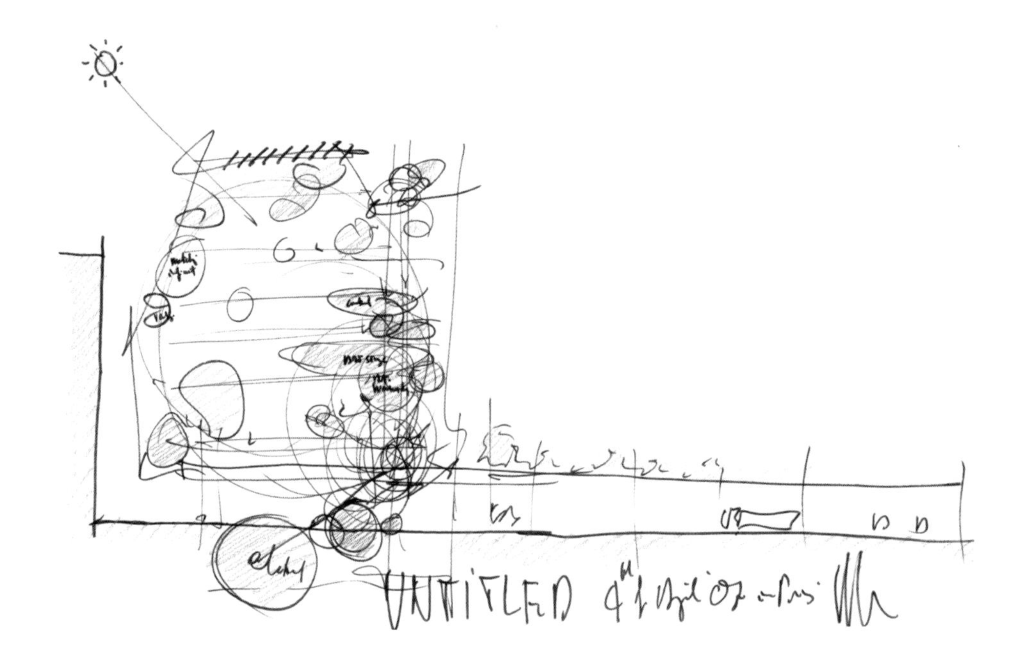

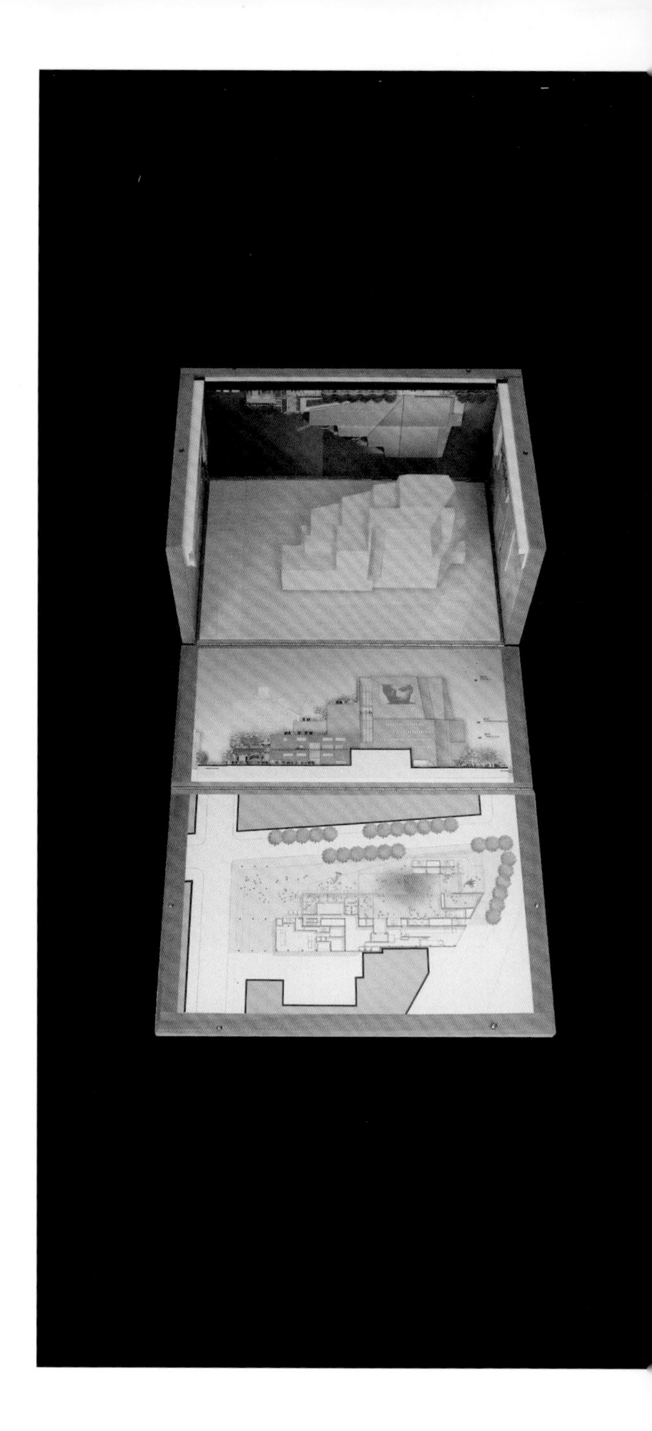

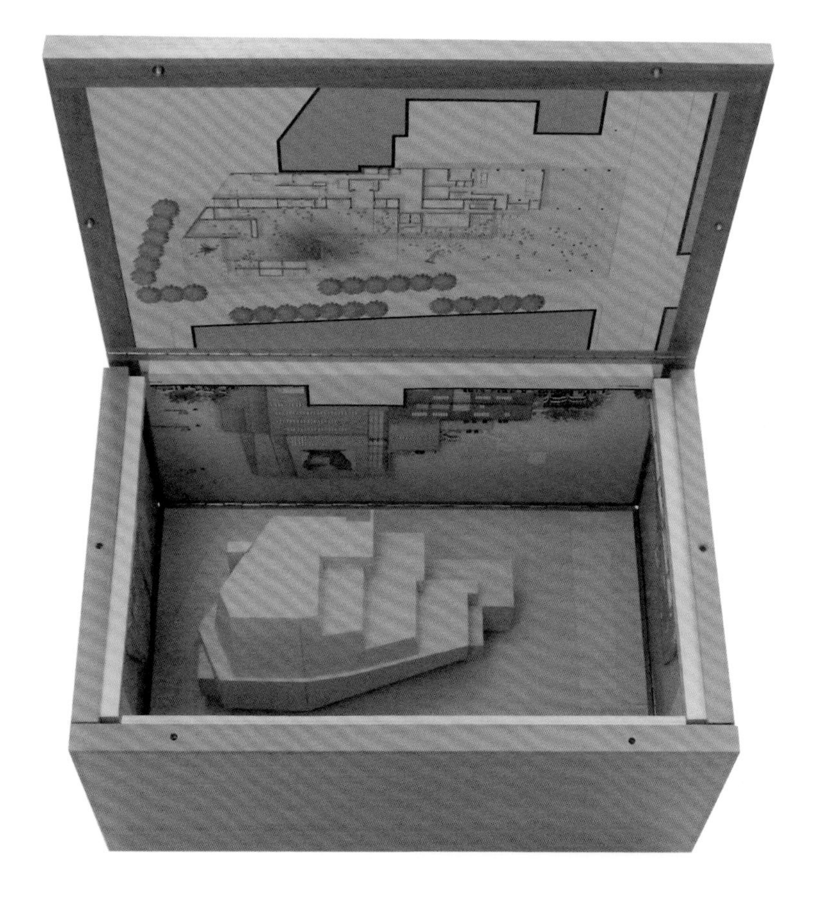

24 maggio 2011, giorno del groundbreaking. Inizia il cantiere.
May 24, 2011, groundbreaking. Beginning of construction work.

Adam D. Weinberg, Renzo Piano

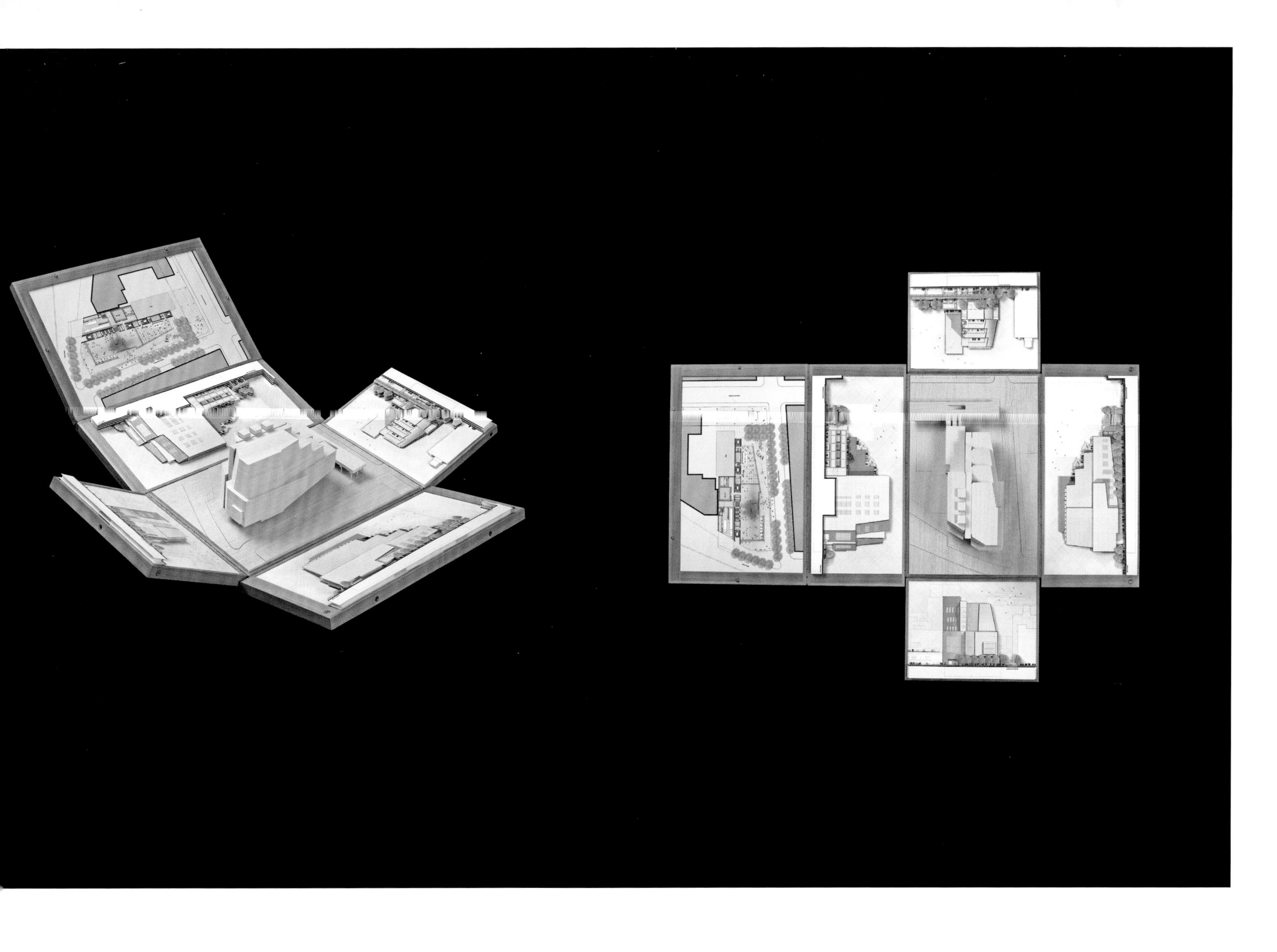

Mark Carroll, Francesca Bianchi, Renzo Piano, Irma Weiss, Adam D. Weinberg, Elisabetta Trezzani.

Robert J. Hurst, Adam D. Weinberg, Brooke Garber Neidich, Renzo Piano, Donna De Salvo, Scott Resnick, Richard M. DeMartini.

Robert H. Hurst, Michael Bloomberg, Brooke Garber Neidich, Neil Bluhm , Kate Levin, Adam D. Weinberg.

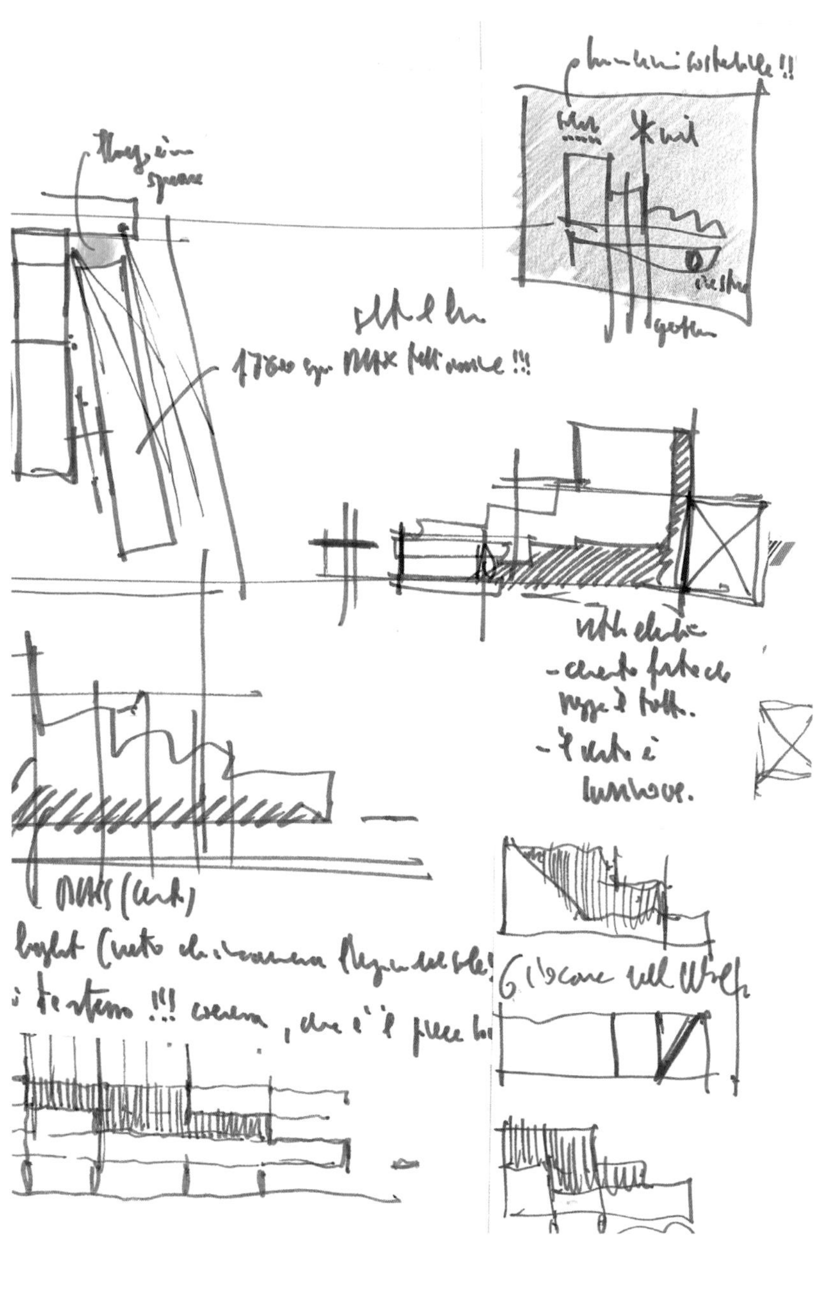

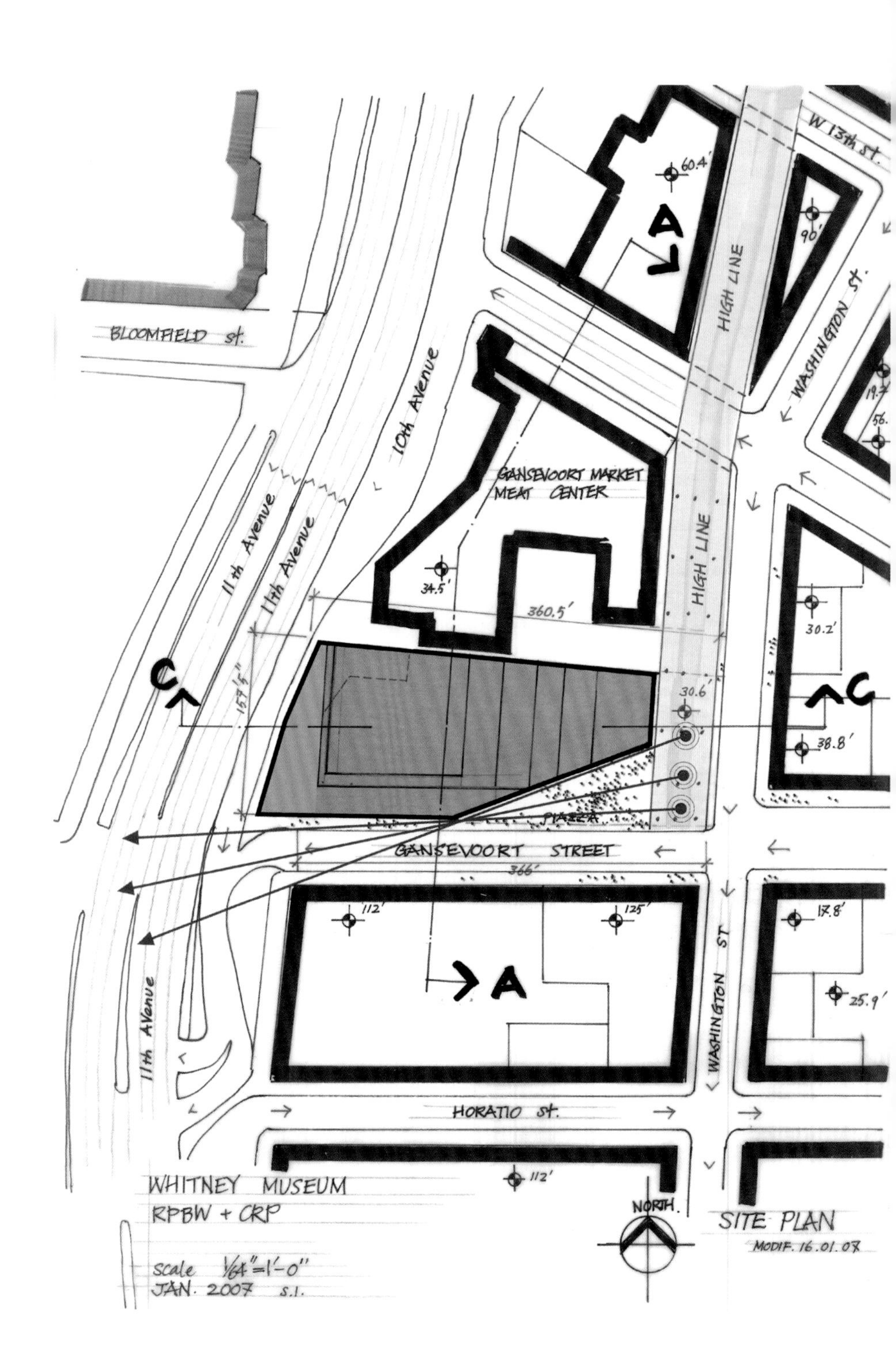

BLOOMFIELD st.
W 13th st.
WASHINGTON st.
HIGH LINE
10th Avenue
11th Avenue
GANSEVOORT MARKET
MEAT CENTER
360.5'
PIAZZA
GANSEVOORT STREET
366'
HORATIO st.
WASHINGTON ST.
WHITNEY MUSEUM
RPBW + CRP
Scale 1/64"=1'-0"
JAN. 2007 S.I.
NORTH
SITE PLAN
MODIF. 16.01.07

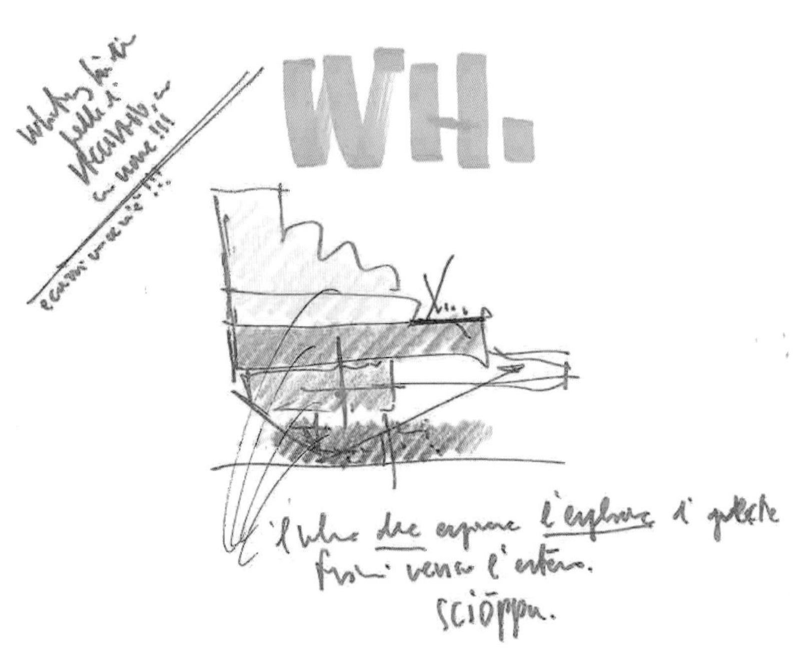

WH.

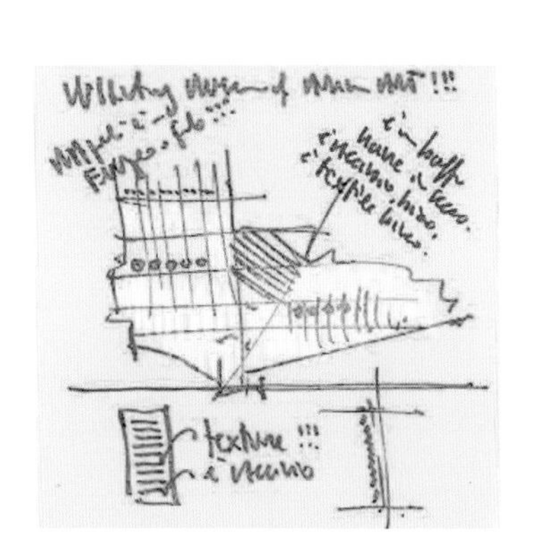

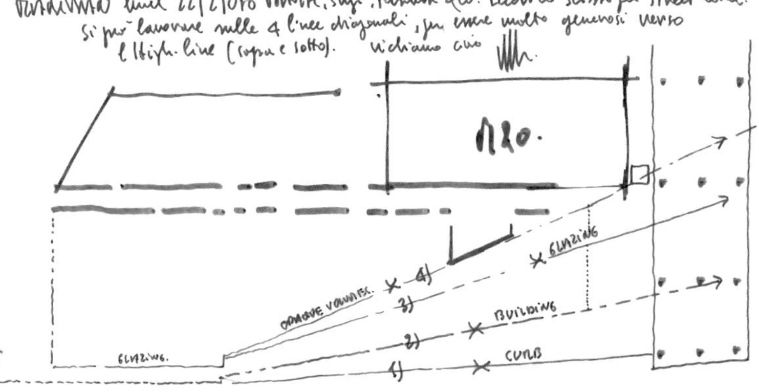

Appunti di Renzo Piano: "Eccovi uno schizzo per lo street level. Si può lavorare sulle quattro linee diagonali, per essere molto generosi verso la High Line". In questo modo viene aumentata la vista dalla città verso il fiume.

Renzo Piano notes: "Here is a sketch of the street level. You can work on four diagonal lines in order to be very generous to the High Line". This will increase the view from the city towards the river.

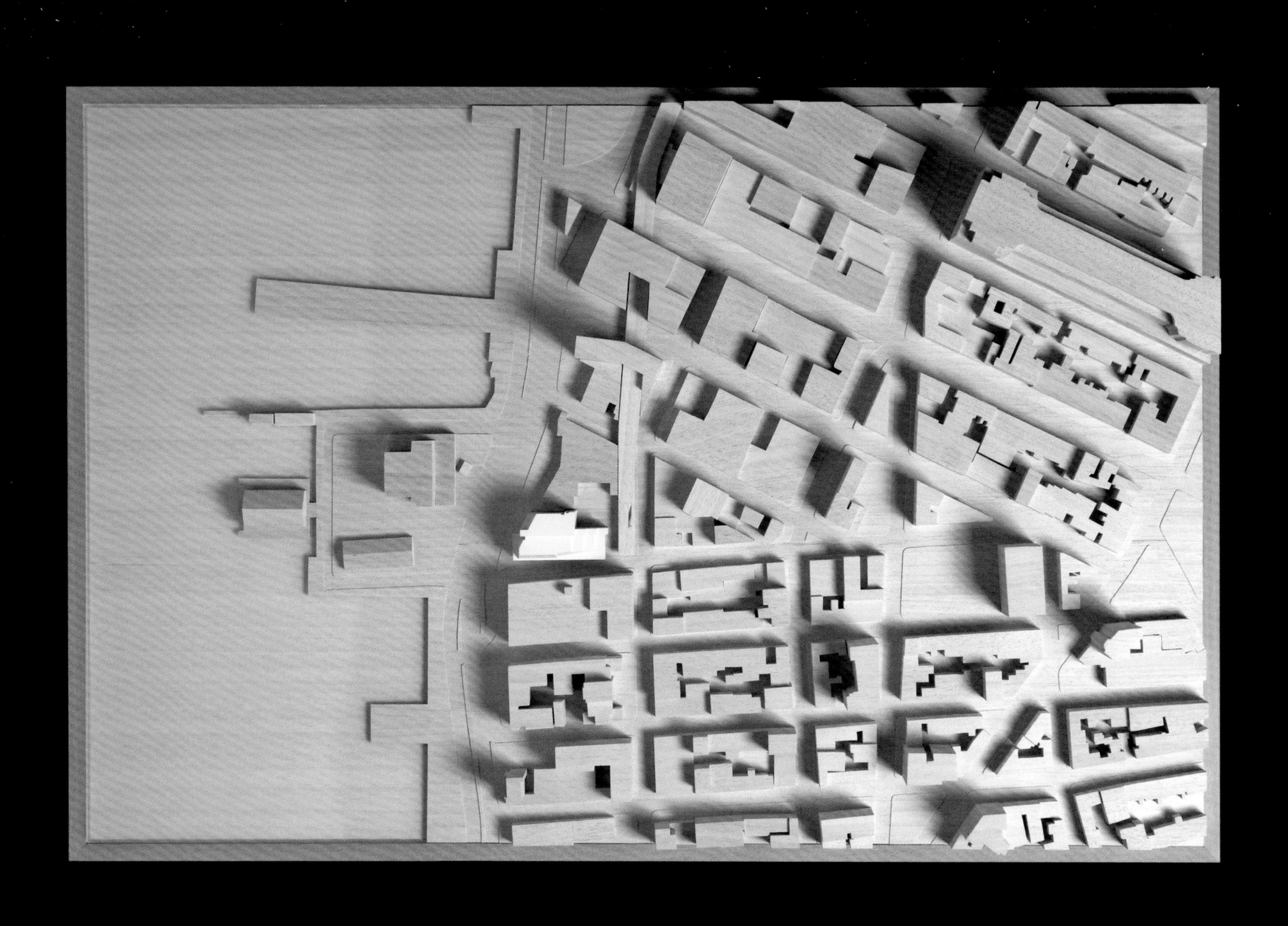

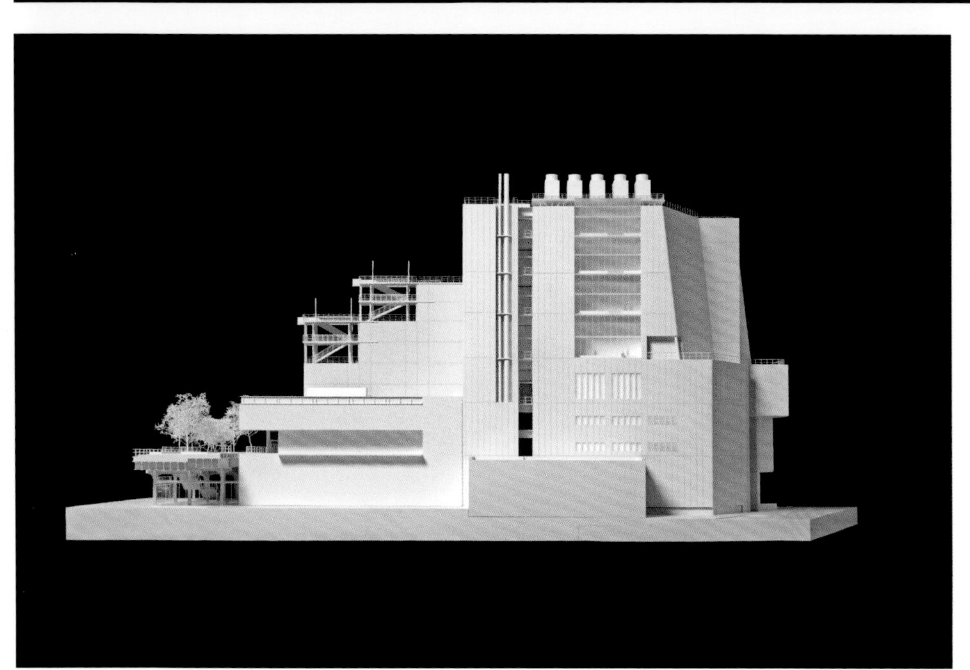

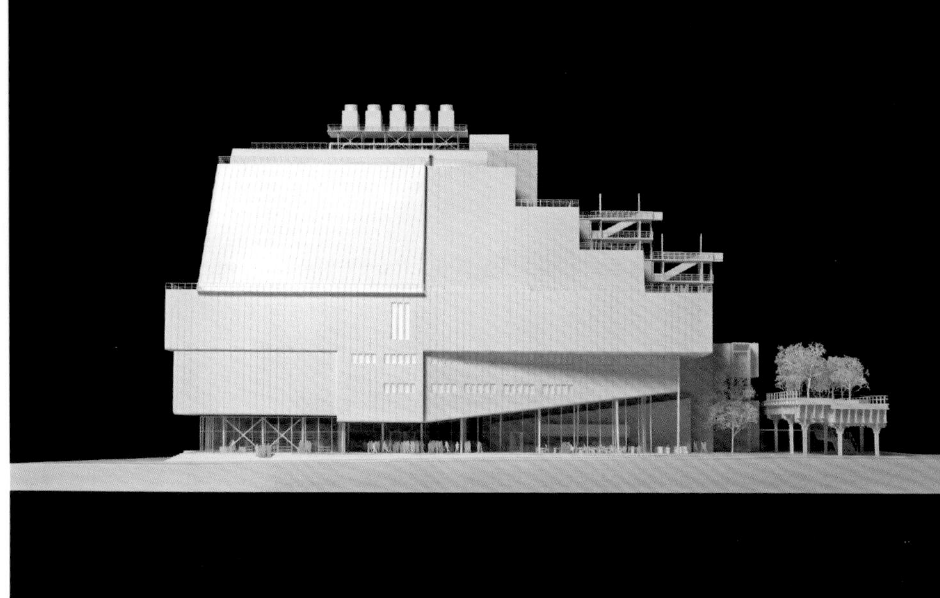

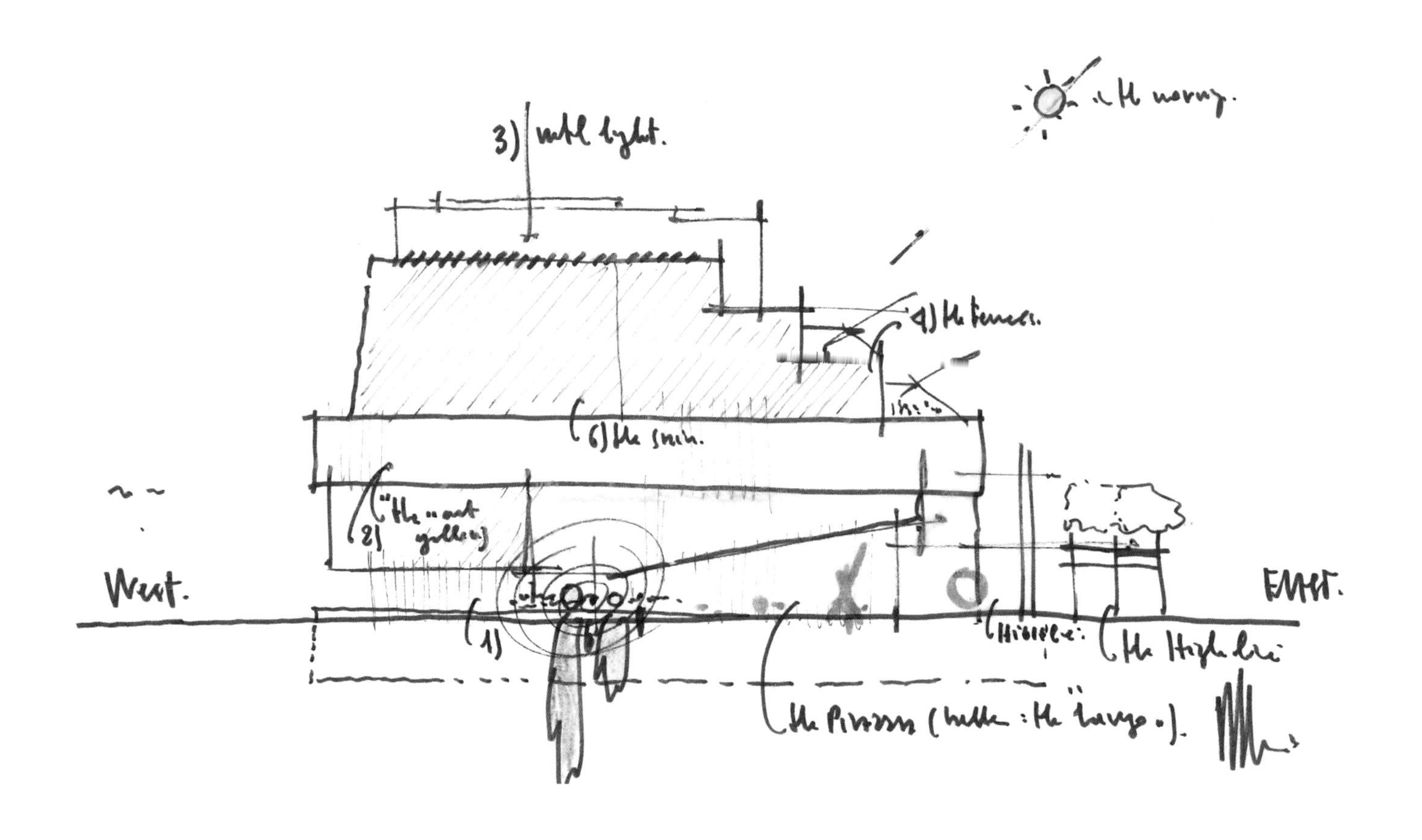
West.
East.

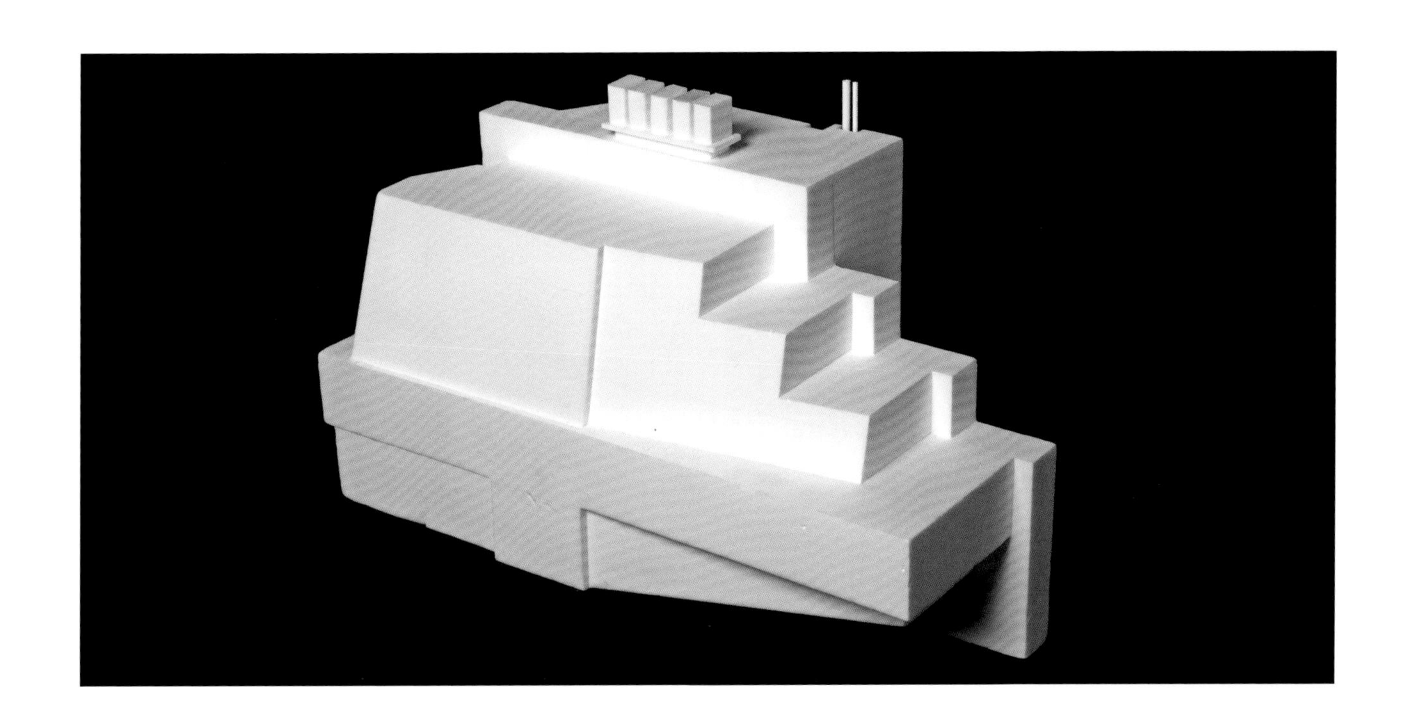

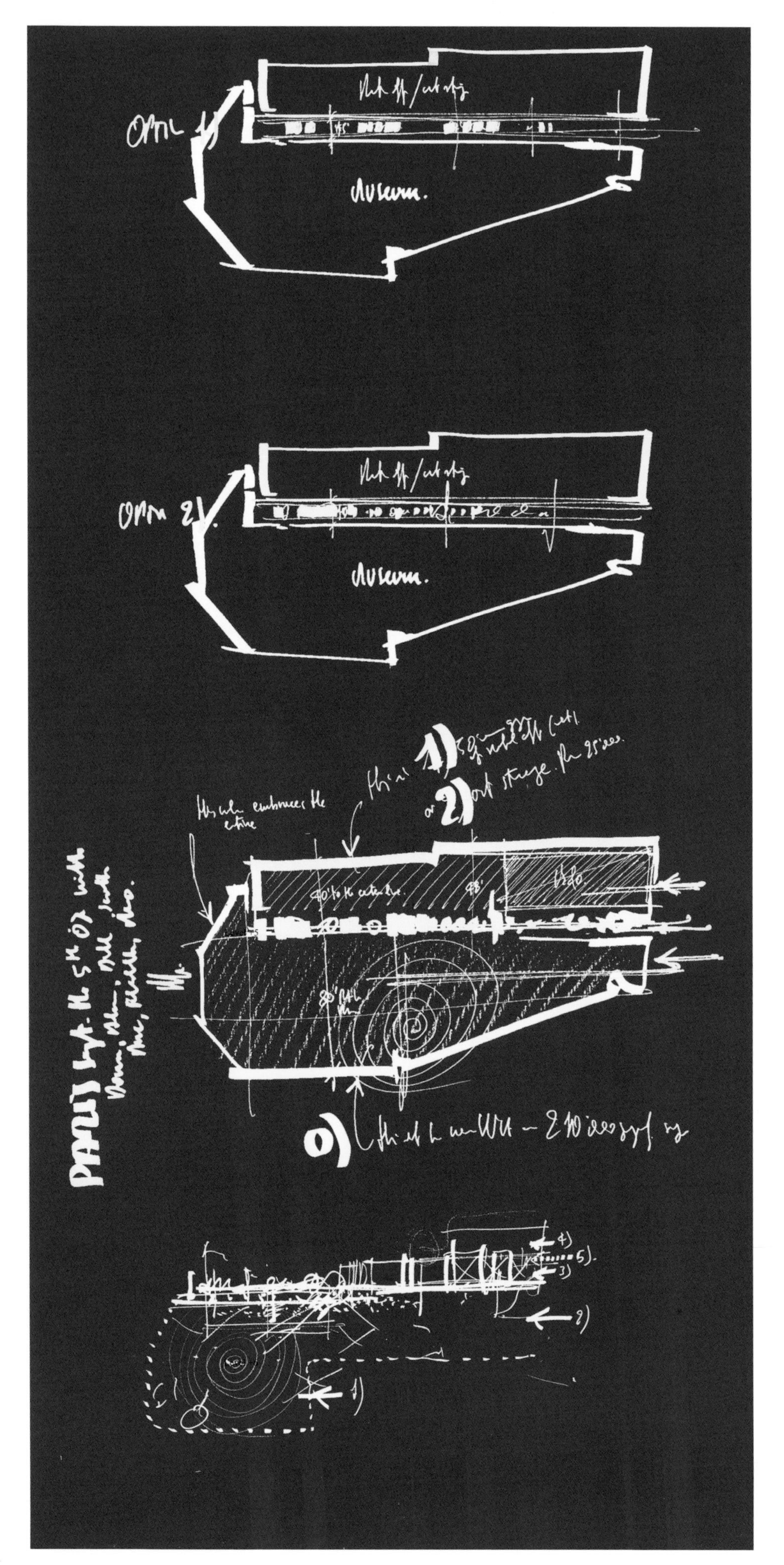

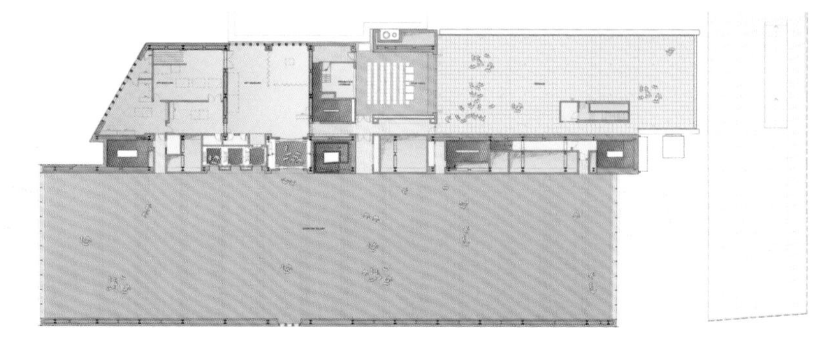

Floor plan level 5

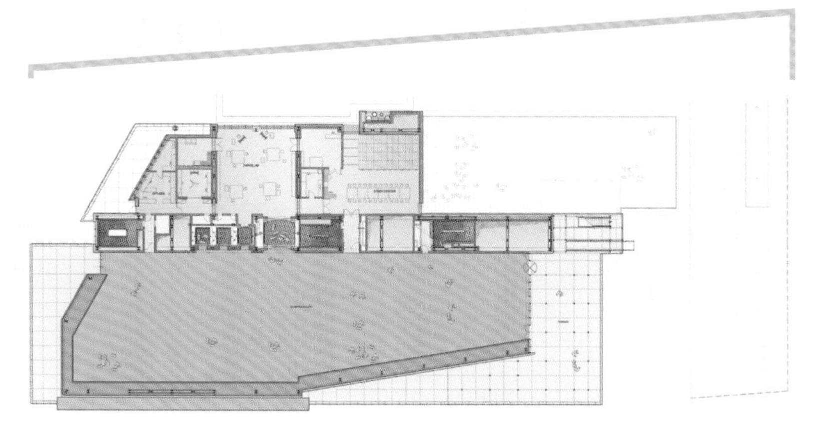

Floor plan level 6

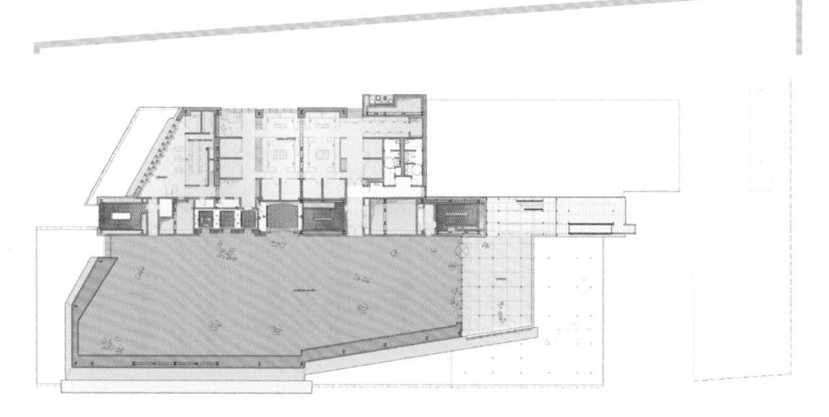

Floor plan level 7

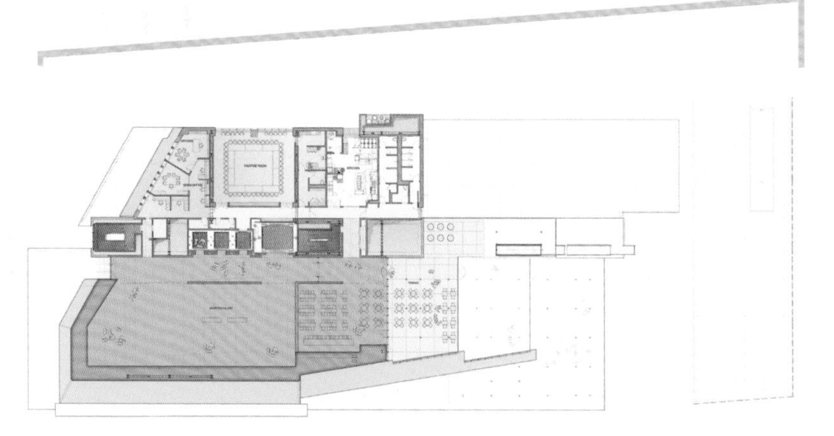

Floor plan level 8

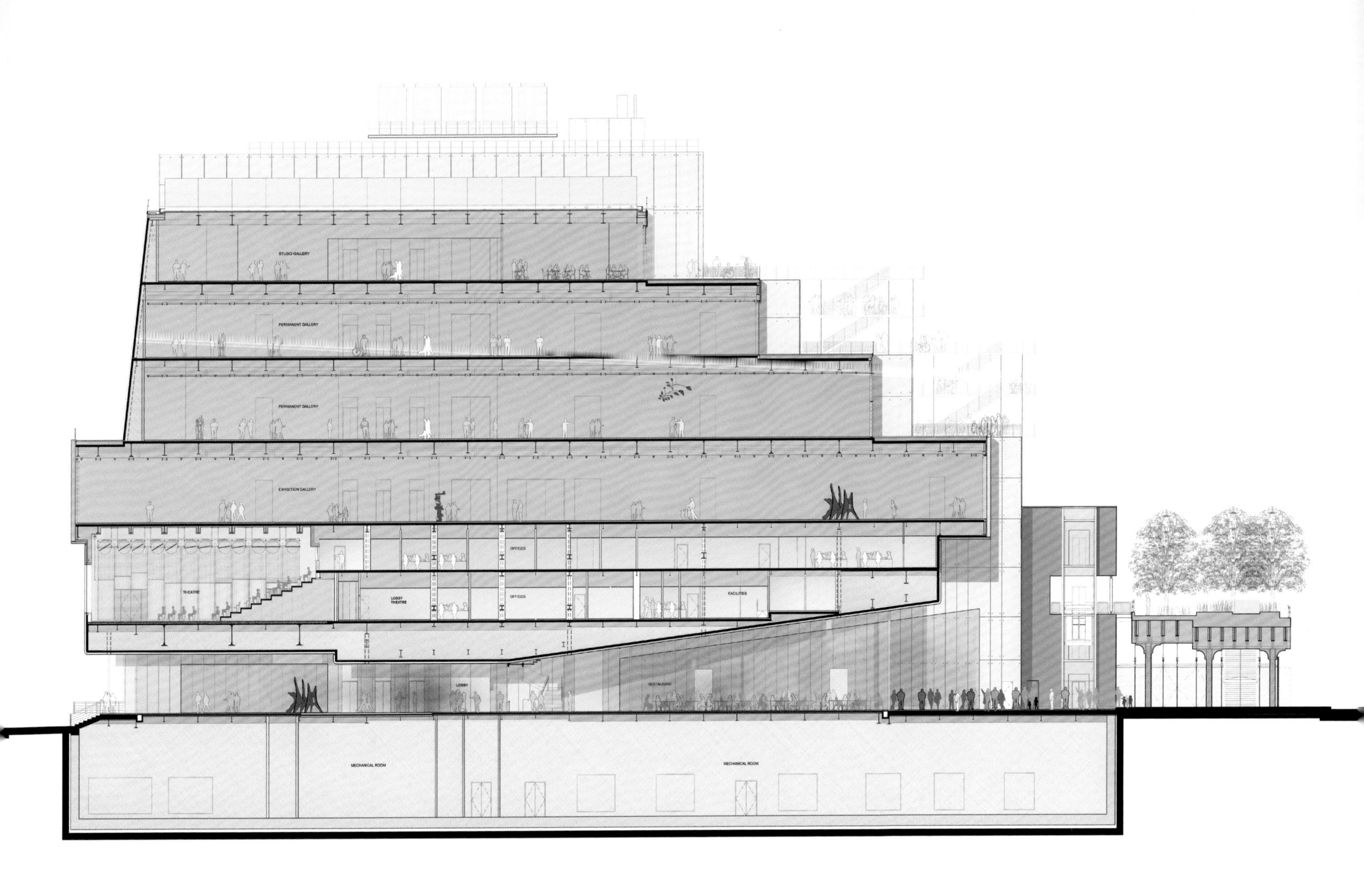

'edificio in pianta è formato da due metà, distribuite ai lati di una spina
entrale che ospita tutti i sistemi di risalita e di sicurezza: la parte a nord è
a zona di "sostegno" del museo, dove lavorano anche i curatori.
Quella a sud ospita gli spazi espositivi.

n plan the building consists of two halves laid out at the sides of a central
pine, which houses all vertical communications and fire escapes. The
ne on the north side is the museum's support space, where the curators
ork. The one on the south side houses the exhibition spaces.

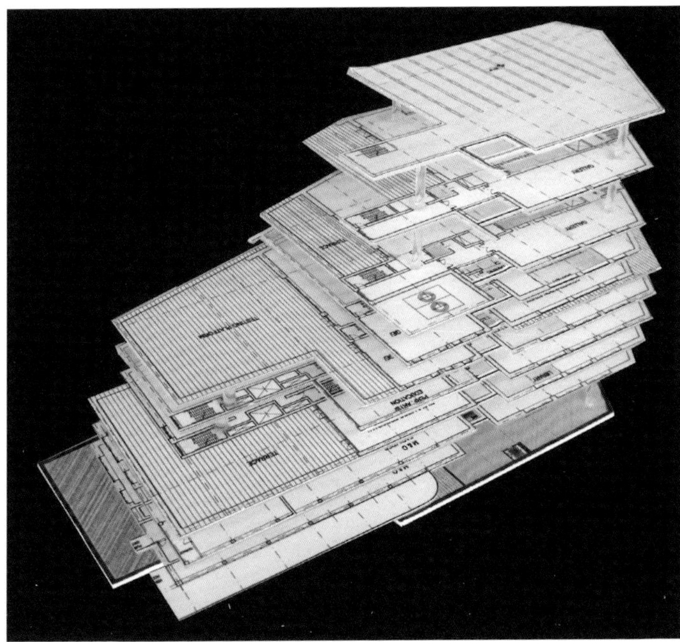

Donna De Salvo

Curatrice Capo e Vice Direttore per i Programmi
del Whitney Museum of American Art

Quando nel 1931 il Whitney Museum of American Art si trasformò da luogo di incontro per artisti in museo, non solo si impegnò a tracciare una mappa della storia dell'arte negli Stati Uniti, ma si rese anche conto che quella storia era animata da artisti viventi. Un impegno a cui il Museo rimane fedele ancora oggi: sostenere gli artisti attraverso l'esposizione e l'acquisizione delle loro opere.
Il primo esempio di questo "ethos" è costituito dai quattro ascensori collocati nel cuore della nuova sede del Whitney. Questi ascensori, creati da Richard Artschwager, un artista che il Museo sostiene da tempo, sono stati prima una commissione del Whitney e poi sono diventati un pezzo della collezione. Riprendono un'altra sua celebre opera intitolata Janus III, presentata nella retrospettiva del 1988 proprio al Whitney: una cabina fissa, di dimensioni reali e perfettamente accessibile, animata dai suoni di salita e discesa. Tutti i nuovi ascensori sono perfettamente funzionanti e essenziali per muoversi all'interno dell'edificio, ma, come già Janus III, alludono a qualcosa di più astratto e immaginario, accennando a ciò che si cela dietro le loro porte. Ciascuno dei quattro interni dell'opera intitolata Six in Four si basa su sei motivi ricorrenti nei disegni, nei dipinti e nelle sculture di Artschwager: porte, tavoli, finestre, cesti, specchi e tappeti. Gli ascensori – opere d'arte e di ingegneria – costituiscono una potente metafora del coraggio architettonico di Renzo Piano, che ha concepito il suo edificio come un Gesamtkunstwerk, un'opera che comprende molte forme d'arte. La collezione del Whitney è stata centrale per molte delle scelte architettoniche prese da Renzo Piano. Abbracciando un arco di oltre un secolo, infatti, essa comprende opere caratterizzate da diversi mezzi espressivi, e offre un ampio spaccato dell'arte contemporanea a partire dagli inizi del XX secolo, incluse raccolte di figure centrali quali Edward Hopper, Alexander Calder, Georgia O'Keeffe, Claes Oldenburg, Jasper Johns, Andy Warhol, Diane Arbus, Ed Ruscha, Kiki Smith, e Glenn Ligon, solo per citarne alcuni. Il sostanziale aumento delle superfici espositive offrirà infinite possibilità di scrivere e riscrivere le storie dell'arte degli Stati Uniti, ma il progetto di Piano e le nostre aspirazioni non prevedevano soltanto un aumento volumetrico. Data l'estrema diversità delle finalità e dei supporti impiegati dagli artisti nell'ultimo secolo, dai dipinti a cavalletto alle installazioni su larga scala fino alle performance e al digitale, le nostre discussioni sulla progettazione delle gallerie partivano sempre dalle opere stesse. Durante una delle prime visite a Parigi, per incontrare Renzo e il suo team, ci siamo soffermati su alcune opere, selezionate dai curatori in base alle diverse scale, proporzioni e coinvolgimento spaziale. Per esempio, abbiamo discusso di Circus di Alexander Calder (1926–31), una delle più note icone del Museo, nonché un lavoro con innumerevoli sfaccettature che richiedono un attento esame. Four Darks in Red di Mark Rothko del 1958, ha sollevato altre domande di natura architettonica: non è solo uno dei capolavori della collezione, ma è anche un caposaldo dell'Espressionismo Astratto, un movimento che ha profondamente ampliato le possibilità della pittura, e imposto l'arte americana sulla scena mondiale.

Largo quasi tre metri, il dipinto di Rothko richiede di essere osservato da vicino, per immergersi nel suo colore e nella sua struttura. Con Eva Hesse e il suo "pezzo di corda" (1969-70), il suo ultimo lavoro, ci troviamo di fronte a un importante esempio del suo interesse per l'espandersi del dominio della scultura alla fine degli anni Sessanta, e per la comunicazione del processo di creazione dell'opera. La scultura, realizzata con corde rivestite di lattice, è sospesa al soffitto e installata in modo diverso ogni volta che viene esposta, sfidando le convenzioni e scardinando lo spazio immobile della galleria. Plymouth Rock 2 (2012), di Trisha Baga – un'installazione più recente, delle dimensioni di una stanza, che comprende proiezioni video su una parete e oggetti disseminati sul pavimento – costringe gli spettatori a muoversi con attenzione, nella penombra. L'edificio di Piano si modella proprio sulla varietà della collezione, con spazi flessibili per rispondere al meglio alle specifiche necessità di ogni opera.
Anche la scelta dei materiali del nuovo edificio riflette il carattere industriale del Meatpacking District (un quartiere vivace che evoca l'immagine di una New York oltre Soho e post-industriale), sollecitando il dialogo tra la collezione, l'edificio e la città. Per esempio, il museo sfrutta al massimo la sua location con generose aperture verso est, incorniciando una scena che ricorda una delle più famose opere della collezione, Early Sunday Morning di Edward Hopper (1930): una via di Manhattan all'alba, in cui la linea di confine tra mondo interno ed esterno è sottilmente confusa. L'opera Warm Broad Glow II di Glenn Ligon (2011) è agganciata a una delle finestre, che funge da parete d'installazione, così che il neon sia visibile anche dalla strada. Un altro legame tra collezione ed edificio è la sua ubicazione nella parte più occidentale della città, lungo i moli: un luogo denso di memorie letterarie e artistiche.
Tanti artisti della collezione, come Gordon Matta-Clark, Peter Hujar e David Wojnarowicz, negli anni Settanta e primi anni Ottanta, hanno tratto ispirazione dai moli abbandonati sul fiume Hudson, luogo febbrile e allo stesso tempo rovina dell'epoca preindustriale.
Dalle aperture della galleria che guardano a ovest, verso la "frontiera", si respira la ricchezza della produzione artistica degli Stati Uniti. Il Whitney possiede per esempio una delle più ricche collezioni di opere di Ed Ruscha, un artista per cui la cultura californiana si è rivelata fonte di ispirazione essenziale. Gli spazi esterni ampliano ancora di più le gallerie, offrendo l'opportunità di collocare le opere sullo sfondo degli stupefacenti panorami di Manhattan. Questi spazi, immaginati come un vero palcoscenico urbano, una galleria aerea, sono dedicati a scultura, danza, esibizioni, teatro, film, video e installazioni, oltre che ai progetti che non abbiamo ancora nemmeno immaginato.
Come per la maggior parte dei musei, il patrimonio del Whitney è una memoria collettiva nata dal contributo di numerosi individui: artisti, curatori e donatori. Il nucleo iniziale della collezione comprendeva opere di molti artisti del tempo, e oggi è cresciuta fino a comprendere più di 21.000 pezzi di oltre 3.000 artisti. Il nostro passato, fondato sulle esposizioni e in particolare sulle nostre Biennali, ha spesso anticipato le svolte artistiche e calamitato gli scambi di vedute. Questo approccio da kunsthalle ha portato il Whitney a essere spesso associato alle sue esposizioni più che alla sua collezione: una caratteristica che lo distingue dagli altri musei. La nuova sede permette al Whitney di continuare la sua apertura verso un'arte nuova e imprevista, e sicuramente ispirerà nuove modalità di immaginare la creazione artistica e le curatele. L'identità della collezione cambierà ancora, ogni volta che riconsidereremo i molteplici modi di fare arte, e riconosceremo la storia e la produzione artistica come un capitolo aperto. Come per l'America stessa, la possibilità come impulso è anche nel DNA del Whitney: il magnifico edificio di Piano getta le basi per un'apertura ancora maggiore verso l'arte contemporanea, verso gli artisti e le più diverse storie offerte dalla collezione unica e in continua evoluzione del Museo.

Donna De Salvo
Chief Curator and Deputy Director for Programs,
Whitney Museum of American Art

When it evolved from a gathering place for artists to a museum in 1931, the Whitney Museum of American Art not only made a commitment to charting a history of the art of the United States, it also recognized that the history it aimed to construct was embodied by living artists—something the Museum remains acutely attuned to today.
This idea is exemplified in the Museum's longstanding mission to actively support artists through the exhibition and acquisition of their work, and the bank of four elevators centered within the Whitney's new downtown building are a prime example of this ethos. The elevators are both a commissioned project as well as a work in the collection. Created by Richard Artschwager, an artist long supported by the Museum, the elevators reprise a celebrated work titled Janus III from his 1988 Whitney retrospective: a stationary, full-scale, enterable elevator cab, replete with the sounds of ascent and descent. All of the new elevators are entirely functional and central to the building's navigation but, as with Janus III, they incite something more abstract and imaginary, seductively hinting at what is beyond their doors. Each of the four interiors of the work, titled Six in Four, is based on six recurrent motifs in Artschwager's drawings, paintings, and sculpture: doors, tables, windows, baskets, mirrors, and rugs. The elevators—works of art and feats of architectural engineering—are a powerful metaphor for Renzo Piano's architectural ambition to treat his building as a Gesamtkunstwerk, a work of art comprising many arts.
The Whitney's collection and collecting has been central to many of the architectural decisions in Piano's building. Spanning more than a hundred years, the collection includes works in many mediums, offers a broad representation of art that was contemporary at points from the early twentieth century forward, and also contains in-depth holdings of a diverse mix of leading figures in American art. Edward Hopper, Alexander Calder, Georgia O'Keeffe, Claes Oldenburg, Jasper Johns, Andy Warhol, Diane Arbus, Ed Ruscha, Kiki Smith, and Glenn Ligon are only a few of the most familiar. The substantial increase in gallery space from our previous home opens all sorts of possibilities for writing and rewriting narratives of art in the United States, but Piano's design for these spaces and our process was not a simple increase in square footage. Because the physical nature and demands of art over the past century have continually evolved—from easel painting to large-scale installation to performative projects and those within the digital realm—our conversations about the design of the galleries always began with the works themselves.
During an early trip to Paris to meet with Piano and his team, we shared images of works in the collection selected by the curators for their different sense of scale, proportion, and engagement with space. For instance, we spoke of Alexander Calder's Circus (1926–31), one of the most familiar icons in the Museum's collection and a work with innumerable details that demand close looking.
Mark Rothko's Four Darks in Red from 1958, raised another set of architectural demands. It is not only one of the masterworks of our collection but also a signature work of

Abstract Expressionism, a movement that greatly expanded the possibilities for painting and firmly ensconced American art on the international stage. Nearly ten-feet wide, Rothko's painting was intended to be experienced up close, to be immersed in its color and structure. Eva Hesse's untitled "rope piece" (1969-70), her last work, serves as an important example of artists' interest in expanding the field of sculpture in the late 1960s and conveys the process of her art making. The work, made from ropes dipped in latex, is suspended from the ceiling and is installed in a different configuration each time it is shown, challenging conventions of architecture and pushing against the fixed space of the gallery. Plymouth Rock 2 (2012), a more recent, room-sized installation by Trisha Baga comprising video projections on the wall as well as objects scattered onto the floor, forces viewers to carefully navigate a darkened space. Piano's building accounts for the variety within the collection, providing malleable spaces that can respond to the specific needs of individual works.
Piano's building, and its materials in particular, also reflect the industrial character of the Meatpacking District (a hub of activity that conjures an image of a post-industrial, post-Soho New York), sparking a dialogue among the collection, the building, and the surrounding area. For example, Piano's building takes maximum advantage of its site with windows on the east that frame a scene reminiscent of one of the most famous works in the collection, Edward Hopper's Early Sunday Morning (1930), which takes a Manhattan street at dawn as its subject and blurs the line between the inside and the outside world. With a work such as Glenn Ligon's Warm Broad Glow II (2011), a window functions as the installation wall, so that the neon can be seen from the street as well as inside. A more specific, historical connection between the collection and the building is its location on the city's far west side, along the piers, a place rife with literary and artistic history. A number of artists in the collection, such as Gordon Matta-Clark, Peter Hujar, and David Wojnarowicz, drew inspiration from the derelict piers of the Hudson in the 1970s and early 1980s—remnants of a bustling transportation hub and pre-development ruins.
From gallery windows that look west toward the rest of the country one is reminded of the breadth of art making in the United States. The Whitney has one of largest collections of the work of Ed Ruscha, for example, an artist for whom the culture of Los Angeles has been a primary inspiration. The building's outdoor spaces also visually extend the galleries, offering opportunities to experience works against the astonishing, and varied, views over of Manhattan. These spaces, imagined as a type of urban stage, or gallery in the sky, were conceptualized as areas for sculpture, dance, performance, theater, film, video, and installations as well as for projects we have not yet imagined.
Like most museums, the Whitney's holdings are a collective memory that has been formed by the contributions of numerous individuals— artists, curators, and patrons. The Museum's founding collection included those by many leading artists of the time as well as many lesser-known figures. It has now grown to more than 21,000 objects by over 3,000 artists. Our exhibition-driven past, perhaps through our Biennials above all, has yielded groundbreaking premonitions and lightning-rod controversies. Yet this kunsthalle approach has meant that the Whitney is more often associated with its exhibitions than its collection—a distinction that sets it apart from many of its peers. The new building allows the Whitney to continue its openness to unanticipated, new art and will undoubtedly inspire new modes of curatorial and artistic thinking. The collection's identity will continue to change as we reconsider artistic practice across all mediums and acknowledge history and artistic production as an open, rather than closed, chapter.
As with America itself, possibility as an aspirational impulse is also in the Whitney's DNA. Piano's magnificent building sets the stage for an even greater openness and receptivity to contemporary art and artists and to the various histories offered by the Museum's unique and active collection.

Mark Rothko
Four Darks in Red
1958

Edward Hopper
Early Sunday Morning
1930

Alice Neel
Andy Warhol
1970

Eva Hesse
No title
1969 1970

Edward Ruscha
Large Trademark with Eight Spotlights
1962

lexander Calder
alder's Circus
926 1931

eorgia O'Keeffe
ummer Days
936

Trisha Baga
Plymouth Rock 2
2012

Cindy Sherman
Untitled
2008

John Sloan
Backyards, Greenwich Village
1914

Glenn Ligon
Rückenfigur
2009

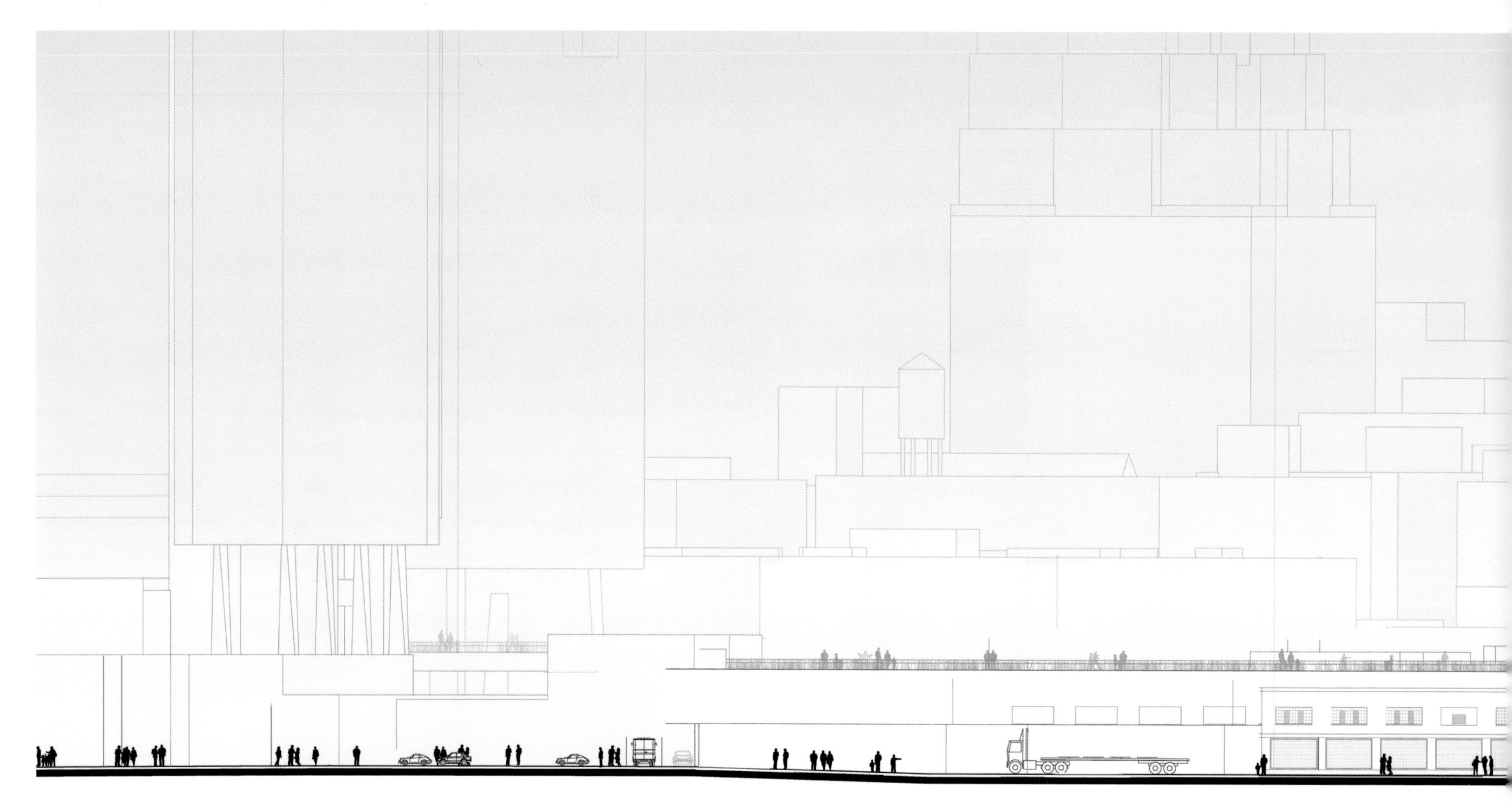

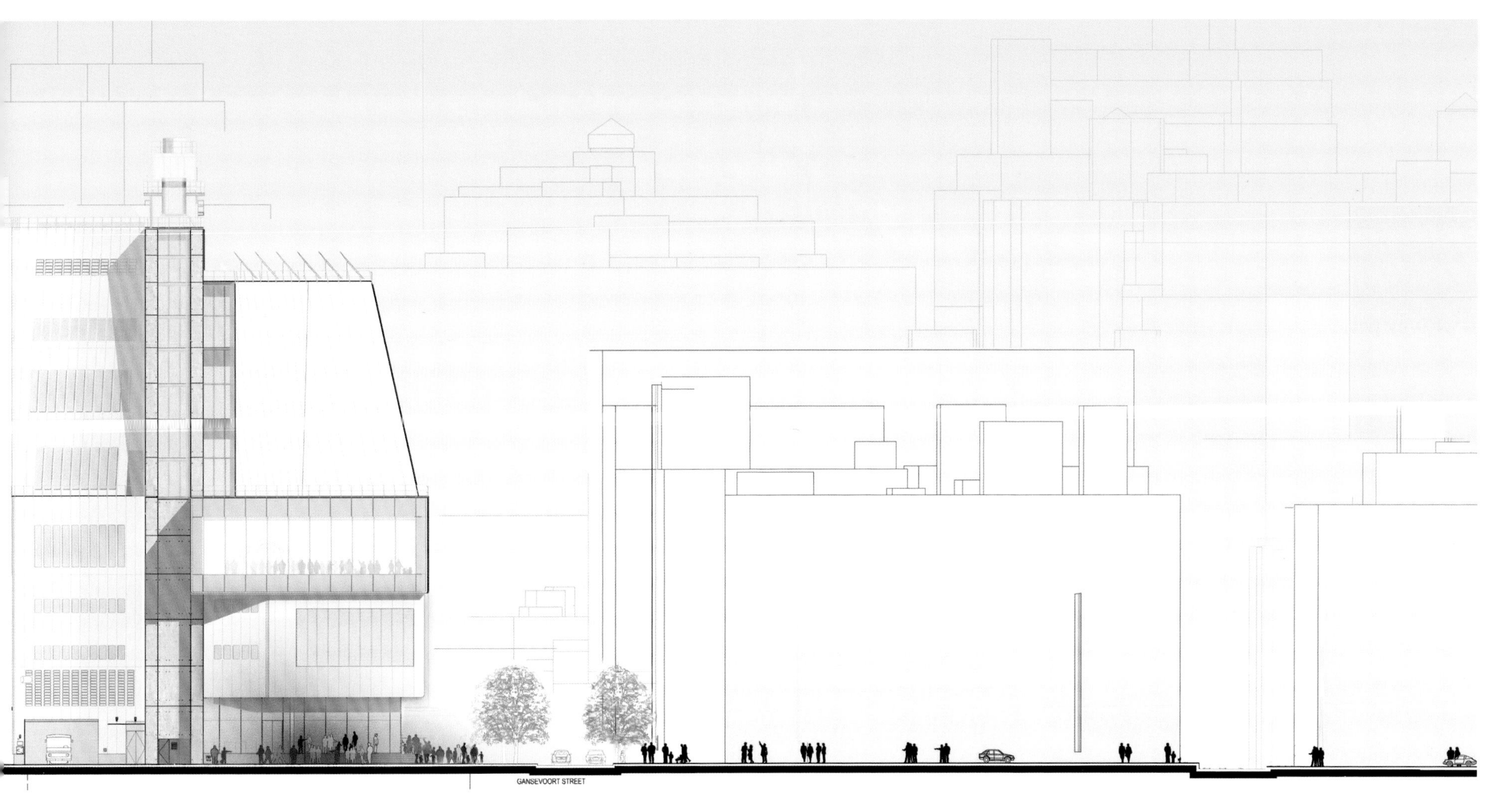
GANSEVOORT STREET

STATE FOODS INC.
INTERSTA

RETAIL SPACE
RETAIL
SPACE
RKF

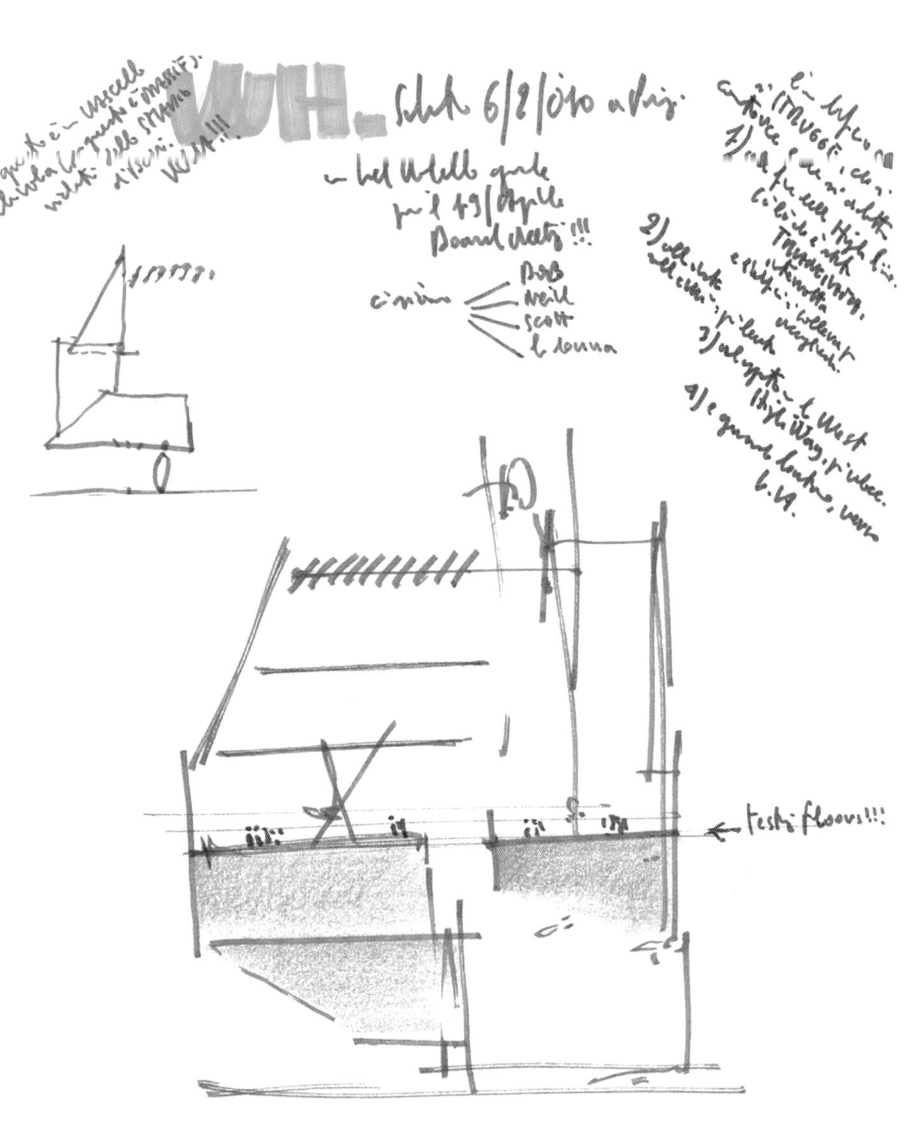

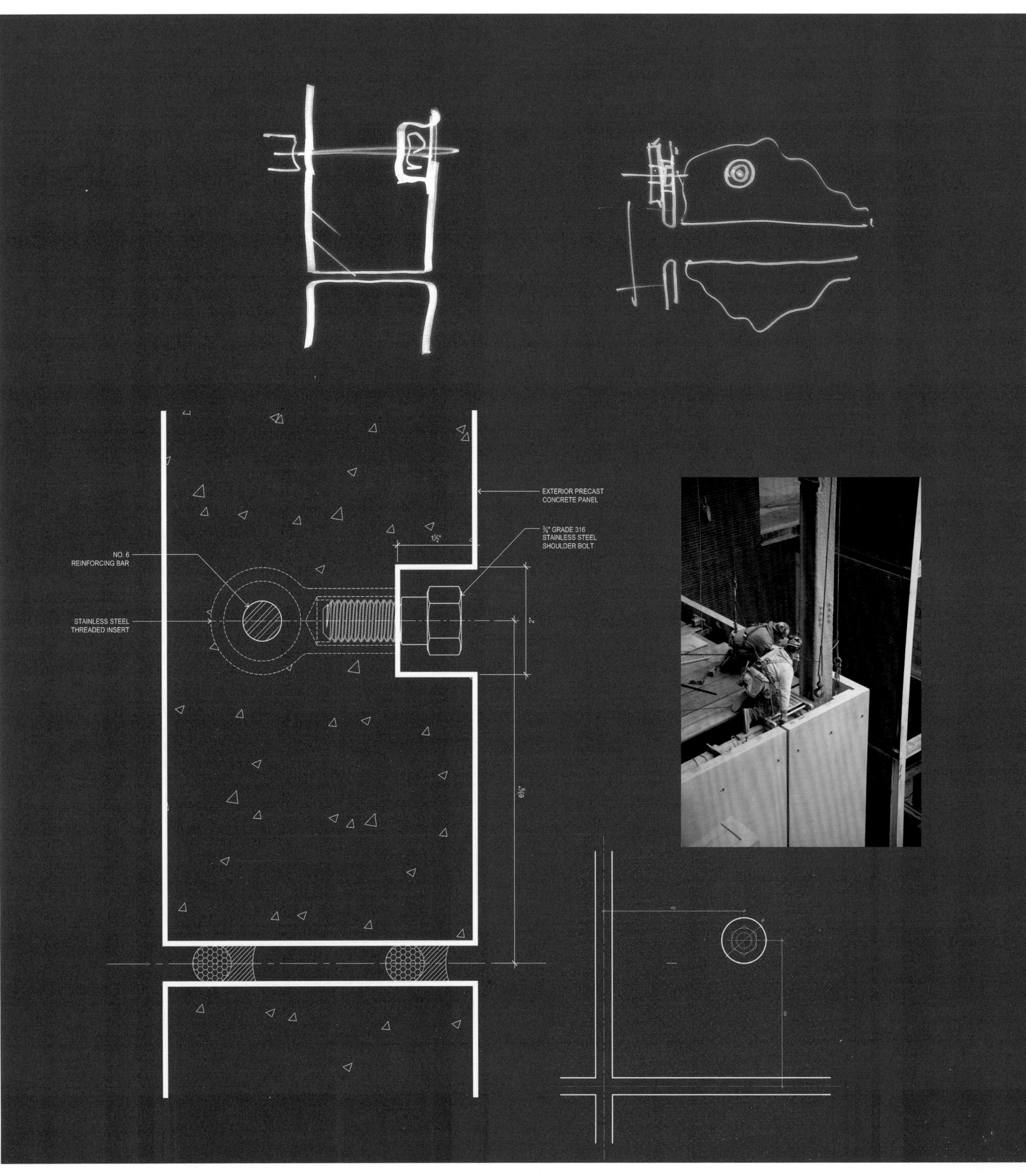
EXTERIOR PRECAST
CONCRETE PANEL
¾" GRADE 316
STAINLESS STEEL
SHOULDER BOLT
1½"
NO. 6
REINFORCING BAR
STAINLESS STEEL
THREADED INSERT
2"
6⅜"

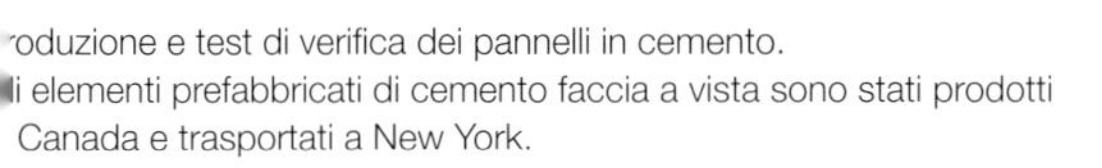

roduzione e test di verifica dei pannelli in cemento.
li elementi prefabbricati di cemento faccia a vista sono stati prodotti
Canada e trasportati a New York.

roduction test of concrete panels. The prefabricated exposed architectural
oncrete panels were made in Canada and transported to New York.

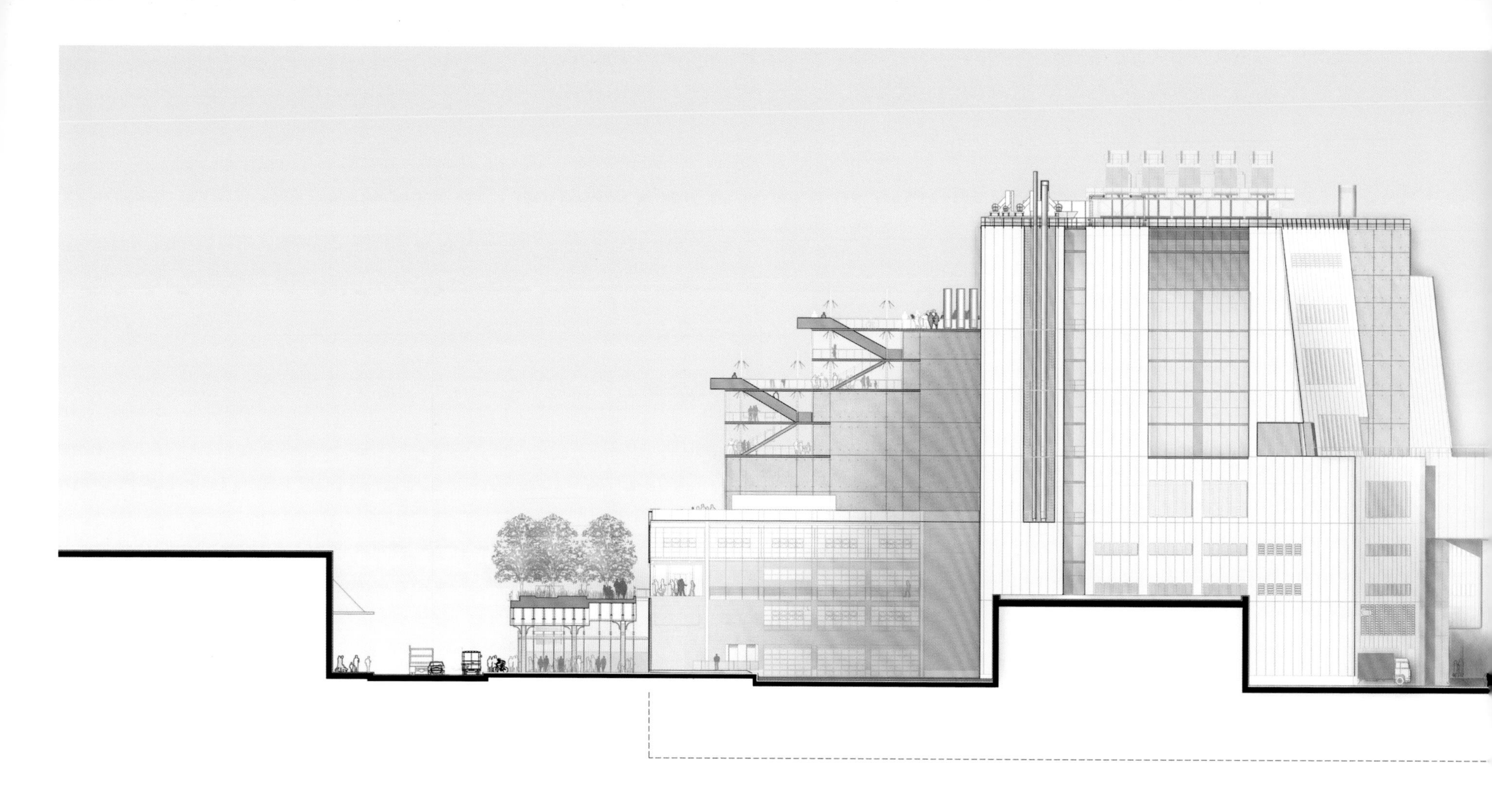

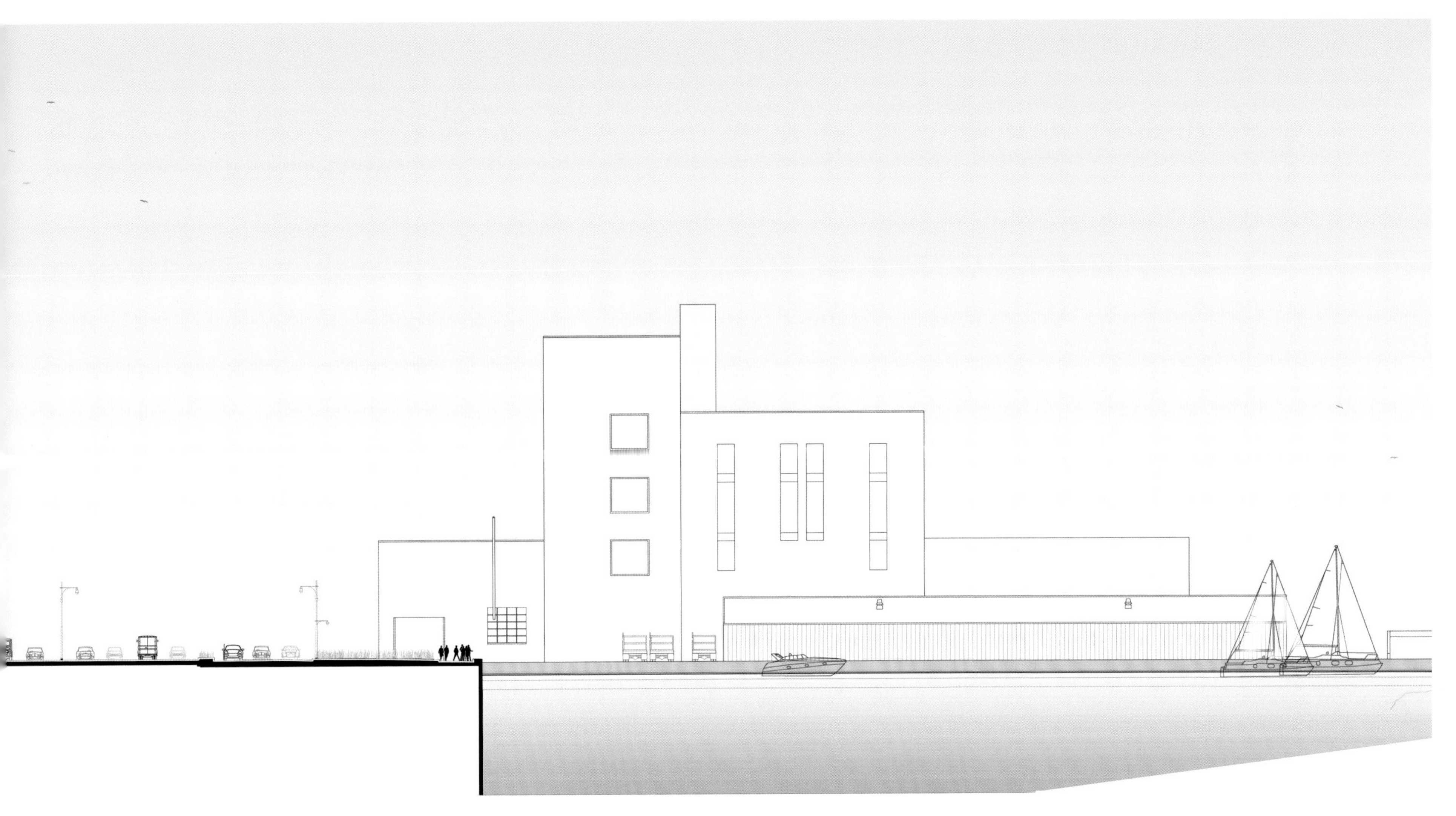

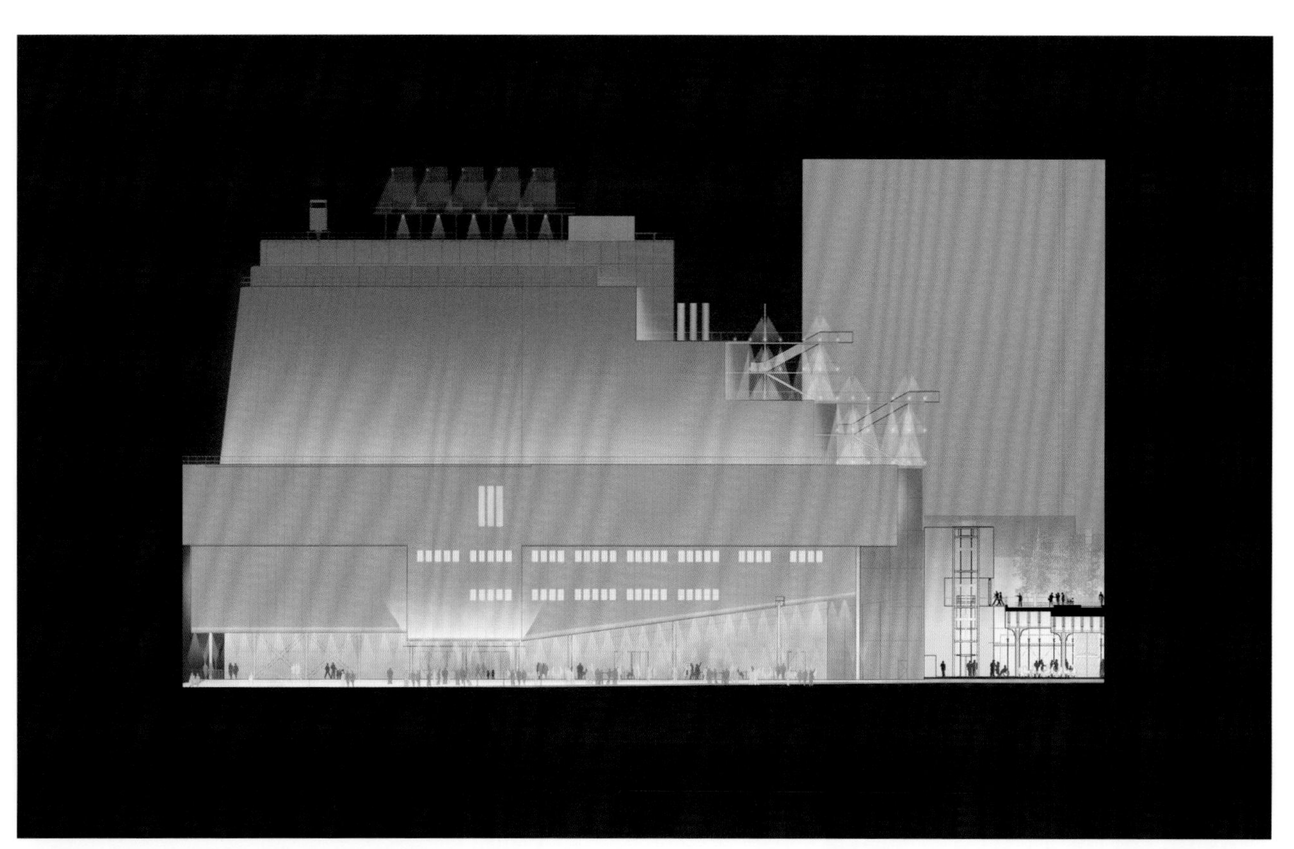

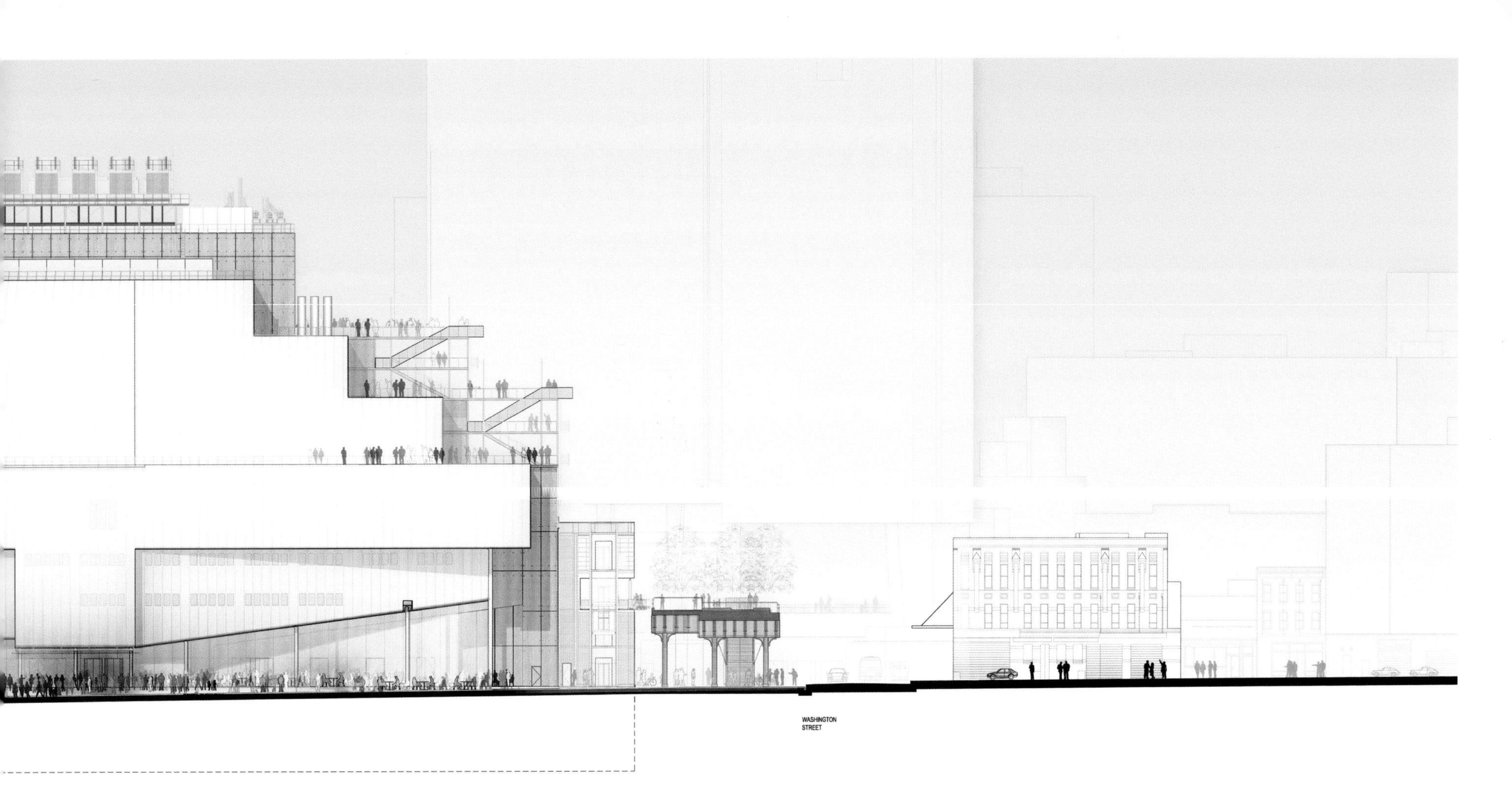
WASHINGTON
STREET

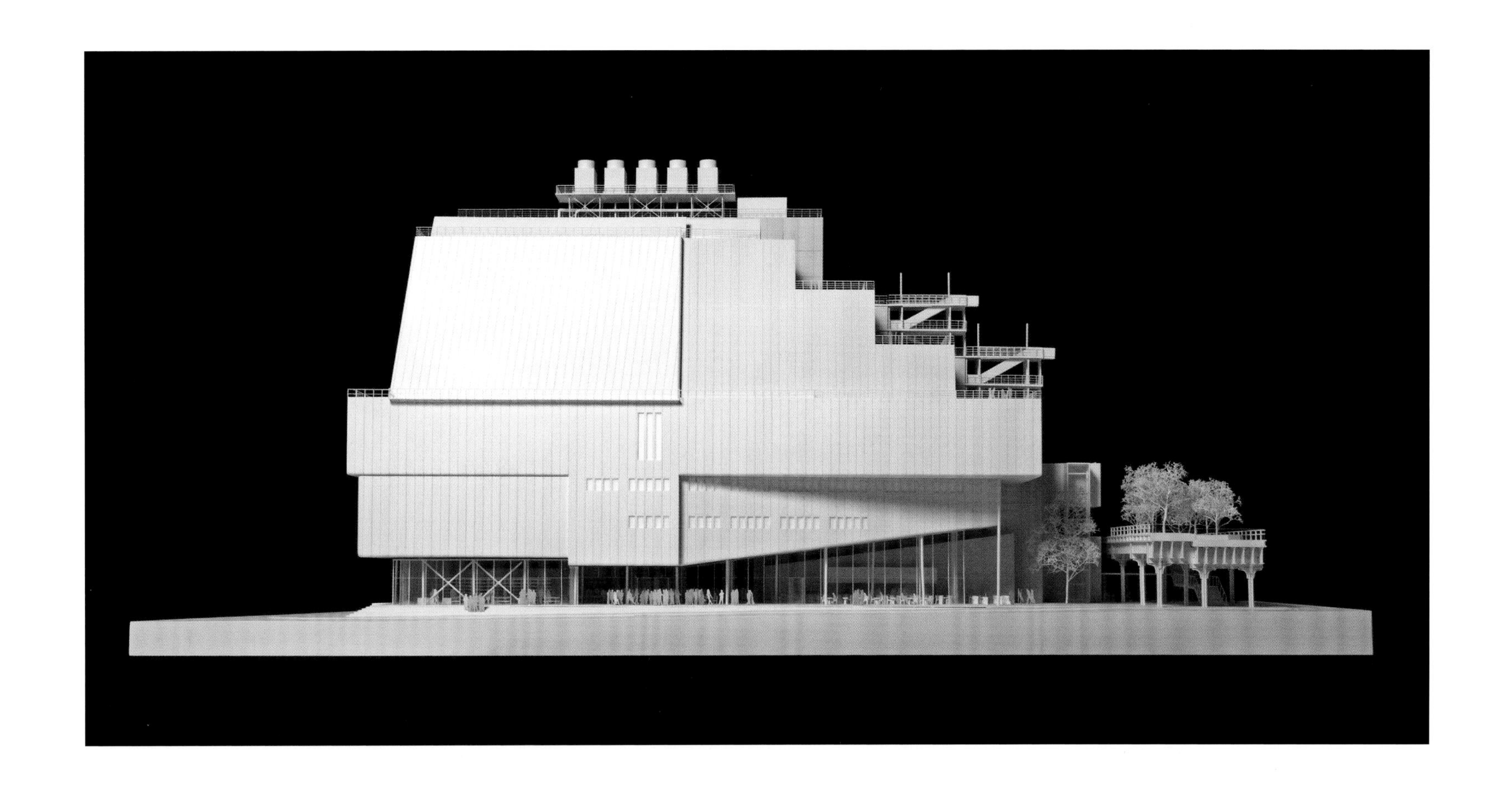

29/03/2012

20/05/201

02/06/2012

17/08/201

25/09/2012

15/11/201

20/12/2012

12/01/201

5/02/2013

14/02/2013

3/03/2013

11/08/2013

6/08/2013

24/10/2013

9/04/2014

02/02/2015

N.Y.
DESIGN
scatole
ethereal
glass
creations
!!!

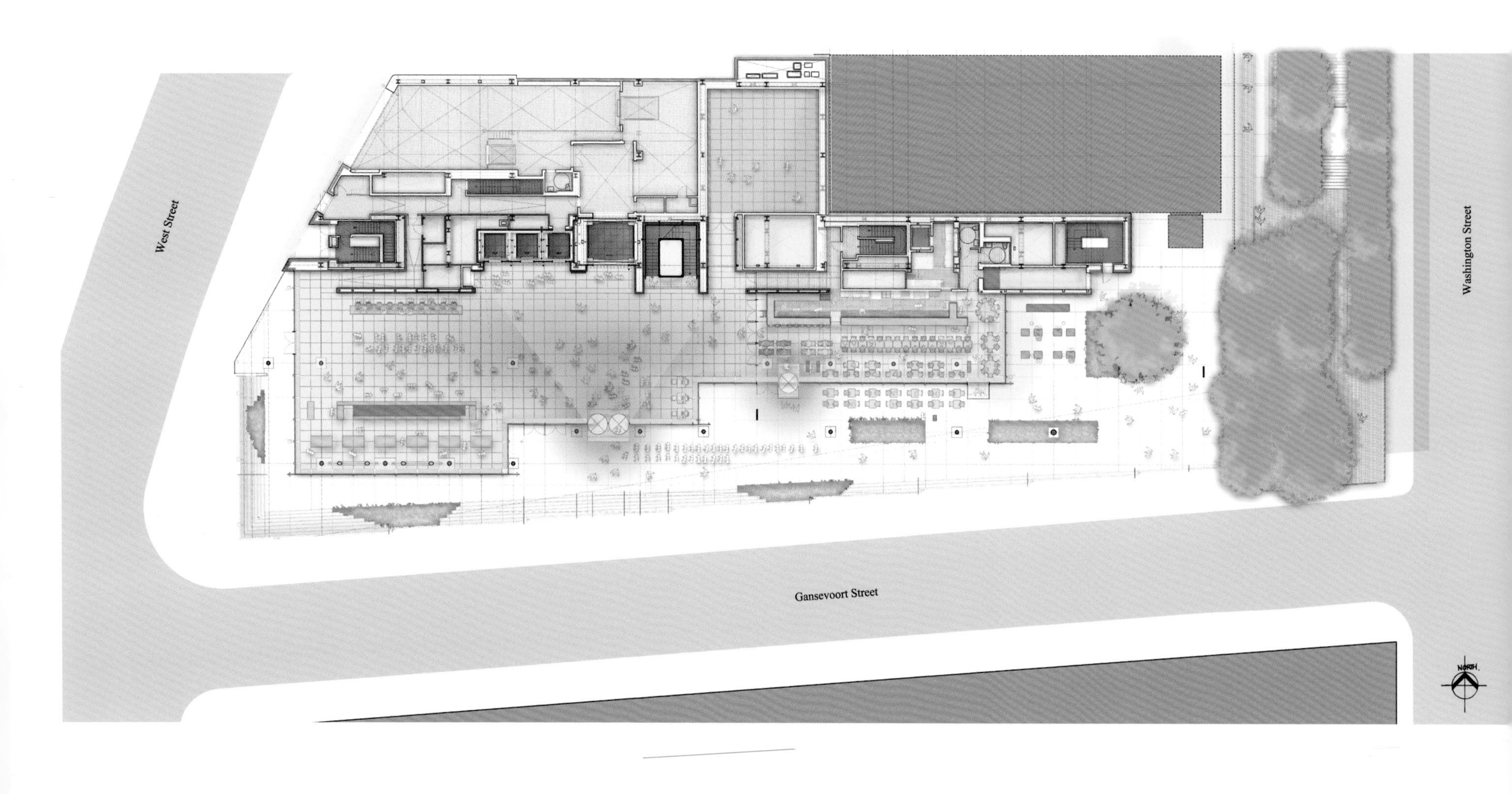
West Street
Washington Street
Gansevoort Street

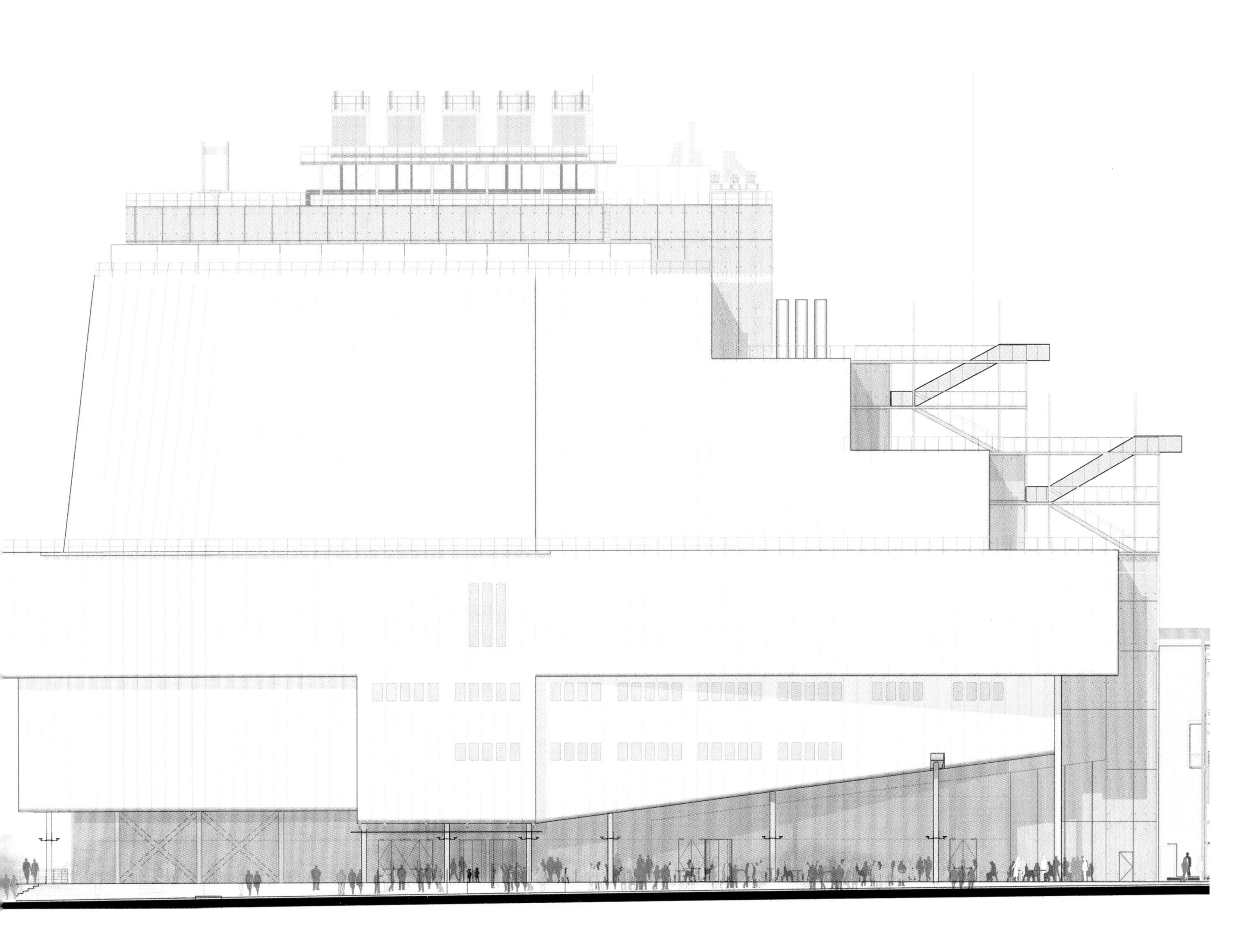

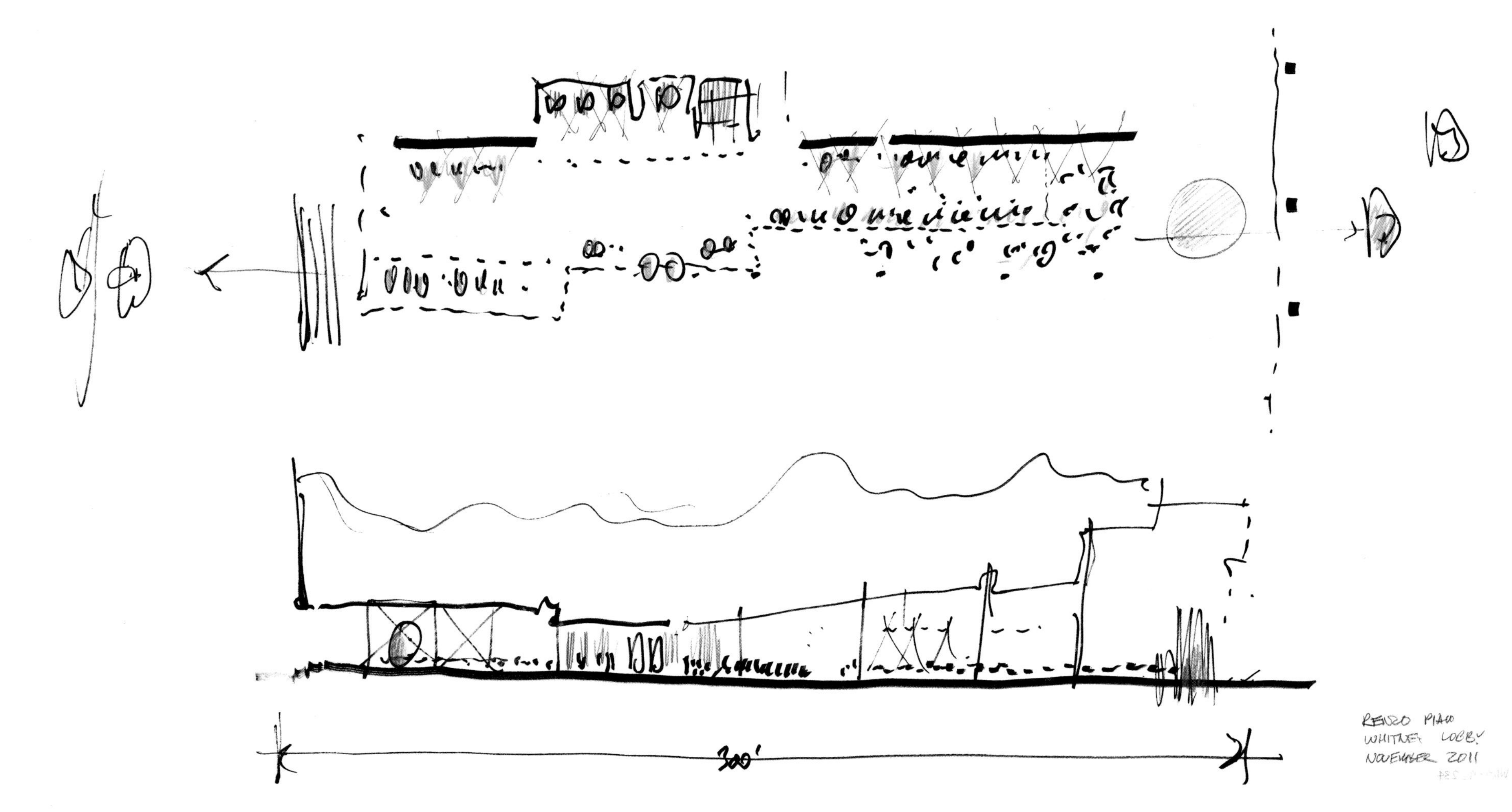

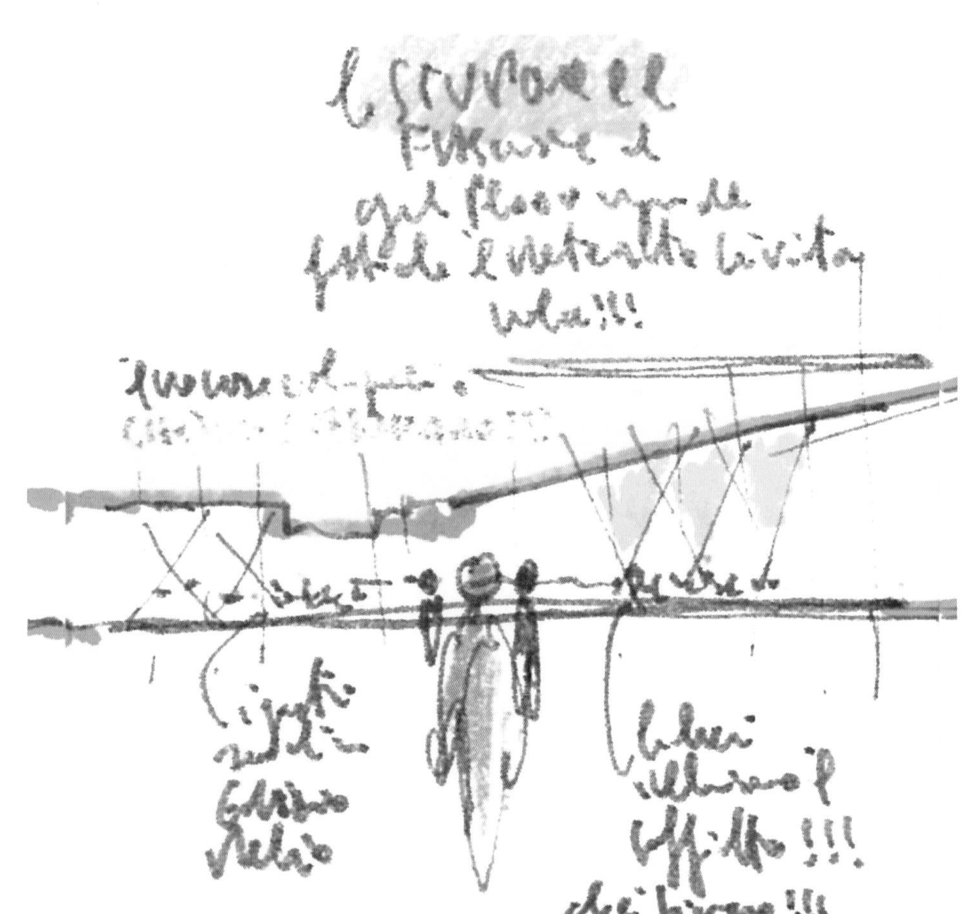

Abbiamo disegnato un edificio sollevato da terra: ci sembrava il modo giusto di agganciarlo al resto della città.

We designed a building raised off the ground: this was the right way to engage with the rest of the city.

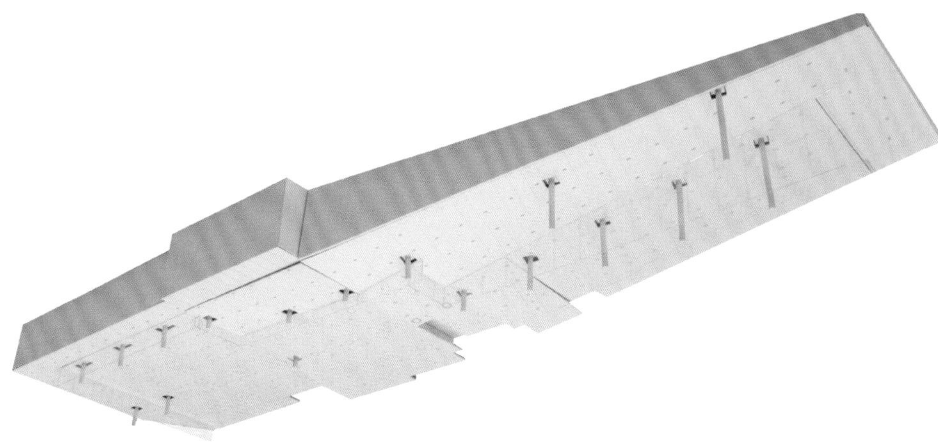

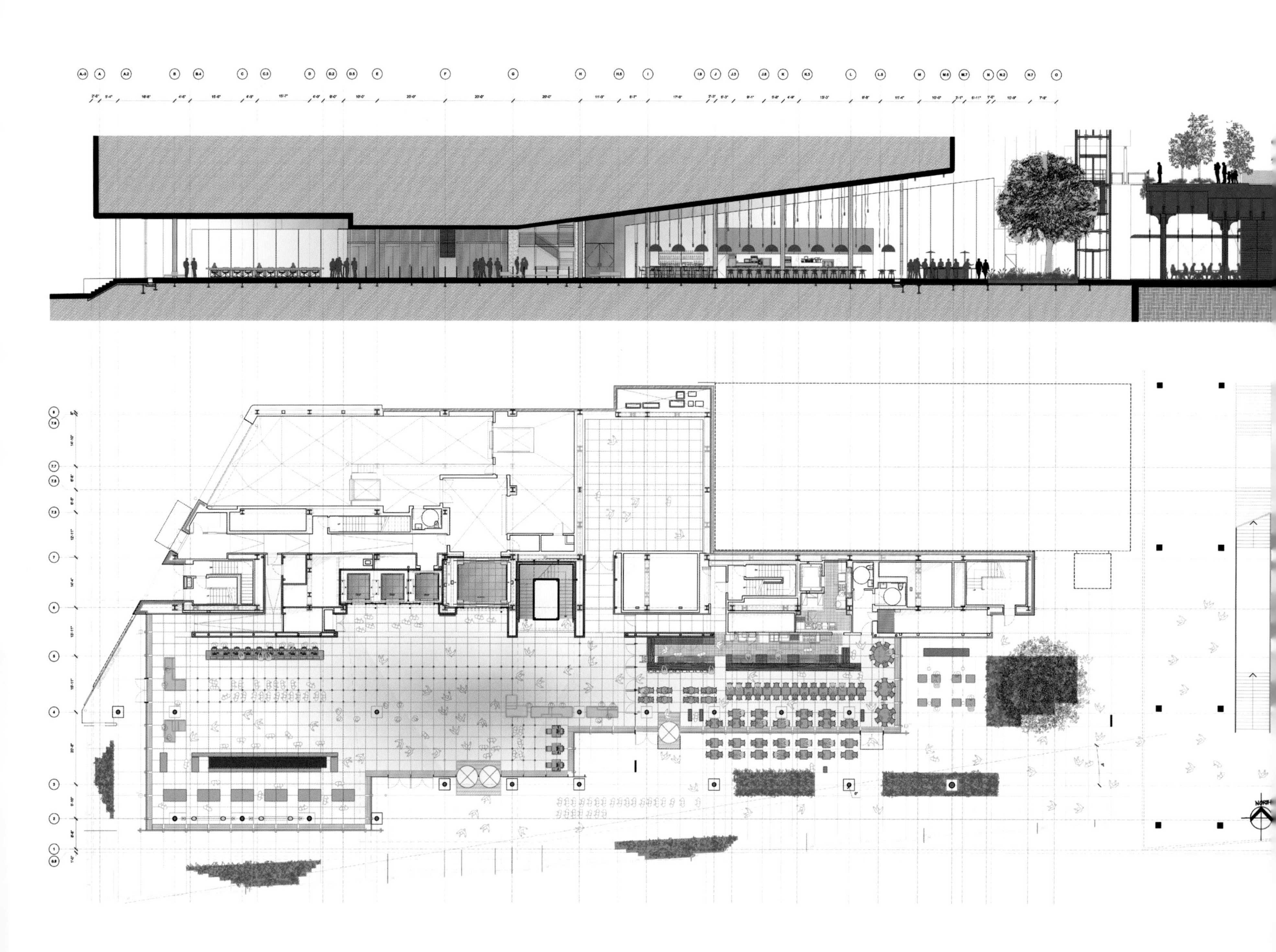

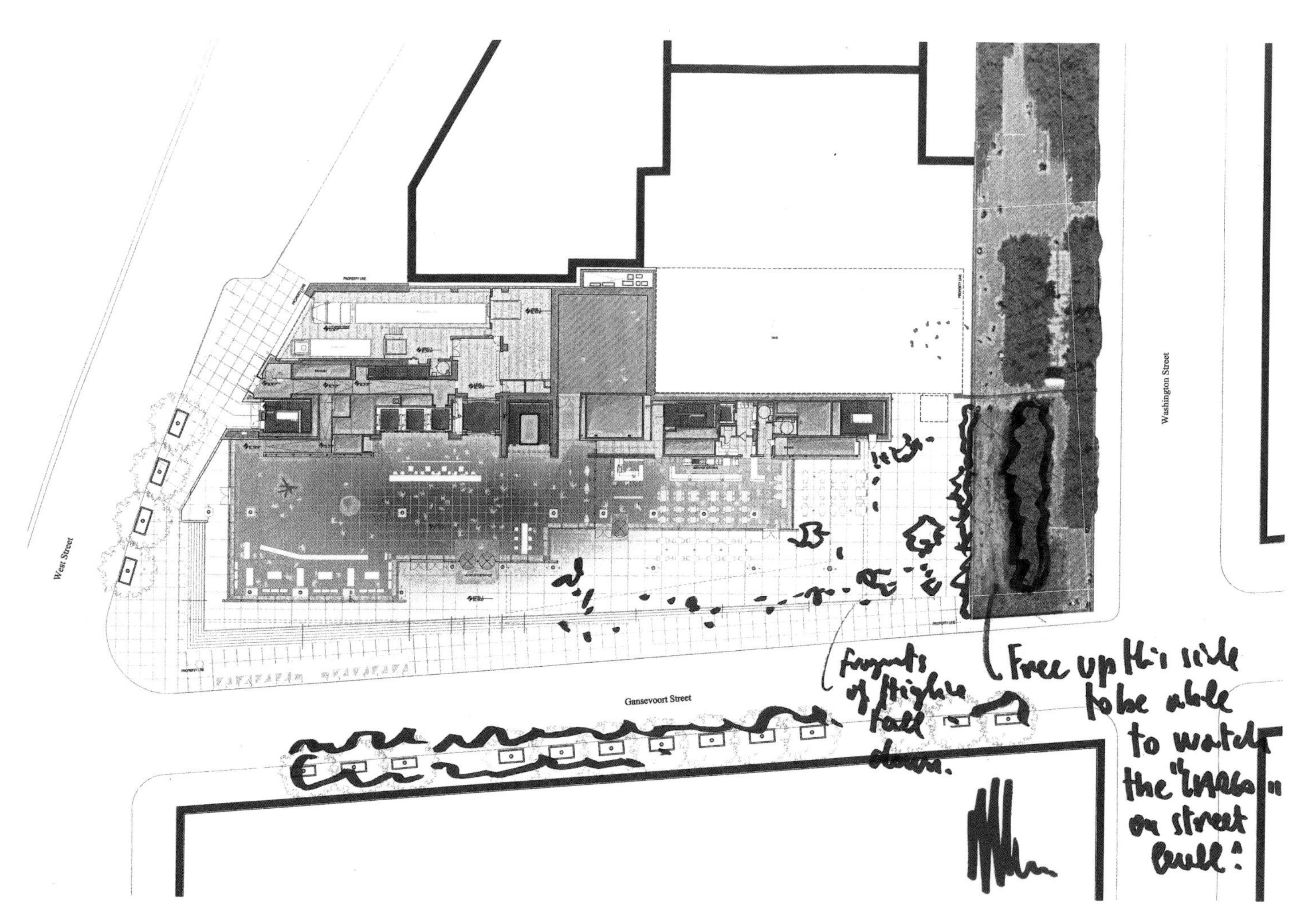

Appunto di Renzo Piano per il paesaggista Piet Oudolf: "Liberiamo questo lato, per vedere il largo al livello della strada".

Renzo Piano's note to the garden designer Piet Oudolf: "Free up this site to be able to watch the largo on street level.

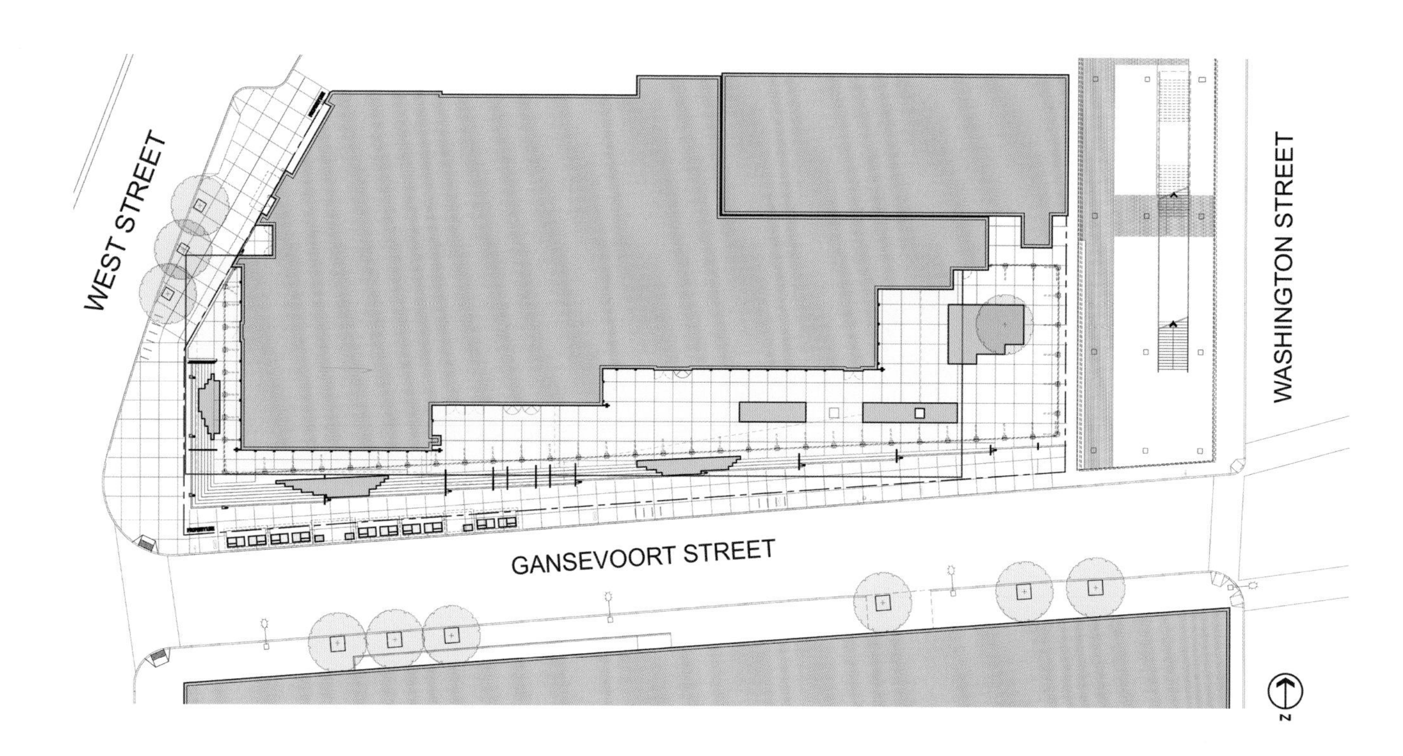

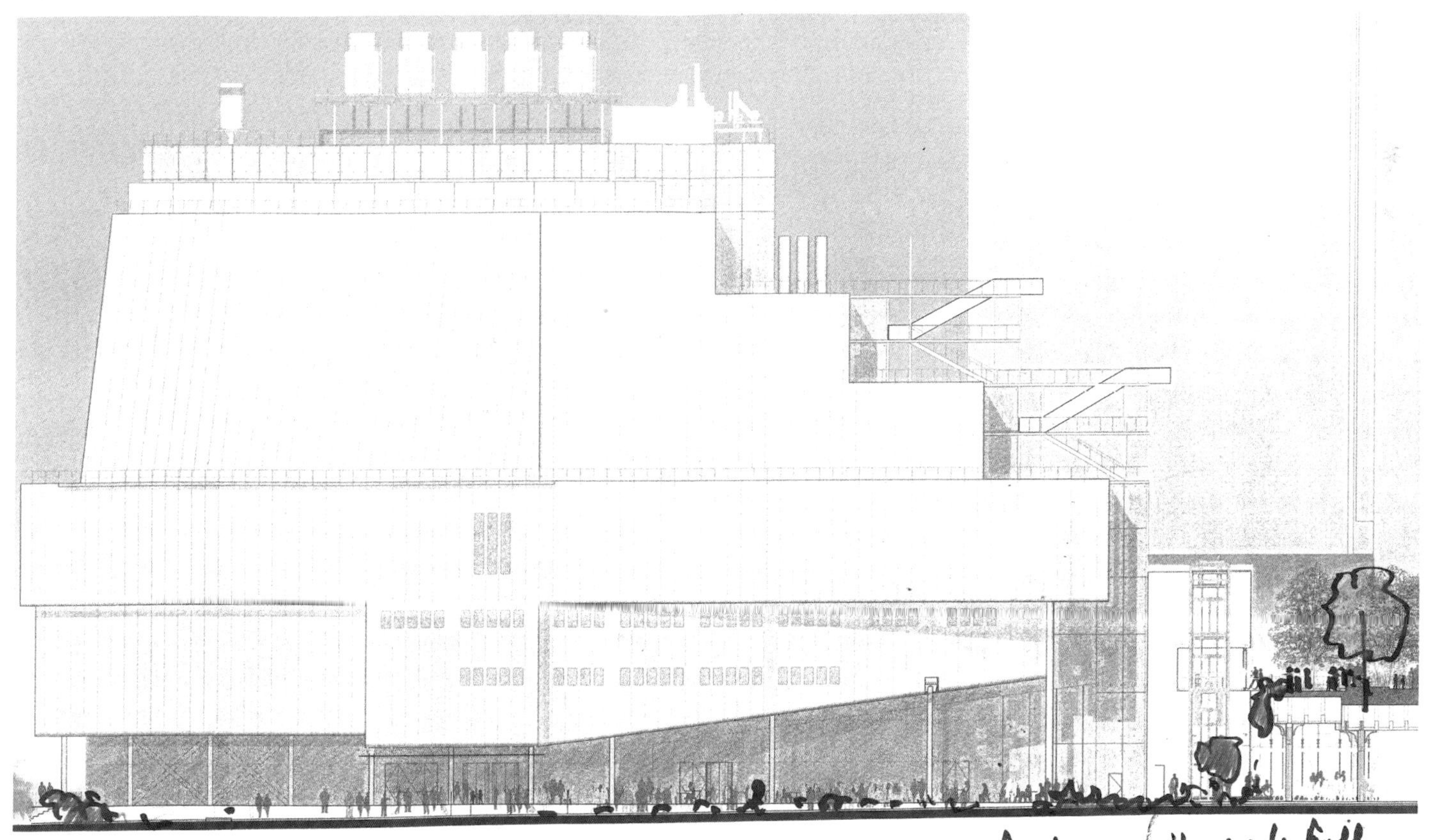

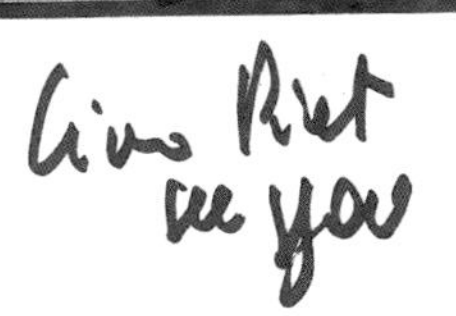

"I semi cadono dalla High Line"
"The seeds fall down from the High Line"

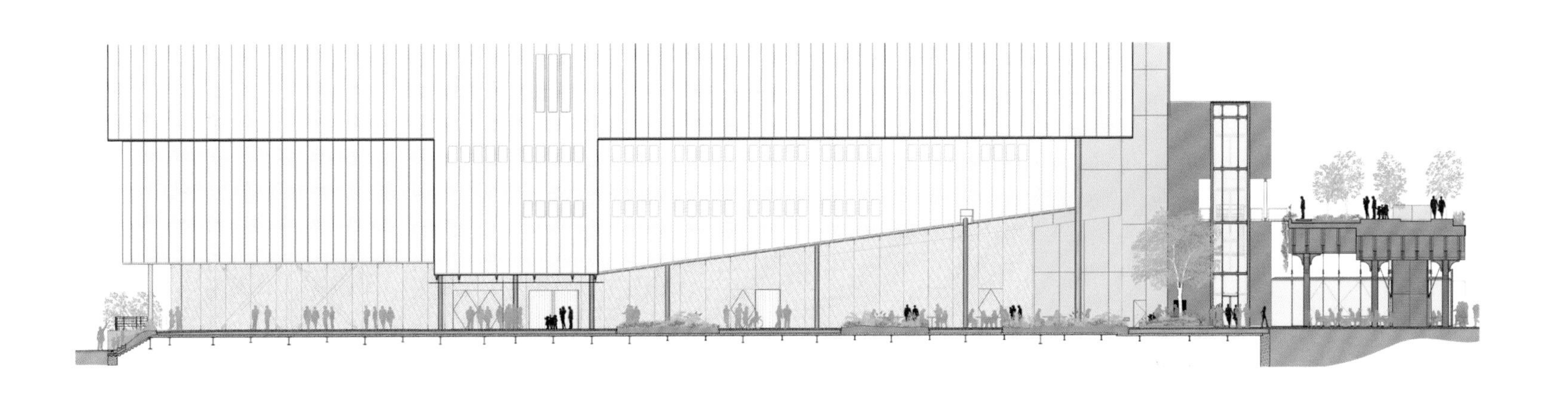

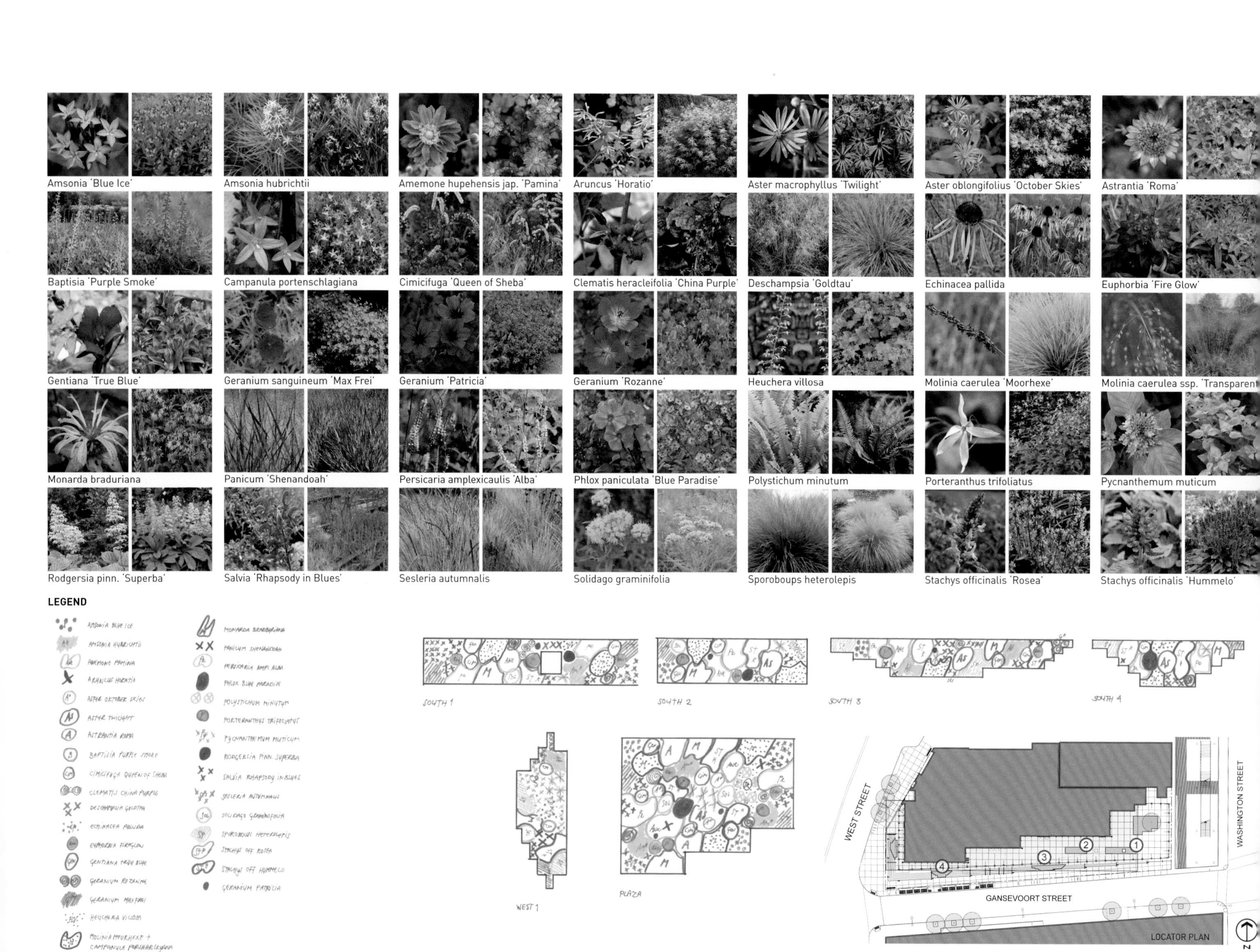

Studi sul verde del paesaggista Piet Oudolf.
Studies on the green landscape by Piet Oudolf.

La magia della High Line è proprio quella di essere una strada che vola a 8-10 metri di altezza: quel tanto da ricordarti che sei in città, e al tempo stesso proteggerti da ogni rischio. La dimensione urbana, presentissima a New York, è qui centuplicata.

The magic of the High Line lies in the fact that it's like a road soaring some 25-30 feet above grade. Just enough to remind you you're in the city, while protecting you from all risks. The urban dimension, everywhere in New York, is here multiplied a hundredfold.

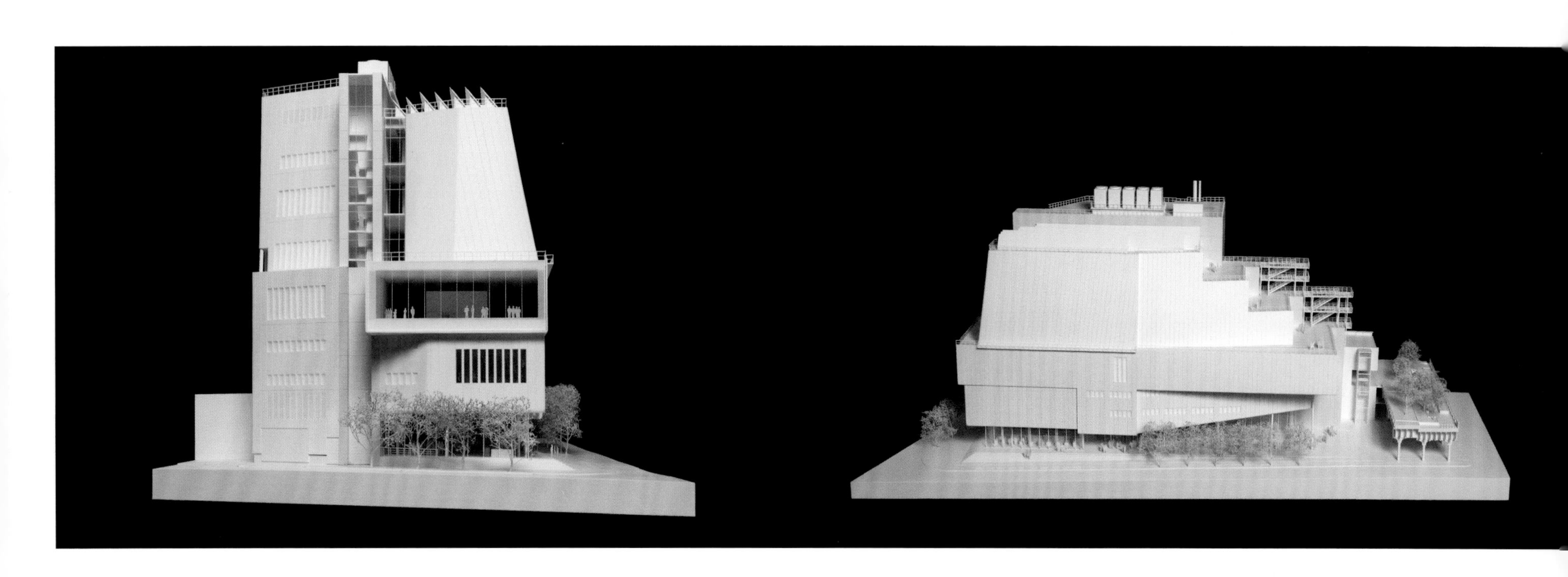

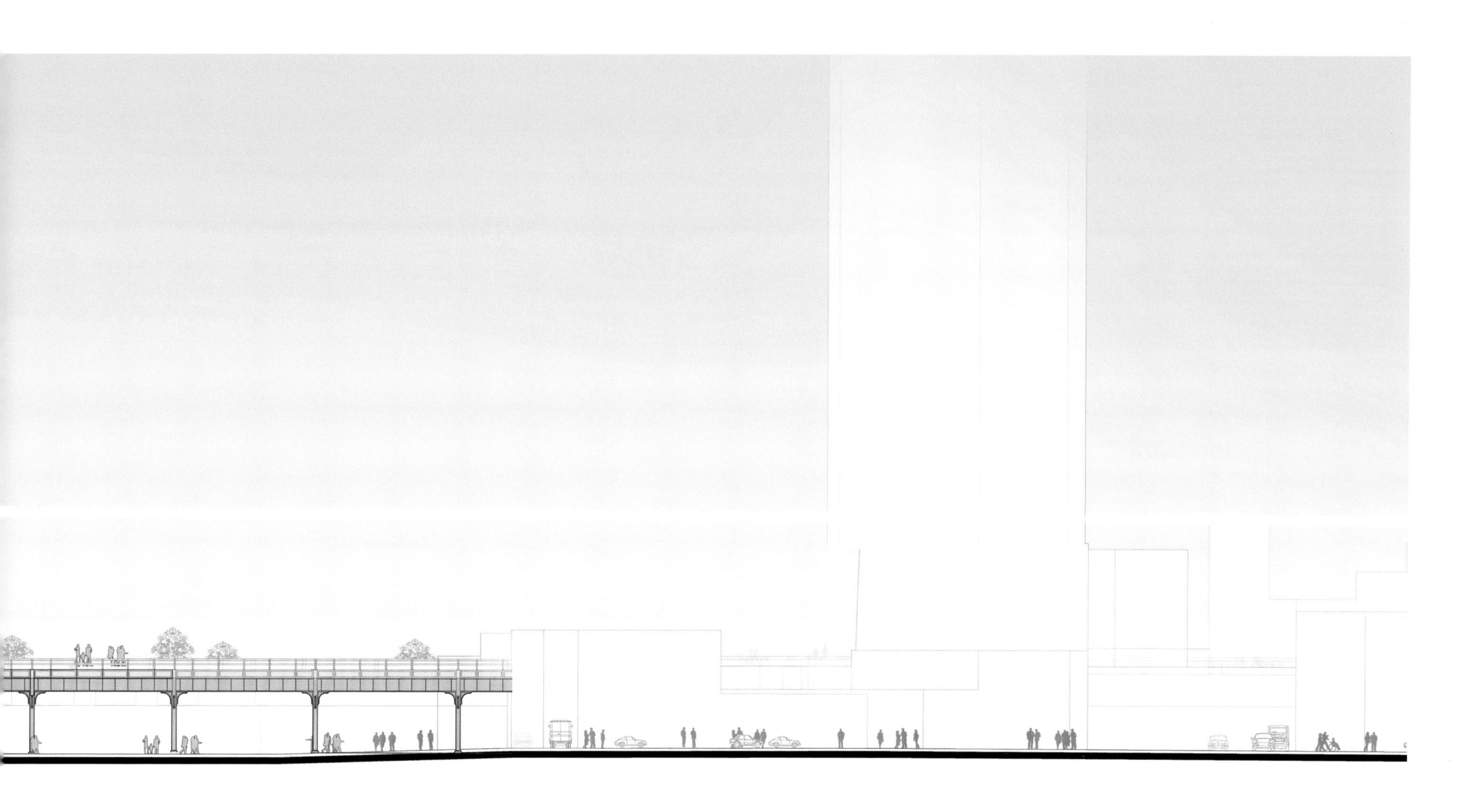

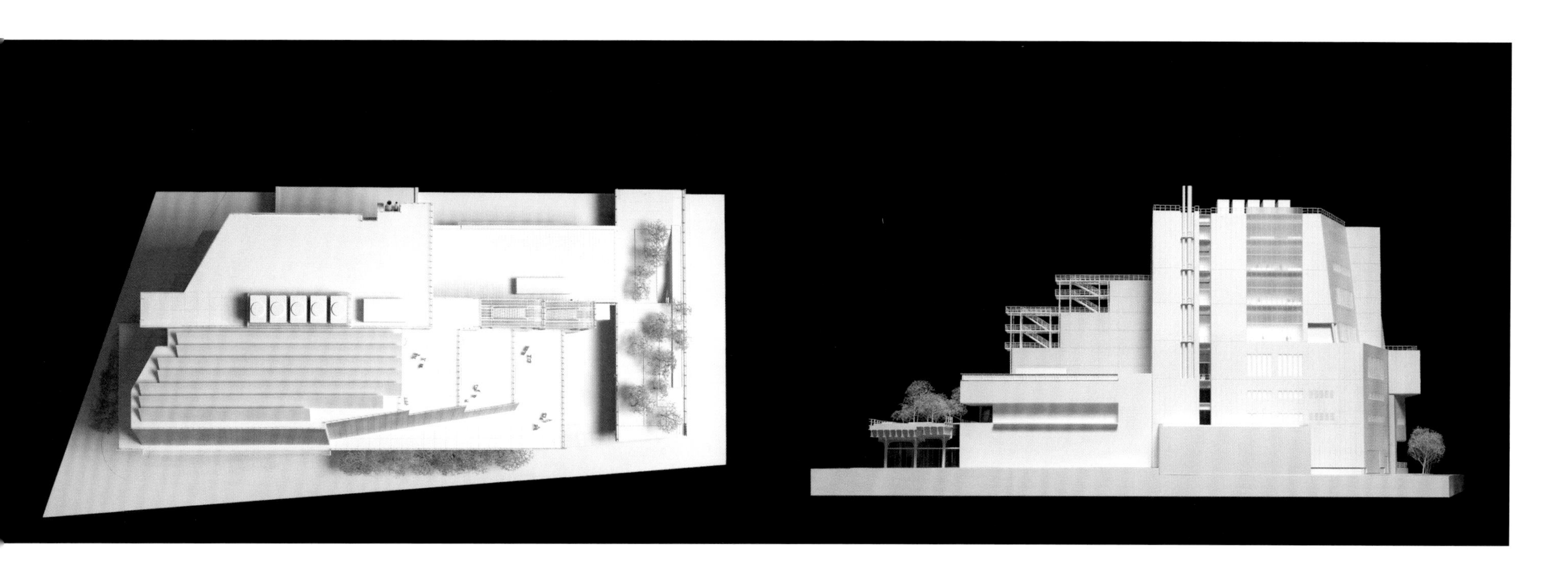

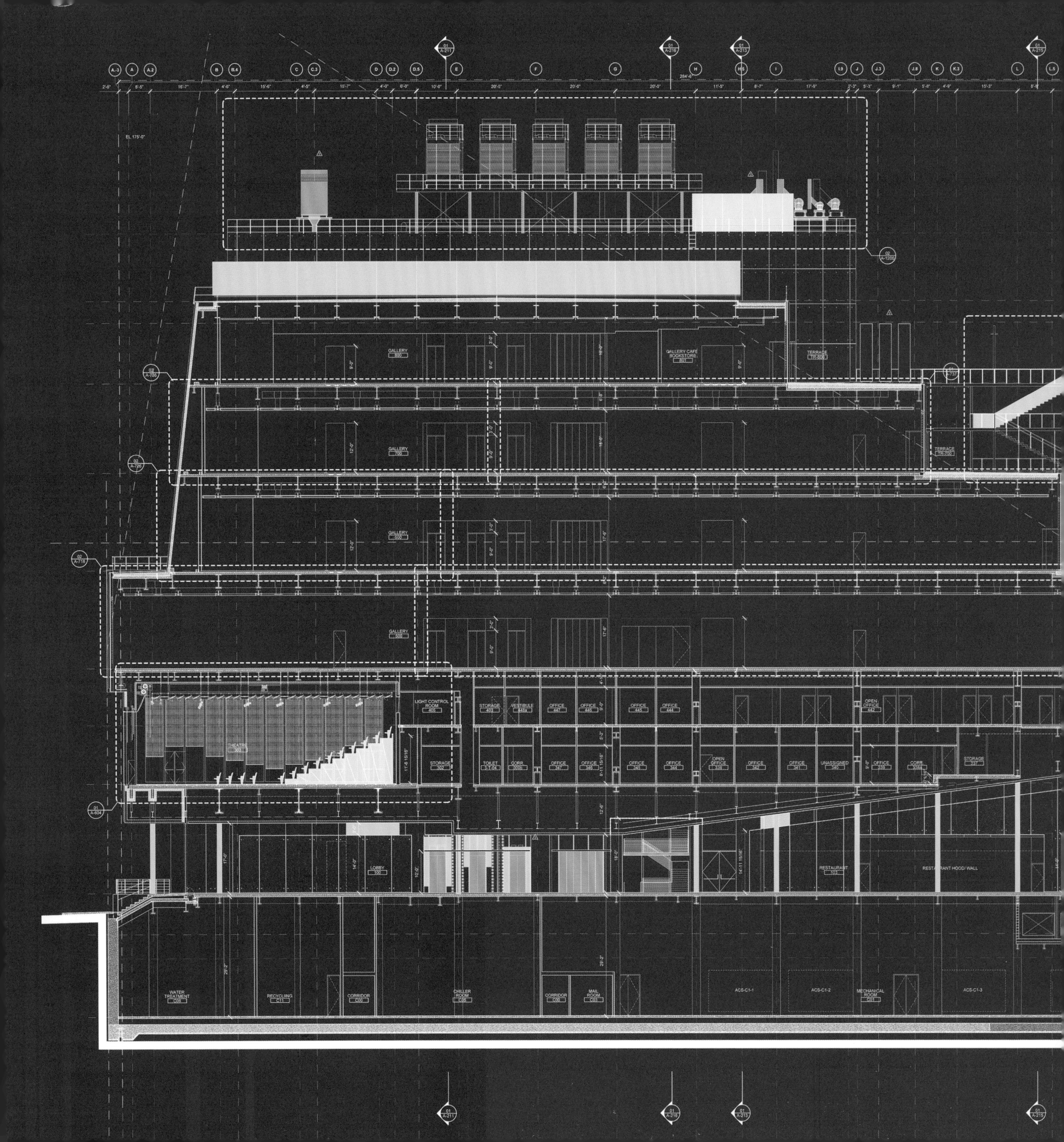

GALLERY
GALLERY CAFÉ BOOKSTORE
TERRACE
GALLERY
TERRACE
GALLERY
GALLERY
THEATRE
LIGHT CONTROL ROOM
STORAGE
STORAGE
VESTIBULE
OFFICE
OFFICE
OFFICE
OFFICE
OPEN OFFICE
TOILET
CORR
OFFICE
OFFICE
OFFICE
OFFICE
OPEN OFFICE
OFFICE
OFFICE
UNASSIGNED
OFFICE
CORR
STORAGE
LOBBY
RESTAURANT
RESTAURANT HOOD/ WALL
WATER TREATMENT
RECYCLING
CORRIDOR
CHILLER ROOM
CORRIDOR
MAIL ROOM
ACS-C1-1
ACS-C1-2
MECHANICAL ROOM
ACS-C1-3

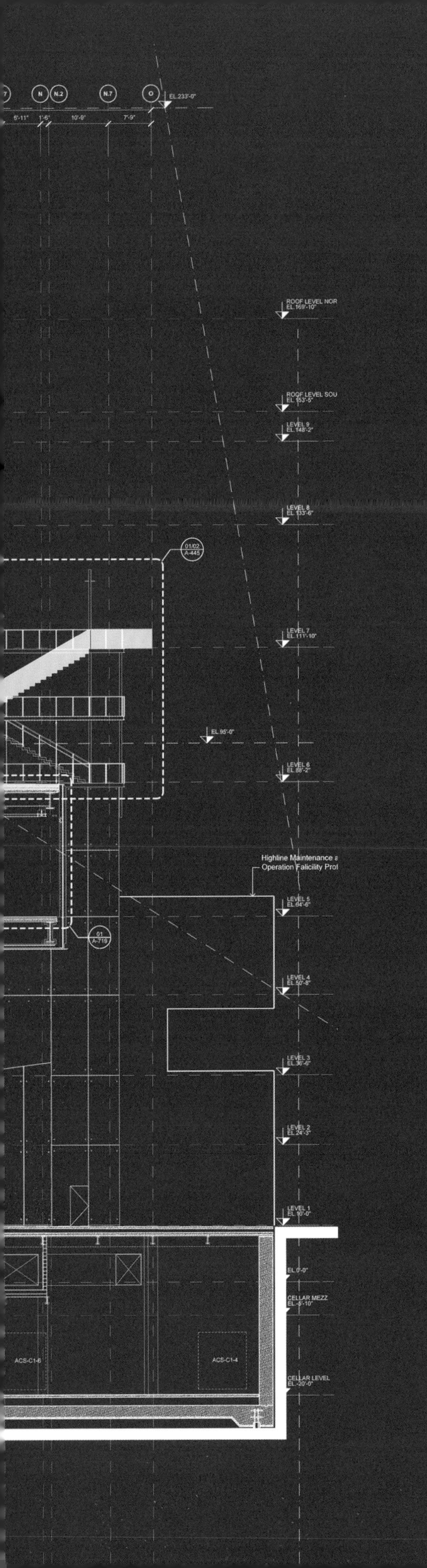
N
N.2
N.7
O
EL.233'-0"
6'-11"
1'-6"
10'-9"
7'-9"
ROOF LEVEL NOR
EL.169'-10"
ROOF LEVEL SOU
EL.153'-5"
LEVEL 9
EL.148'-2"
LEVEL 8
EL.133'-6"
01/02
A-445
LEVEL 7
EL.111'-10"
EL.95'-0"
LEVEL 6
EL.88'-2"
Highline Maintenance a
Operation Falicility Prof
LEVEL 5
EL.64'-6"
01
A-719
LEVEL 4
EL.50'-8"
LEVEL 3
EL.36'-6"
LEVEL 2
EL.24'-3"
LEVEL 1
EL.10'-0"
EL.0'-0"
CELLAR MEZZ
EL.-5'-10"
ACS-C1-6
ACS-C1-4
CELLAR LEVEL
EL.-20'-0"

CAFE & DINER

TOP
ALL WAY

Kevin Schorn, Toby Stewart, Renzo Piano, Francesco Giacobello.

Abbiamo disegnato anche un piccolo edificio di supporto delle attività dei botanici che lavorano alla High Line: è il punto di aggancio del parco lineare a terra.

We designed a small building to support the activities of the botanists who work at the High Line. It's the point where the linear park is anchored to the ground.

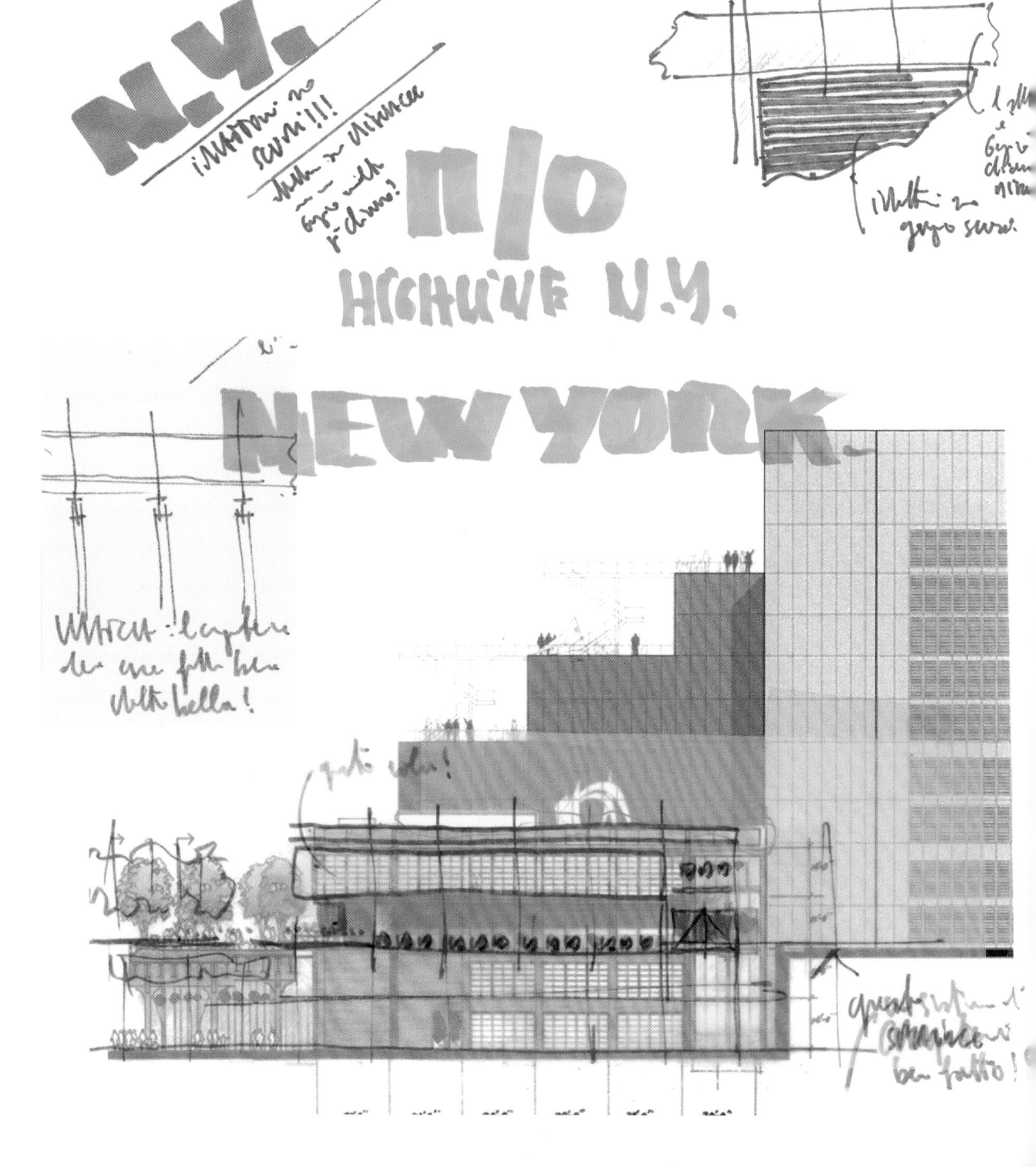

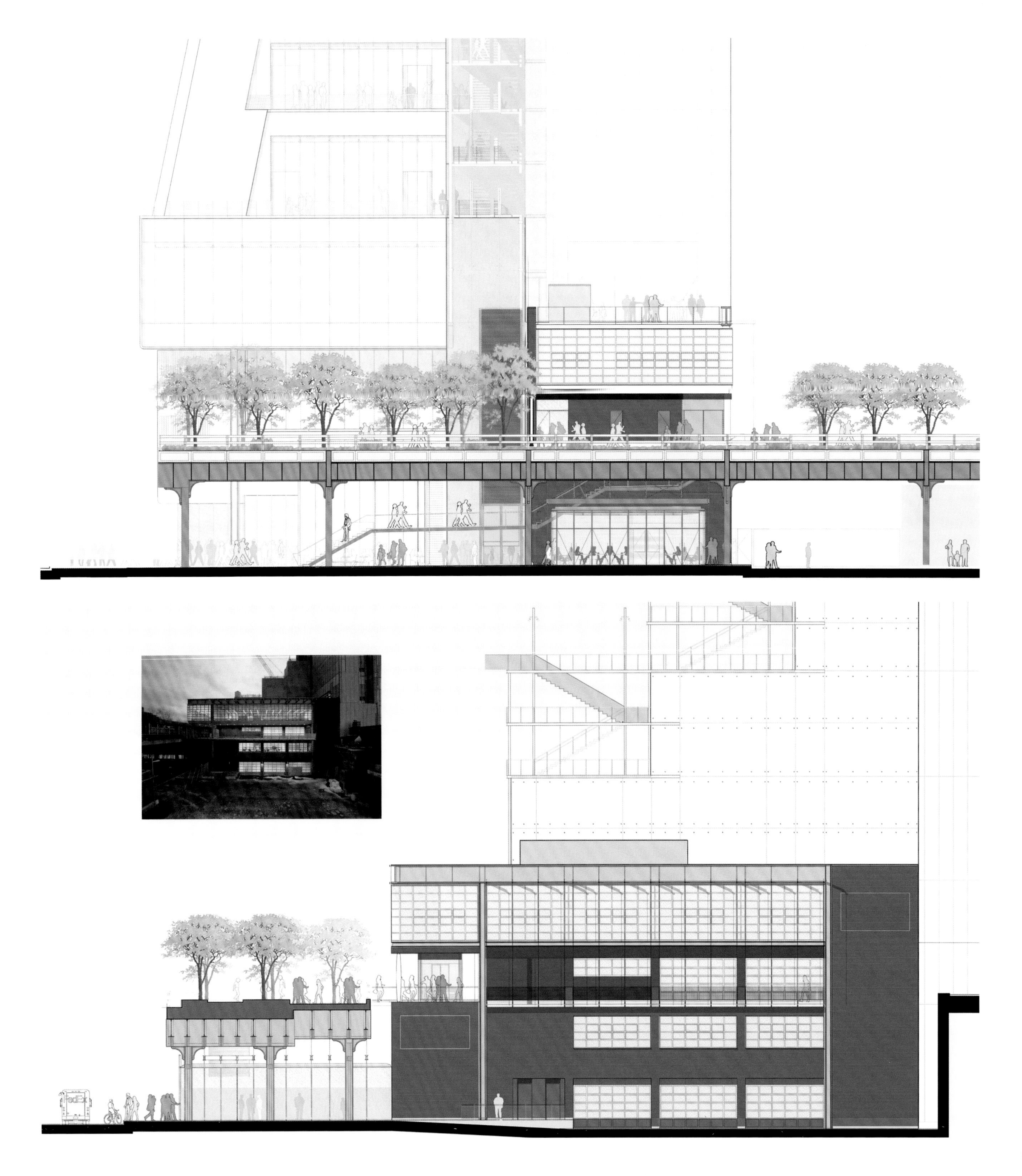

Il Cantiere

Elisabetta Trezzani
Capo progetto RPBW

Lo scavo

Il groundbreaking segna l'inizio degli scavi, e quindi l'apertura del cantiere. È un momento chiave, perché conclude la fase progettuale e pone l'architetto di fronte all'edificio che ha disegnato, calcolato e immaginato in ogni dettaglio. In questo caso significava anche la fine di una ricerca durata quasi trent'anni. Finalmente il museo Whitney aveva trovato la sua nuova casa, dopo una lunga avventura fatta di progetti abbandonati e ripensamenti, culminata con la decisione di spostare la sede.Per questo il board lo ha celebrato con una grande festa, il 24 maggio 2011: hanno illuminato il perimetro di tutto il cantiere, e l'artista Elizabeth Streb ha presentato una sua performance.La fase dello scavo è un momento piuttosto complicato, perché comporta sempre qualche imprevisto. Qui siamo stati fortunati: il clima incide molto, e l'inverno del 2011 è stato mite. La prima fase è stata il dewatering. Il sito è vicino al fiume Hudson e la falda freatica si trova a circa 3 metri, mentre gli scavi sono arrivati a più di 10. Mentre costruivano la parete di cemento del perimetro enormi tubi, che attraversavano l'intero cantiere, pompavano l'acqua che veniva poi reimmessa negli acquedotti della città.

L'acciaio

Subito dopo lo scavo si è passati alla costruzione della struttura, in questo edificio in acciaio. Una scelta voluta per contenere al massimo le dimensioni e ottenere una suddivisione degli spazi più efficiente. In questo modo nella lobby al piano terra siamo riusciti a limitare il numero e la dimensione delle colonne. Sono tutte della stessa misura: ma quello che nessuno sa è che alcune sono di acciaio pieno, e altre vuote. Durante il cantiere la costruzione della struttura in acciaio è una delle fasi più rapide: i piani salgono molto velocemente, e per la prima volta si può intravedere il volume dell'edificio. Quando si arriva in cima, negli Stati Uniti, è tradizione fare una piccola cerimonia: l'ultima trave, prima di essere issata e montata, è firmata da tutti gli operai. Qui è successo subito prima di Natale: per questo c'era anche un piccolo abete addobbato.
Una volta finita la struttura il board del Whitney ha invitato tutti gli artisti americani esposti nel museo a visitare il cantiere. La forma dell'edificio era già chiaramente leggibile, e si intuiva l'idea di questo doppio affaccio sul fiume e sulla città, ma c'era solo lo scheletro di acciaio, senza muratura. Tra gli altri c'erano Chuck Close, Ellsworth Kelly e Mark di Suvero. Mi hanno raccontato che quest'ultimo ha detto: «per me è perfetto così, non costruite i muri».

La facciata

Una volta finita la struttura il passaggio più importante è stato quello di chiudere l'edificio. Non volevamo che il museo fosse letto «per piani», ma come una massa unica. Da qui l'idea di utilizzare pannelli di acciaio, che fasciano l'edificio come nastri, avvolgendone la geometria. Dovevano essere molto lunghi, in modo da avere meno giunti orizzontali possibili in facciata.
Abbiamo studiato questi dettagli a lungo, già durante la fase di progetto, realizzando modelli per simulare la facciata e utilizzando come pannelli delle strisce di cartoncino. All'inizio sembrava addirittura impossibile da realizzare, soprattutto per la lunghezza di alcuni pannelli, che in alcuni punti volevamo rivestissero l'edificio per più piani. Ci siamo riusciti con l'impresa che ha costruito le facciate, la Gartner, studiando insieme una serie di prototipi. Gartner ha lavorato con noi su molti progetti: la Morgan Library di New York, la California Academy di San Francisco, il Gardner Museum di Boston e l'Harvard Museum di Cambridge. Lavoriamo spesso insieme su edifici complessi, che richiedono ricerca e sperimentazione. Su Whitney abbiamo iniziato a collaborare già durante la fase del progetto definitivo: è il processo che si chiama design assist. L'impresa disegna insieme al progettista i dettagli, lo aiuta a definire cosa è fattibile. Naturalmente questo processo ha un costo, ma permette un risparmio importante nella fase successiva, anche perché accelera i tempi. L'impresa non vede i disegni solo alla fine dell'esecutivo, ma collabora alla sua realizzazione. La nostra facciata è stata concepita come un rain screen: ogni singolo elemento contiene l'isolamento e la struttura. Una volta che l'elemento è agganciato allo scheletro di acciaio l'edificio risulta ermeticamente chiuso. La facciata è ventilata: tra gli elementi di chiusura e i pannelli di rivestimento c'è un'intercapedine che permette il passaggio dell'aria e dell'acqua. Al momento del montaggio questi moduli erano di colore alluminio. Mancavano ancora i pannelli di rivestimento, che sono di acciaio verniciato di un grigio-blu chiaro.

Il cemento

Anche per il cemento faccia a vista è stato fatto un grande lavoro con i produttori. Non certo nella fase di progettazione, come è stato nel caso della facciata, ma durante il cantiere. Siamo andati in Canada a seguire il getto dei pannelli, che poi sono stati controllati uno per uno.
Li sollevavano con la gru e li posizionavano all'altezza che avrebbero avuto nell'edificio finito, per controllare che il colore fosse uniforme e la tonalità giusta. Ad esempio una parte del core che è visibile al livello della lobby è stata eseguita contemporaneamente alla struttura di acciaio, a inizio cantiere. Dopo, l'installazione non sarebbe più stata possibile. Abbiamo costruito, per due anni, con la preoccupazione di proteggere questi pannelli, che erano già definitivi. Ora sono visibili nel ristorante e nella lobby.

La lobby

Un altro momento importante è stato il montaggio delle vetrate della lobby al pianterreno. L'attacco a terra di questo edificio è fondamentale, e l'idea che fosse trasparente e aperto sulla strada ci ha accompagnati dall'inizio del progetto. La facciata della lobby è stata realizzata utilizzando un vetro singolo, sostenuto da un sistema di cavi, uno interno e uno esterno, che si ripetono ogni 2 metri.
Una volta completato il montaggio abbiamo capito che l'obiettivo era stato raggiunto: ora aspettiamo che demoliscano l'edificio che ancora separa il museo dal fiume, e poi dalla lobby sarà possibile avere un più ampio affaccio verso l'Hudson e verso il quartiere.

La scala esterna

A questo punto del cantiere la massa dell'edificio era definita, come il suo attacco a terra. Mancavano però le parti che lo articolano e lo collegano allo skyline di New York. In particolare le scale esterne che servono i diversi livelli dal lato est, verso la città, e le torri di raffreddamento. Questi elementi mutano la scala, come se la massa dell'edificio in alcuni punti si sgretolasse. Abbiamo lavorato per sottrazione. Ad esempio sul disegno delle torri di raffreddamento, che richiamano le cisterne sui tetti dei palazzi di New York, e sulla scala di connessione dei vari livelli, che ricorda le scale anti-incendio sulle facciate. Tutti questi elementi rimandano al paesaggio della città. La scala diventa una specie di diaframma tra la massa dell'edificio e il cielo. Immagino che sarà evidente soprattutto di notte, con l'edificio buio e la scala illuminata.

Le terrazze

Sul lato est del museo, verso la città, ogni galleria si affaccia su una terrazza.Il museo aveva richiesto delle testing platforms, da utilizzare come sale espositive all'aperto: noi le abbiamo previste ad ogni piano, collegate alle gallerie interne da cui sono separate solo da una vetrata. Le terrazze hanno dimensioni diverse, e quindi diverse possibilità di utilizzo.

L'uragano Sandy

L'arrivo dell'uragano Sandy è stato l'unico incidente in tre anni e mezzo di cantiere. Era il 29 ottobre 2012: avevamo ricevuto l'allerta, ma in quella fase non potevamo in nessun modo proteggere l'edificio. La soletta al piano della lobby era stata gettata solo parzialmente, e quindi il piano interrato dell'edificio non era ancora chiuso. Ma nel seminterrato erano già stati inseriti i macchinari degli impianti. Non potevamo fare niente: il fiume è esondato e il vento lo ha spinto verso il nostro edificio, che è stato inondato completamente. L'acqua è arrivata a un'altezza di 10 metri, con una tale violenza da spostare macchinari grandi come stanze. Sandy ci ha costretti a migliorare i parametri di sicurezza dell'edificio. Nel progetto originale avevamo già previsto di sopraelevare di quasi 3 metri il livello della lobby, proprio perché il museo si trova in una zona a rischio di esondazioni. Tre metri era il massimo livello previsto nelle proiezioni per i prossimi 500 anni, ma l'arrivo di Sandy ha stravolto tutti i parametri. Dovevamo trovare una soluzione, e capire che impatto avrebbe avuto sul calcolo dei costi e dei tempi. Innanzitutto abbiamo aumentato l'altezza della zona impermeabilizzata, da 3 metri a quasi 5. Sulla facciata che guarda verso l'Hudson abbiamo aggiunto

re cancelli di acciaio pieno, spessi circa 15 centimetri, he in caso di allerta vengono chiusi per proteggere le re aperture, i punti critici in caso di inondazione. Un altro rosso problema era il vetro della lobby, che non era rogettato per sopportare una simile pressione. Inoltre non siste un vetro trasparente con quelle caratteristiche di esistenza: avremmo dovuto cambiare materiale e rendere paca la facciata. Abbiamo quindi pensato a un sistema di rotezione temporanea, alto 3 metri, da installare in caso i necessità. Sul pavimento, ogni 90 cm, sono collocate le iastre di acciaio a cui si collegano le barriere. Il sistema è tato testato in loco: si monta tutto in poche ore.

cantiere

nostro ufficio di New York e il museo sono uno accanto ll'altro, li separa solo una strada: non mi era mai successo rima di poter seguire un cantiere così da vicino.
n genere si va in cantiere quando sono previsti passaggi mportanti, che è necessario supervisionare. Ma con Whitey era diverso: mi capitava di assitere a fasi del cantiere he mi coglievano di sorpresa, magari andando a pranzo o rrivando in ufficio al mattino. Ad esempio l'arrivo del primo pannello con la prova di colore che avevamo scelto, dopo centinaia di tentativi. Mi ero raccomandata che arrivasse ben protetto, in modo che la vernice fosse perfetta.
E naturalmente mi avevano rassicurata.Solo che al momento della consegna ero alla finestra e l'ho visto benissimo, non aveva nessuna protezione. Ne è seguita una telefonata surreale, con gli operai che, non sapendo di essere visti, continuavano a giurare che il pannello era perfettamente fasciato. In realtà la vicinanza era un vantaggio anche per l'impresa. Capitava spesso che appena arrivati in ufficio trovassimo gli operai dietro la porta. Se avevano un problema attraversavano la strada e venivano a chiedere consigli. Certo, avevano anche qualche svantaggio: eravamo sempre in cantiere a controllare l'avanzamento dei lavori,e un paio di volte ho temuto che avrebbero reagito alle nostre continue intromissioni. Anche per noi era complicato: sui cantieri più lontani c'è il giusto distacco, ed è più semplice capire quando si deve lasciar correre, magari su dettagli di minore importanza. I cantieri sono anche un lavoro di compromesso, e nel rapporto quotidiano talvolta sfuggivano le priorità. Ci siamo riusciti lavorado in squadra: Kevin Schorn e Toby Stewart, gli architetti che hanno seguito il cantiere, con la loro presenza quotidiana, io con le visite due volte al mese e Renzo che veniva una volta al mese. In questo modo ognuno di noi ha aiutato gli altri a mantenere la visione d'insieme sul progetto, in un processo a cascata. L'esperienza di cantiere è fondamentale nella formazione di un architetto: allena a capire, già durante la progettazione, se quello che stai disegnando è realizzabile o no.Dà concretezza al tuo modo di disegnare, e quindi di progettare. Nel momento in cui pensi un dettaglio, magari per settimane, sai perfettamente che problemi ci saranno, e dove.

The Construction Site

Elisabetta Trezzani
RPBW Partner in charge

Groundbreaking

Groundbreaking marks the start of excavations, and therefore the beginning of construction work. It's a crucial moment, because it ends the planning stage and brings the architect face to face with the building that has been designed, calculated and imagined in every detail.
In this case it also meant the end of a search that had lasted almost thirty years: the Whitney Museum had finally found a new home, after a long journey littered with discarded projects and second thoughts, culminating in the decision to move the museum's premises. For this reason the Museum Board marked the occasion festively on May 24, 2011. The perimeter of the site was brightly lit up and there was a performance by artist Elizabeth Streb. Excavation is a highly complicated phase of work, because invariably there are hitches of some sort. In this case we were lucky. The weather always counts for a lot, and the winter of 2011 was mild. The first phase of work was dewatering.
The site is close to the Hudson River and the water table is about 10 feet below grade, while we were going down 30 feet. While we were building the concrete wall around the perimeter, there were huge pipes running across the whole site and pumping out the water, which was then fed into the city's aqueducts.

Steel

Excavation was immediately followed by the construction of the steel frame. Steel was a conscious choice as it allowed us to contain the building's dimensions and ensure an efficient division of its spaces. One result was that in the ground floor lobby we were able to limit the number and dimensions of the columns. They are all the same size, but what no one knows is that some are solid steel and others hollow. On a building site, construction of a steel frame is one of the most rapid phases of work. The stories stack up quickly, and for the first time you can see the building's volume.When you reach the top, in the United States it's traditional to have a small ceremony: the last beam, before being hoisted and mounted, has to be signed by all the workers. Here it happened just before Christmas, so we also had a small decorated Christmas tree.Once the building's frame was completed the Whitney board invited all the American artists represented in the museum's collections to visit the construction site. The shape of the building was already clearly visible, and you could sense the idea of its double outlook over the river and the city, but it was just a steel skeleton, without any masonry.Among those present were Chuck Close, Ellsworth Kelly and Mark di Suvero. They tell me Mark's comment was: "To me it's perfect the way it is. Don't build the walls."

The facade

After finishing the frame, the most important step was to close the building. We didn't want the museum to be read as a series of stories but as a single mass. Hence the idea of using steel panels wrapped around the building like ribbons, enveloping its geometry. They had to be very long, so they would have as few horizontal joints as possible.
We studied these details at length during the design stage, making models to simulate the facade and using strips of cardboard to represent the panels. At first it seemed impossible, especially given the length of certain panels, which we wanted to cover the multi-story building at certain points. We managed it together with Gartner, the facade consultant, after devising a series of prototypes together.Gartner has worked with us on a lot of projects: the Morgan Library in New York, the California Academy in San Francisco, the Gardner Museum in Boston and the Harvard Museum in Cambridge. We often collaborate on complex buildings that call for research and experimentation. On the Whitney we started working together during the final design phase, in a process called design assist. The contractor defines the details together with the architect, helping to decide what's feasible. Of course, this process is costly, but it makes for major savings in the next phase, because it speeds up the building work. The contractor does not have to wait for the final project to see the working drawings, but contributes to their definition.
Our facade was designed as a rain screen: each element contains the insulation and structure. Once the element is attached to the steel skeleton of the building it is hermetically sealed. The facade is externally ventilated: between the closure elements and the covering panels there is a cavity allowing for the passage of air and water. When these modules were installed they were aluminum-colored. Then the cladding panels, made of steel and painted a light grayish-blue, were added.

The concrete

Again in the case of the exposed concrete a great job was achieved by working closely with the contractors, not during the design phase, as with the facade, but during construction. We went to Canada to oversee the pouring of the concrete panels, which were then individually inspected. They hoisted the panels up with a crane and positioned them at the height where they would be installed in the building, to check the color was uniform and just the right shade. A part of the core now visible in the lobby was built at the same time as the steel structure, at the beginning of construction. It would have been impossible to install it afterwards. For two years we kept building around it, being careful to protect these panels, which were already definitive. They can now be seen in the restaurant and lobby.

The lobby

Another critical phase was the installation of the glazing for the ground-floor lobby. The point where this building meets the ground is crucial, and the idea that it would be transparent and open to the street was clear in our minds right from the beginning of the project. The lobby facade was built using a single panel of glass supported by a series of cables, alternating one inside and another outside at 6ft 4" intervals.Once the installation was complete we realized our goal had been achieved. We are now waiting for them to demolish the building that still separates the museum from the river, and then the lobby will have a broader view towards the Hudson and across the neighborhood.

The external staircase

At this point in construction the mass of the building was defined, as well as its attachment to the ground. But it still lacked the parts that would articulate it and connect it to the New York skyline. In particular, the external staircases that serve different levels on the east side, towards the city; and the cooling towers. These elements change the scale, and break down the mass of the building at certain points.
We worked using a process of subtraction. For example on the design of the cooling towers, which recall the water tanks on the roofs of buildings in New York, and on the scale of the connections between the various levels, reminiscent of the fire escapes on New York buildings' facades. All these details allude to the cityscape.The staircase becomes a kind of interface between the mass of the building and the sky. I imagine it will stand out above everything else at night, with the building dark and the staircase lit up.

The terraces

On the east side of the museum, facing the city, every gallery looks onto a terrace. The museum had requested testing platforms, to be used as outdoor exhibition galleries. We provided them on each floor, connecting with the indoor galleries, separated only by a glass wall. The terraces are of different sizes, and so offer different potential uses.

Hurricane Sandy

Hurricane Sandy was the only setback in three and a half years of construction work. It arrived on October 29, 2012. We had received the alert, but at that stage there was nothing we could do to protect the building. The slab on the lobby level had been only partially poured, and the basement level of the building was not yet enclosed. But all the plant for the utilities was already installed in the semi-basement level. There was nothing to be done: the river flooded and the wind swept it towards our building, which was swamped. The water rose to 30 feet and its violence was so great it moved machinery as big as rooms. Sandy forced us to improve the building's safety parameters. In the original project we had already raised the level of the lobby nearly 10 feet, because the museum is located in an area at risk of flooding. Ten feet was the maximum level specified in projections for the next 500 years, but the arrival of Sandy upset all the forecasts. We had to find a solution, and understand what impact it would have on the calculation of costs and times. First, we increased the height of the waterproofed area from 10 to 16 feet.To the facade facing the Hudson we added three solid steel gates, about 15" thick, which in case of alert can be closed to protect the three

apertures, the critical points in case of flooding. Another big problem was the glass in the lobby, which was not designed to withstand such pressure. Moreover no clear glass, however toughened, can withstand such huge strains: we would have had to change the material and dull the facade. Instead we designed a temporary protection system, 10 feet high, to be installed when needed. Steel plates can be fixed on the paving at intervals of 3 feet, and the barriers connected to them. We tested the system on site. Everything can be mounted in a few hours.

The construction site

Our New York office and the Whitney are near neighbors, across the street from one another. I've never been able to keep a check on construction work so easily. Normally you visit a building when something important is going on and you have to supervise it. But with the Whitney it was different. I would find myself observing stages of the building work that took me by surprise, maybe as I was going to lunch or making my way to the office in the morning. Like the arrival of the first panel with the test color we had chosen, after looking at hundreds of samples. I had asked them to make sure the panel arrived well protected, so that the paintwork would be flawless. And of course I was given every assurance this would be done. Except that when it was delivered I was at the window, and I could see it clearly and it was completely unprotected. There followed a surreal phone call, with the workers swearing the panel was perfectly wrapped up, quite unaware I could see everything going on.Actually our being at hand was a real advantage for the building contractors. It often happened that as soon as I turned up at the office I would find the workers outside the door. If they had a problem they would cross the street and ask for advice. True, there were also drawbacks for them. We were always going over to the site to check progress. At times I feared they might find our continual interference irksome. It was complicated for us too. When a construction job is further away there's an appropriate degree of detachment, and it's easier to understand when you have to let things go, or perhaps pass over less important details.Construction work also entails compromise, and in the daily relationship sometimes we might have failed to grasp the priorities. We succeeded by working as a team: Kevin Schorn and Toby Stewart, the architects who managed the construction site, were on site daily, I visited twice a month and Renzo came once a month. That way each one helped the others keep a clear view of the whole project, in a cascading process. Experience of the site is crucial to the training of an architect. It teaches you to understand, even as you sketch ideas, whether what you're devising is feasible or not. It gives a concreteness to the way you sketch, and then design. The moment you devise a detail, you know perfectly well what will be its issues, and where.

BELIEF+
DOUBT=
SANITY
PLENTY
ART
SEX

CAT
KOMATSU

STOP

385B
CAT
LIEBHERR
BAY

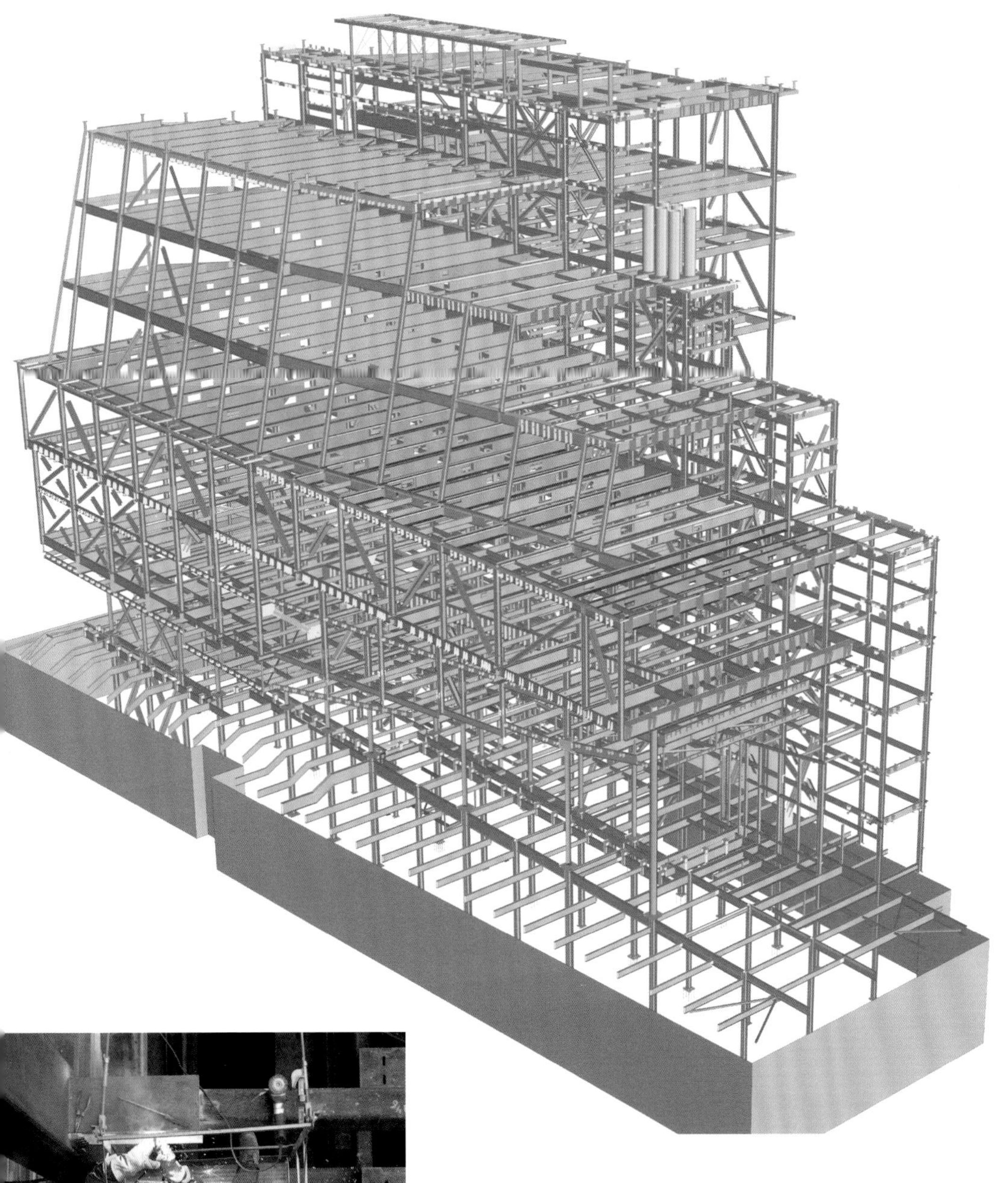

THE CITY OF NEW YORK

Negli Stati Uniti, è tradizione fare una piccola cerimonia: l'ultima trave, prima di essere issata e montata, è firmata da tutti gli operai. Qui è successo subito prima di Natale: per questo c'era anche un piccolo abete addobbato.

In the United States it's traditional to have a small ceremony: the last beam, before being hoisted and mounted, has to be signed by all the workers. Here it happened just before Christmas, so we also had a small decorated Christmas tree.

Staff of the Whitney Museum of American Art

AX

Down
WEST

Kevin Schorn, Renzo Piano

Turner

ONE WAY
WASHINGTON

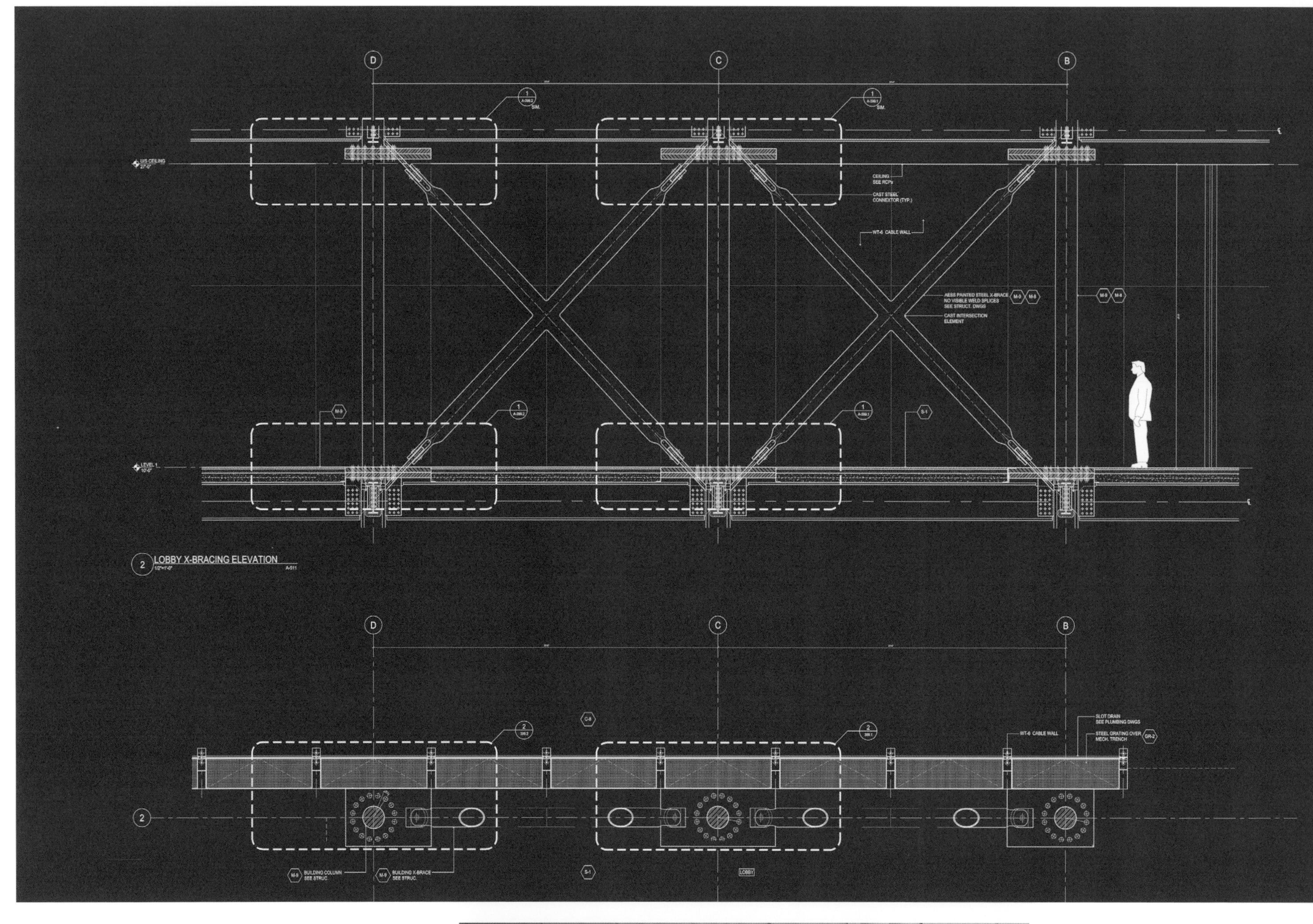
D
C
B
SIM.
CEILING
SEE RCPs
CAST STEEL
CONNEXTOR (TYP.)
WT-6 CABLE WALL
AESS PAINTED STEEL X-BRACE
NO VISIBLE WELD SPLICES
SEE STRUCT. DWGS
M-9
M-8
CAST INTERSECTION
ELEMENT
LEVEL 1
10'-0"
S-1
2
LOBBY X-BRACING ELEVATION
1/2"=1'-0"
A-511
SLOT DRAIN
SEE PLUMBING DWGS
STEEL GRATING OVER
MECH. TRENCH
GR-2
BUILDING COLUMN
SEE STRUC.
BUILDING X-BRACE
SEE STRUC.
LOBBY

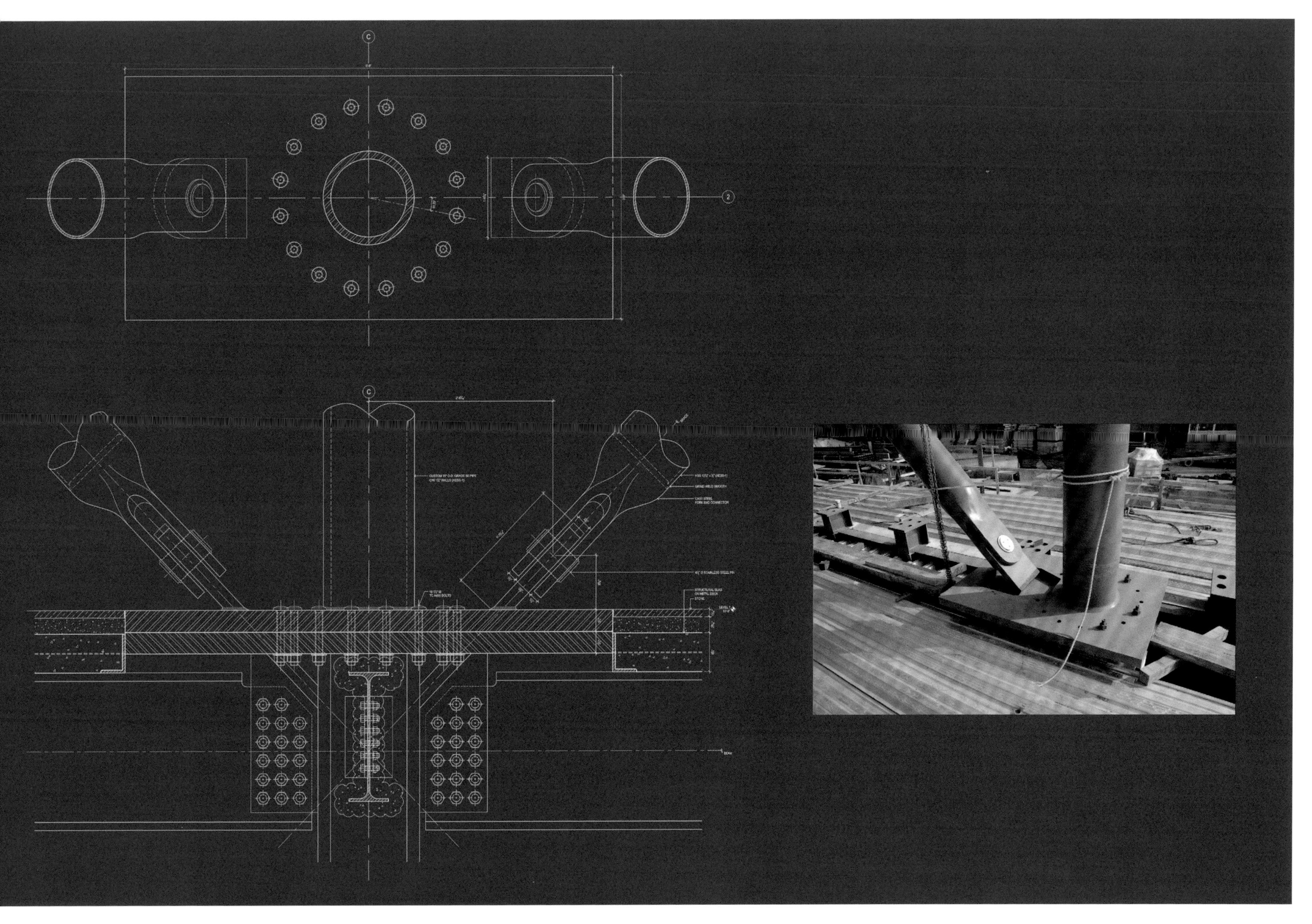
GRIND WELD SMOOTH
CAST STEEL
FORK END CONNECTOR
STAINLESS STEEL PIN
TC A490 BOLTS
STRUCTURAL SLAB
ON METAL DECK
STONE

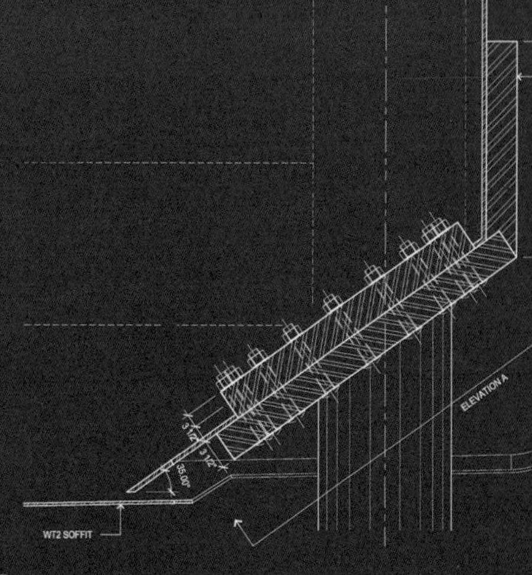

9 COLUMN 3/L SPLICE PLATE SECTION & ELEVATION
1 1/2"=1'-0"

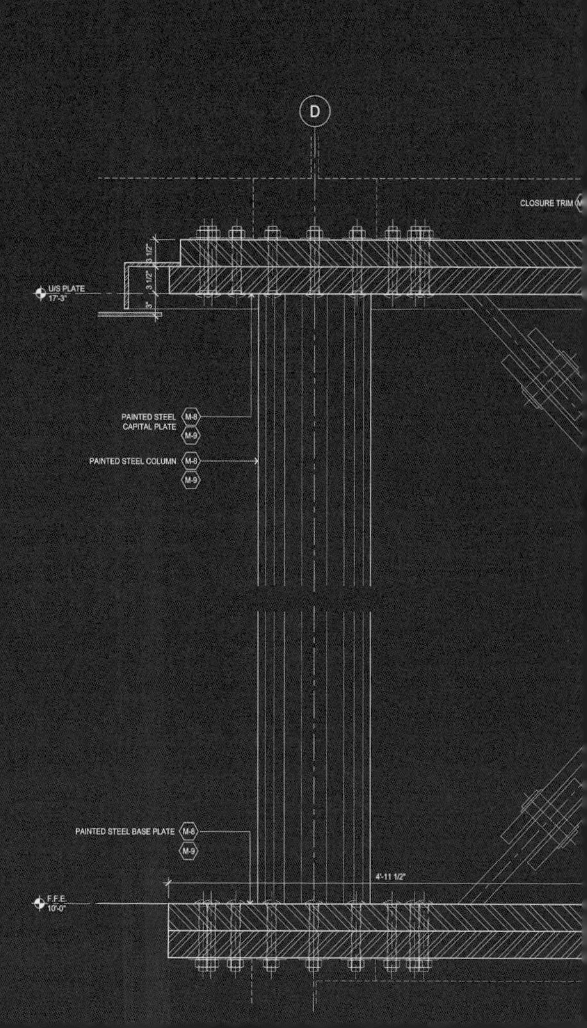

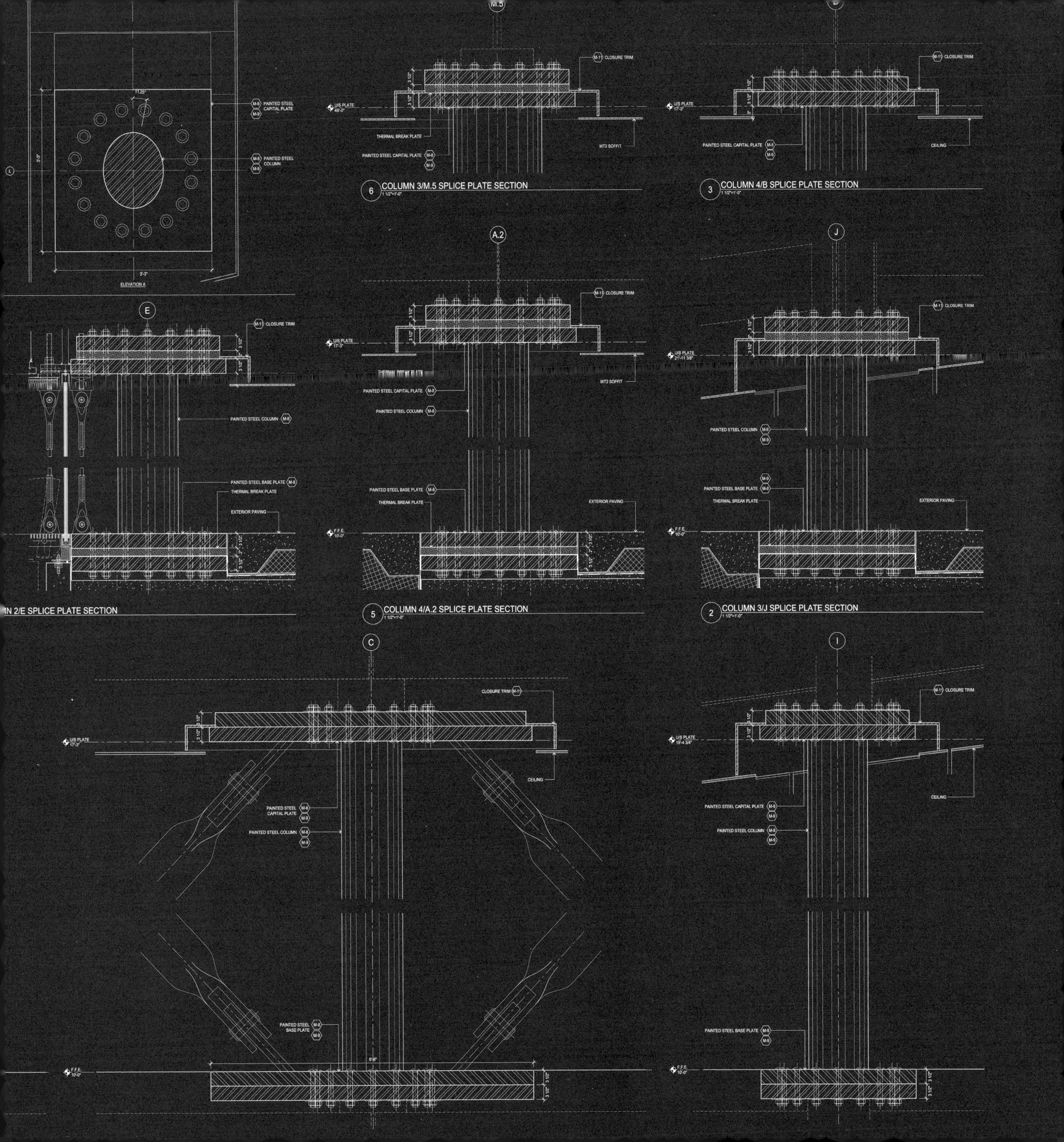

COLUMN 3/M.5 SPLICE PLATE SECTION
1 1/2"=1'-0"
COLUMN 4/B SPLICE PLATE SECTION
1 1/2"=1'-0"
COLUMN 4/A.2 SPLICE PLATE SECTION
1 1/2"=1'-0"
COLUMN 3/J SPLICE PLATE SECTION
1 1/2"=1'-0"
N 2/E SPLICE PLATE SECTION
ELEVATION A
PAINTED STEEL CAPITAL PLATE
PAINTED STEEL COLUMN
PAINTED STEEL BASE PLATE
THERMAL BREAK PLATE
CLOSURE TRIM
EXTERIOR PAVING
WT2 SOFFIT
CEILING
U/S PLATE
F.F.E.

SJIII 3220
BIC #1240
BIC #1240
5 YD
ROYAL

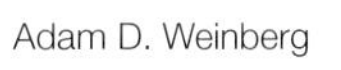

Adam D. Weinberg

Renzo Piano

OMIS

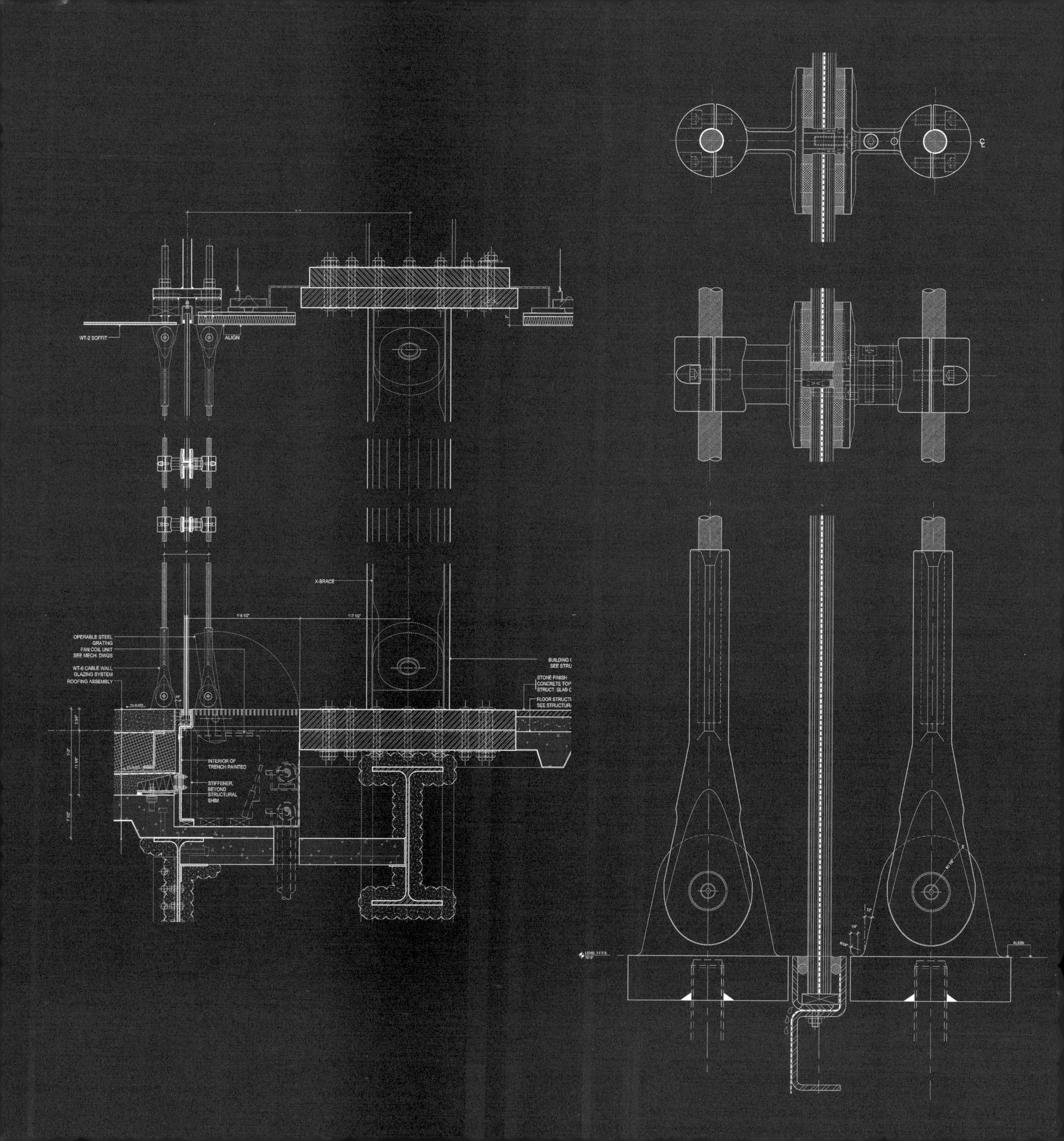
WT-2 SOFFIT
ALIGN
X-BRACE
1'-8 1/2"
1'-7 1/2"
OPERABLE STEEL
GRATING
FAN COIL UNIT
SEE MECH. DWGS
WT-6 CABLE WALL
GLAZING SYSTEM
ROOFING ASSEMBLY
BUILDING
SEE STRU
STONE FINISH
CONCRETE TOP
STRUCT. SLAB
FLOOR STRUCT
SEE STRUCTUR
3 3/4"
1'-3"
11 1/4"
7 1/2"
INTERIOR OF
TRENCH PAINTED
STIFFENER,
BEYOND
STRUCTURAL
SHIM
ALIGN

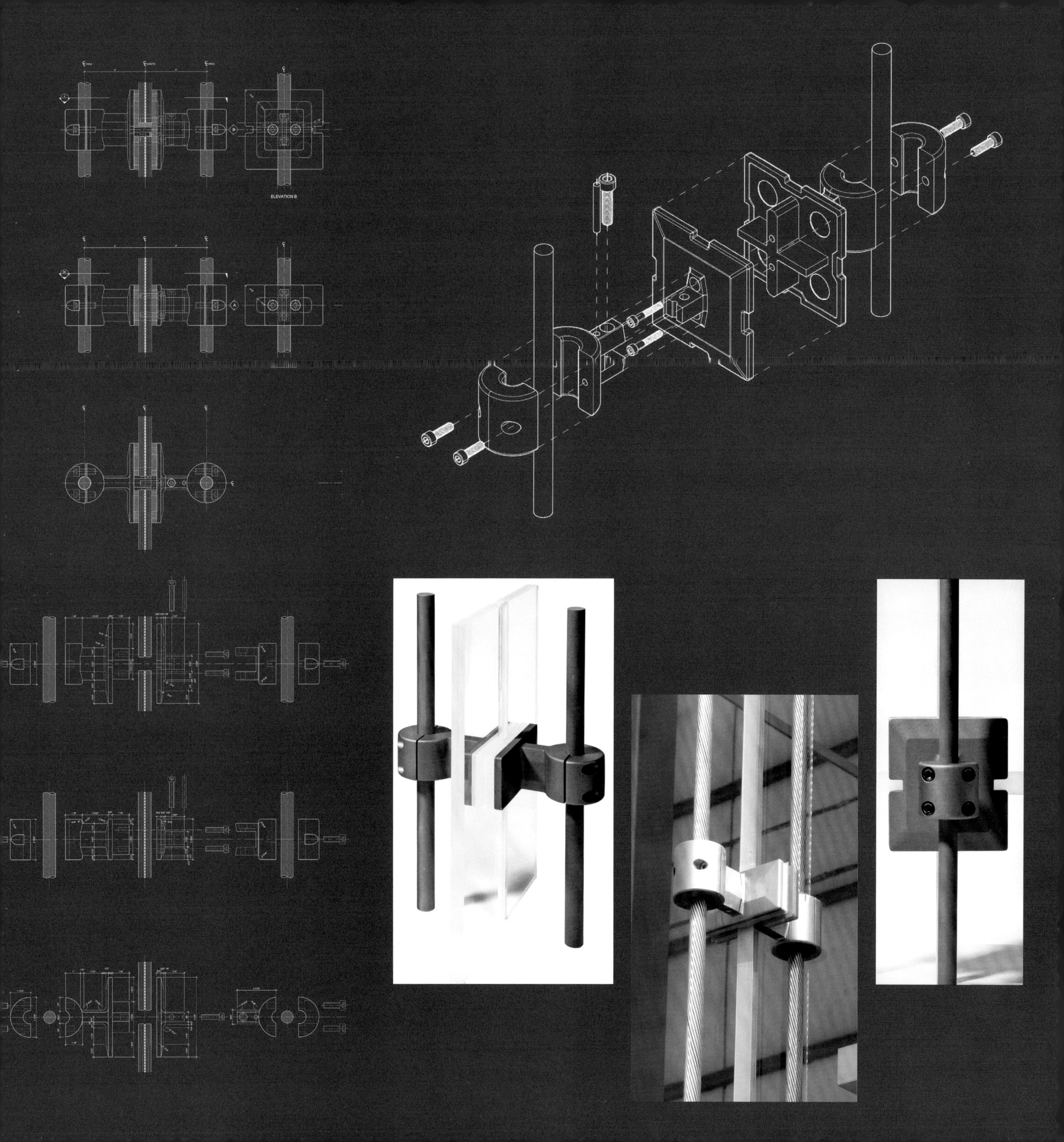
ELEVATION B

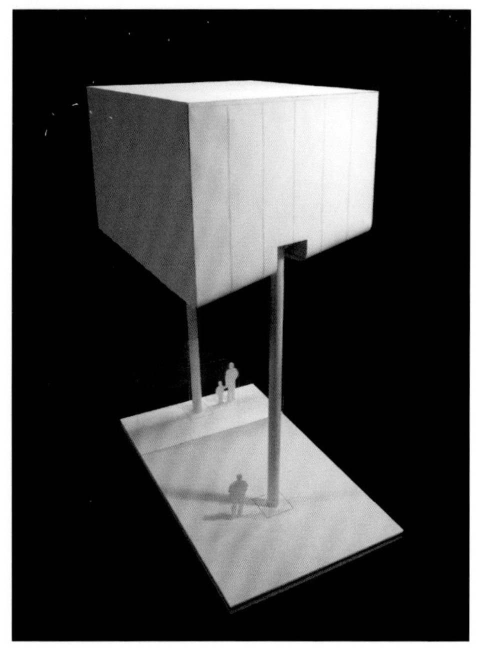

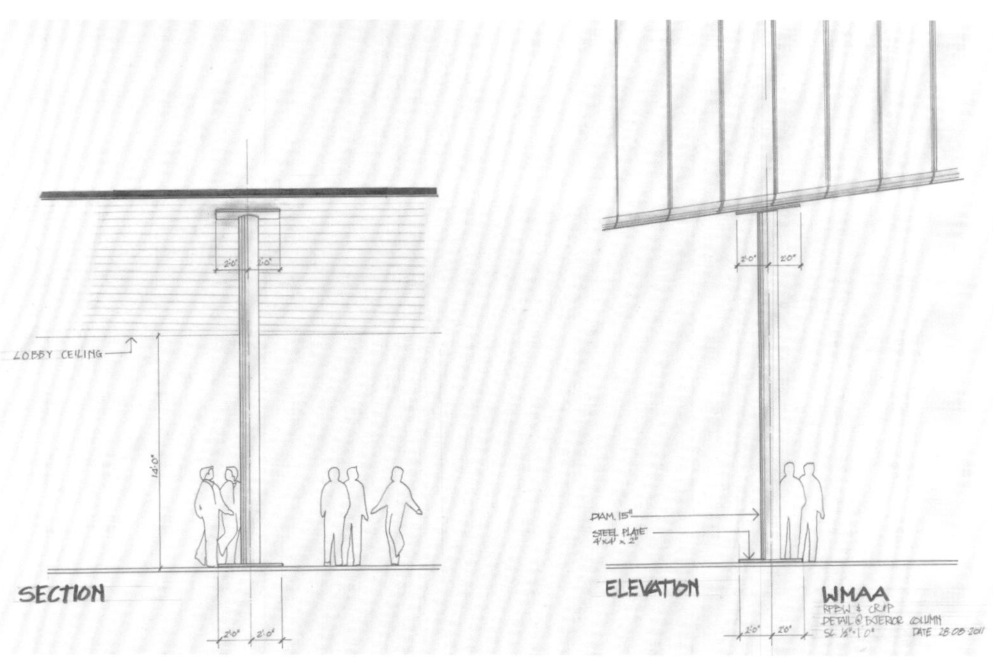
LOBBY CEILING
SECTION
ELEVATION
WMAA

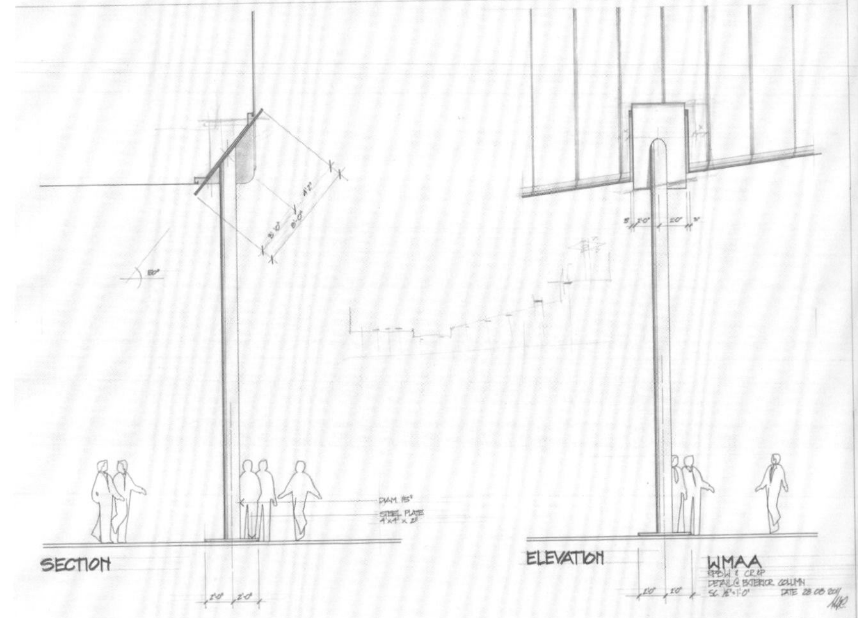
SECTION
ELEVATION
WMAA

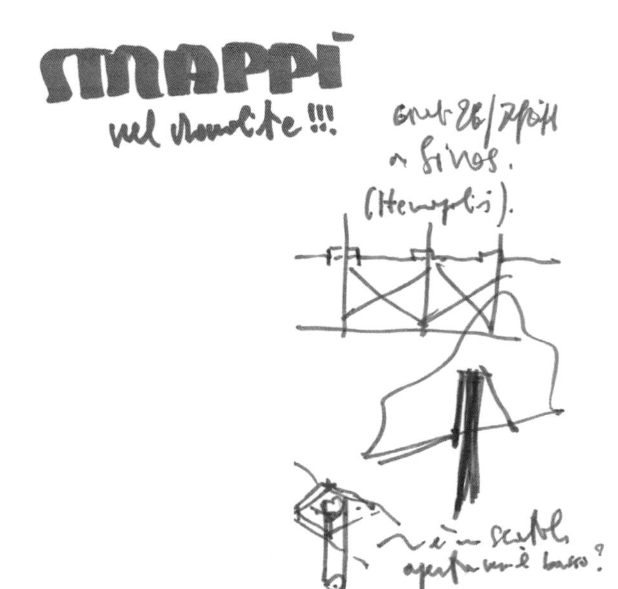

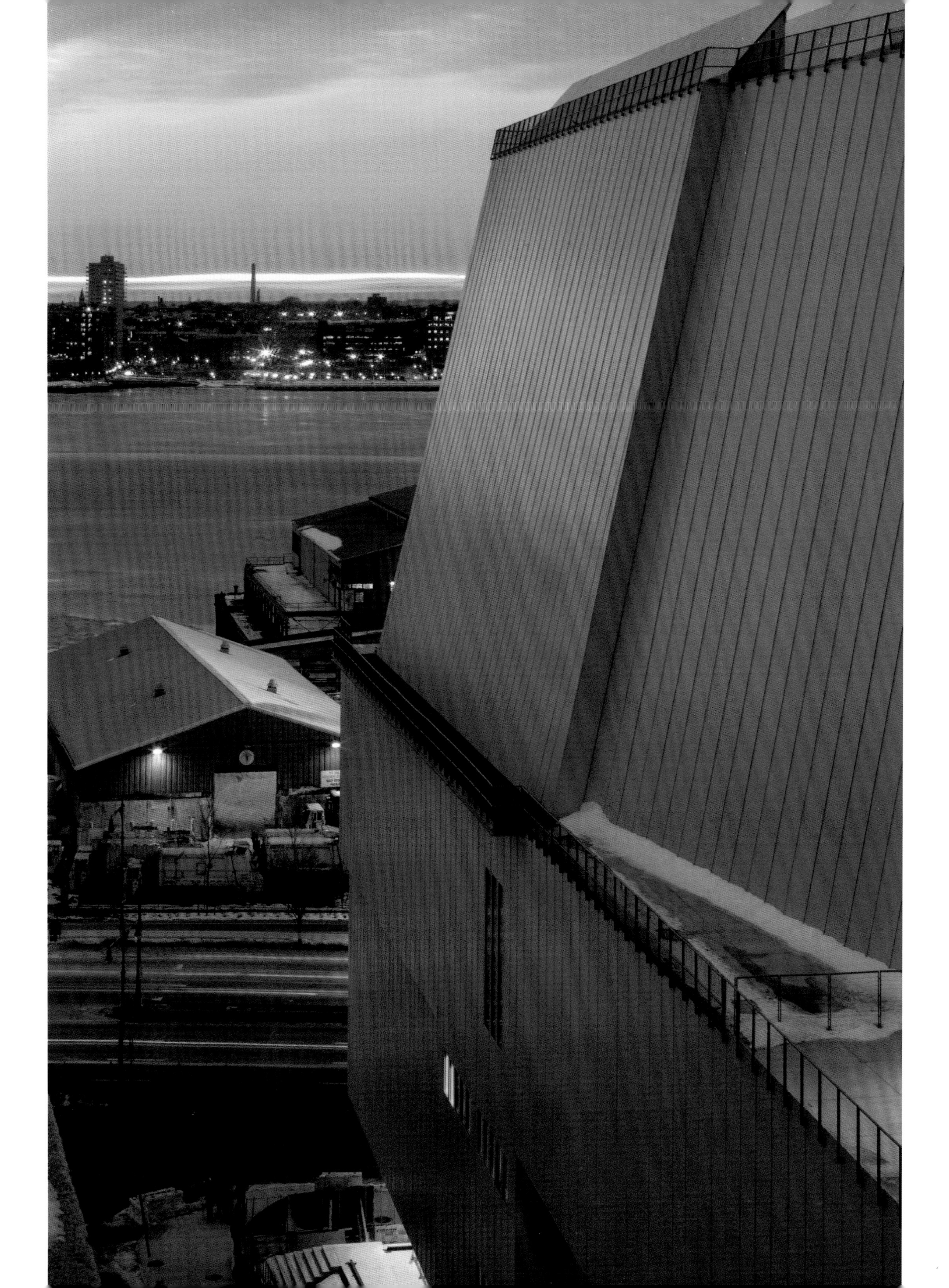

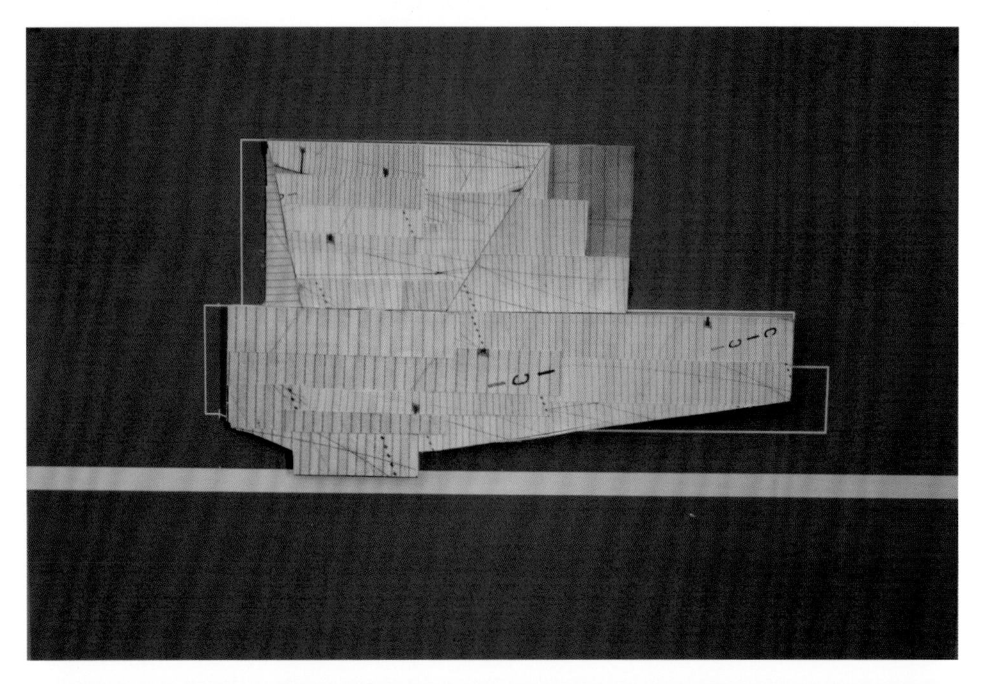

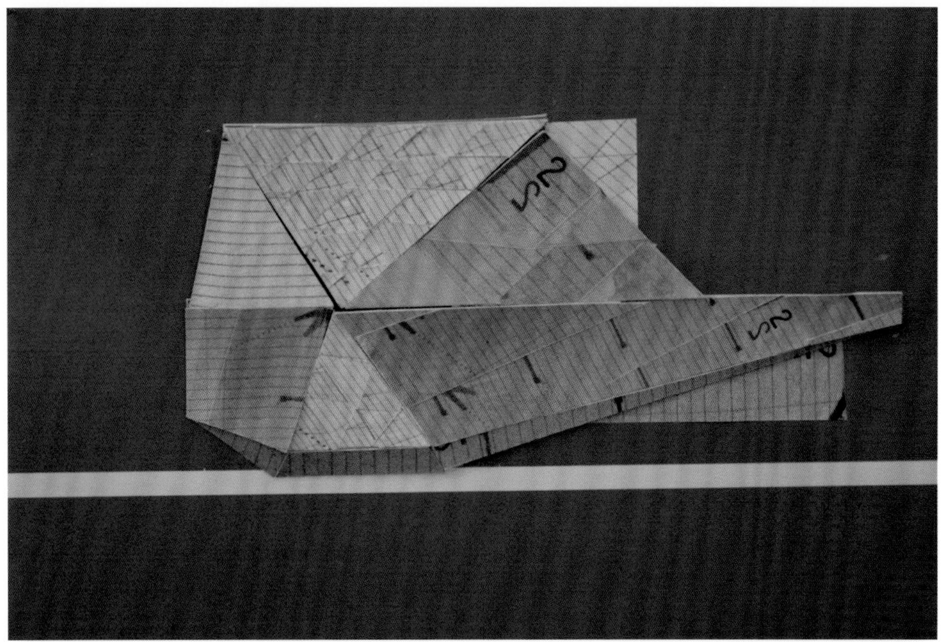

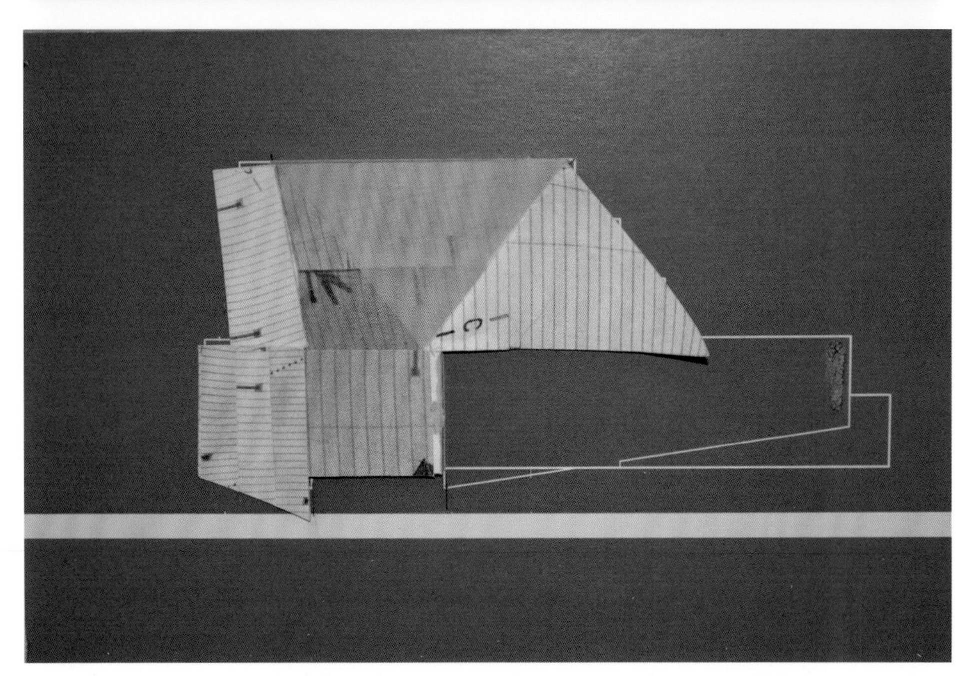

Inizialmente la facciata avrebbe dovuto essere in pietra. Abbiamo lavorato per un po' di tempo su questa ipotesi, per poi capire che sarebbe stata troppo pesante e costosa. Quindi siamo passati all'idea dell'acciaio.

Initially the façade was meant to be built of stone. We worked for a while on this idea, only to realize it would be too heavy and expensive. So we went over to the idea of steel.

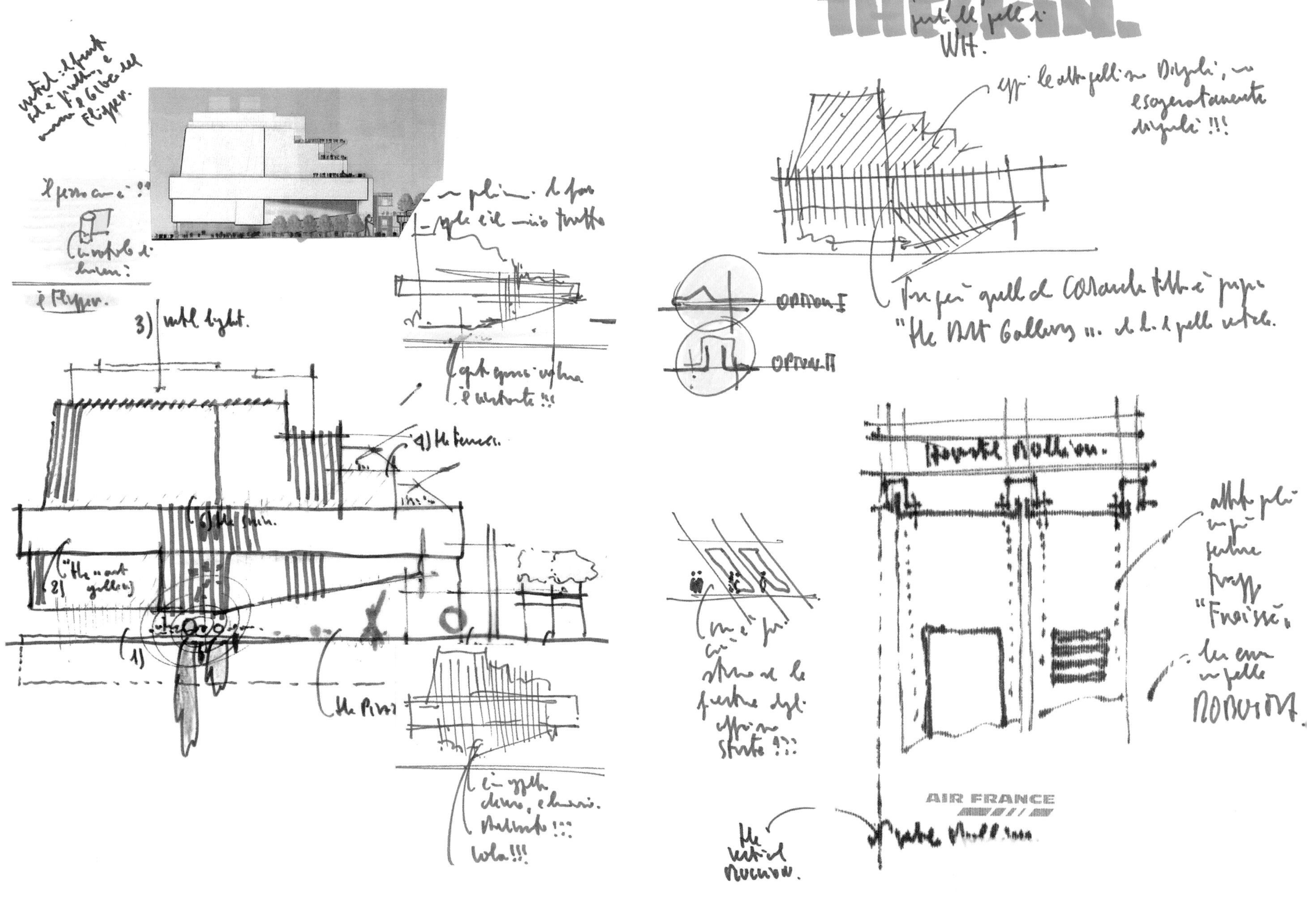
OPTION I
OPTION II
AIR FRANCE

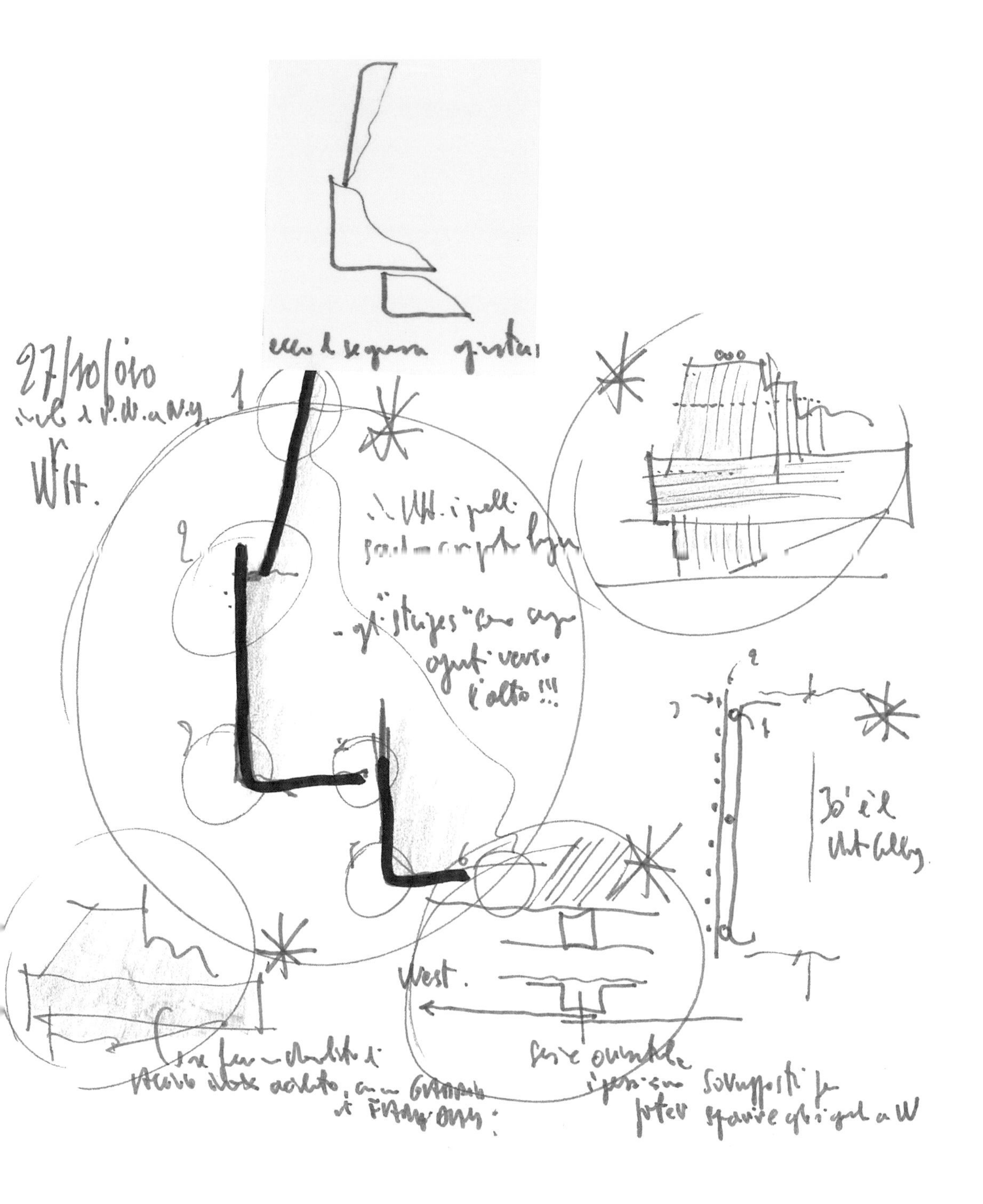

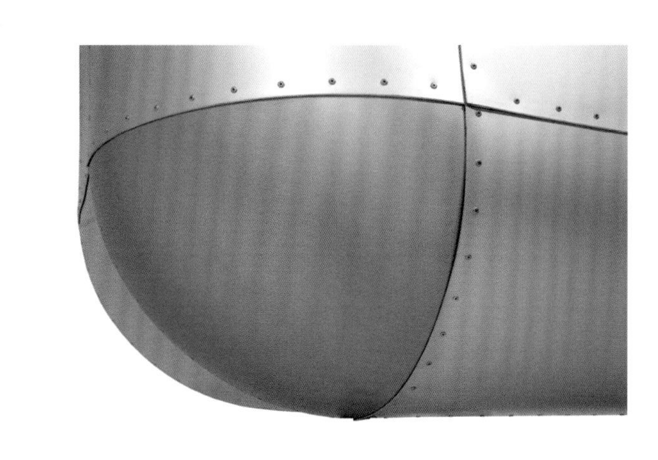

L'edificio è rivestito di pannelli che lo avvolgono come se fossero nastri: i pannelli seguono le diverse inclinazioni dell'edificio, per mantenere l'effetto di massa. Li abbiamo verniciati di un azzurro molto chiaro e luminoso, che gioca con la luce.

The building is faced with panels that enwrap it like ribbons: the panels follow the different angles of the building, to maintain the effect of mass. We painted them a very light, luminous blue, that plays with the light.

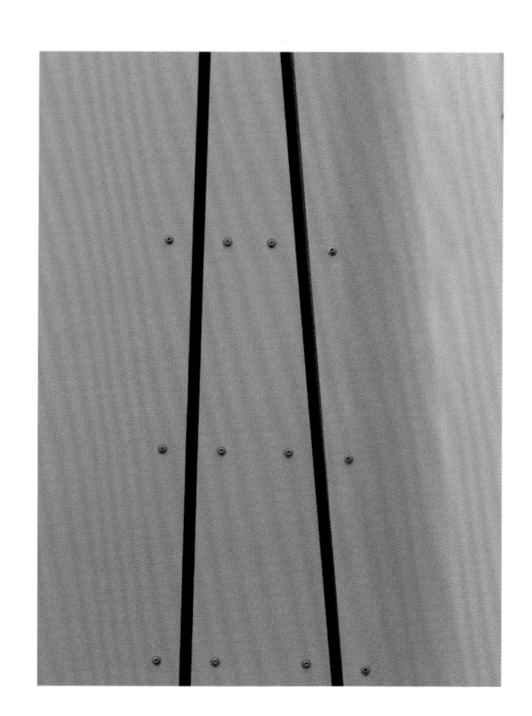

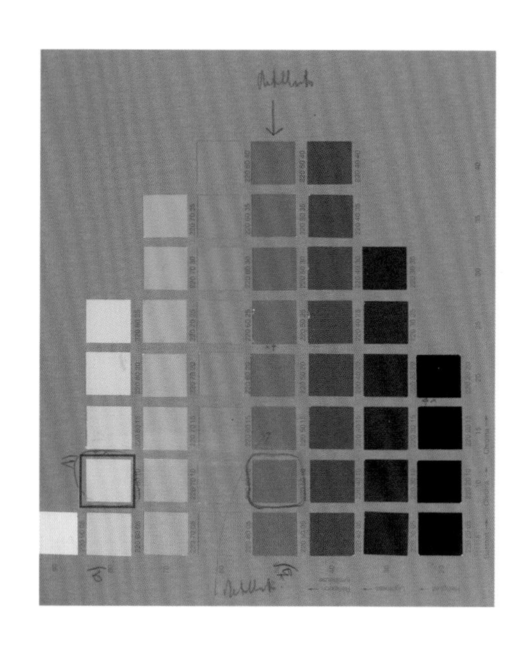

Visual and performing mock ups
at Gartner in Gundelfing.

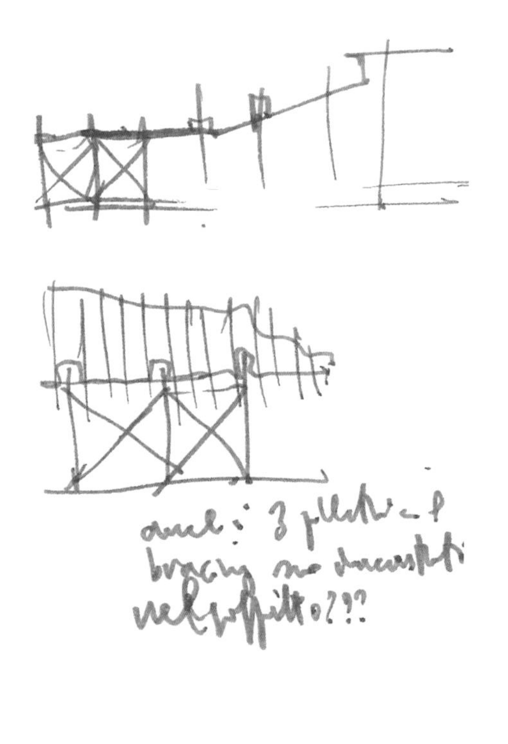

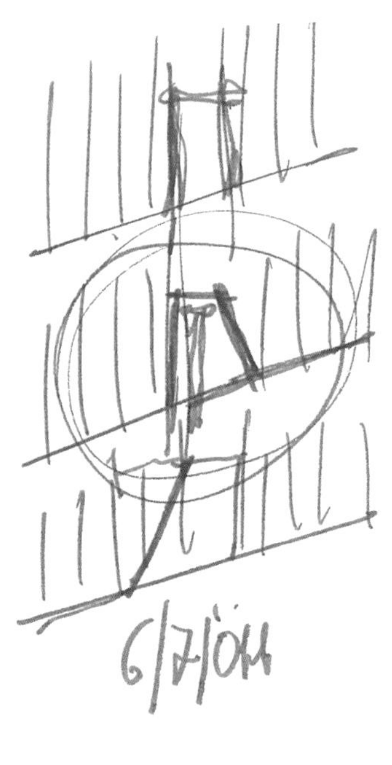

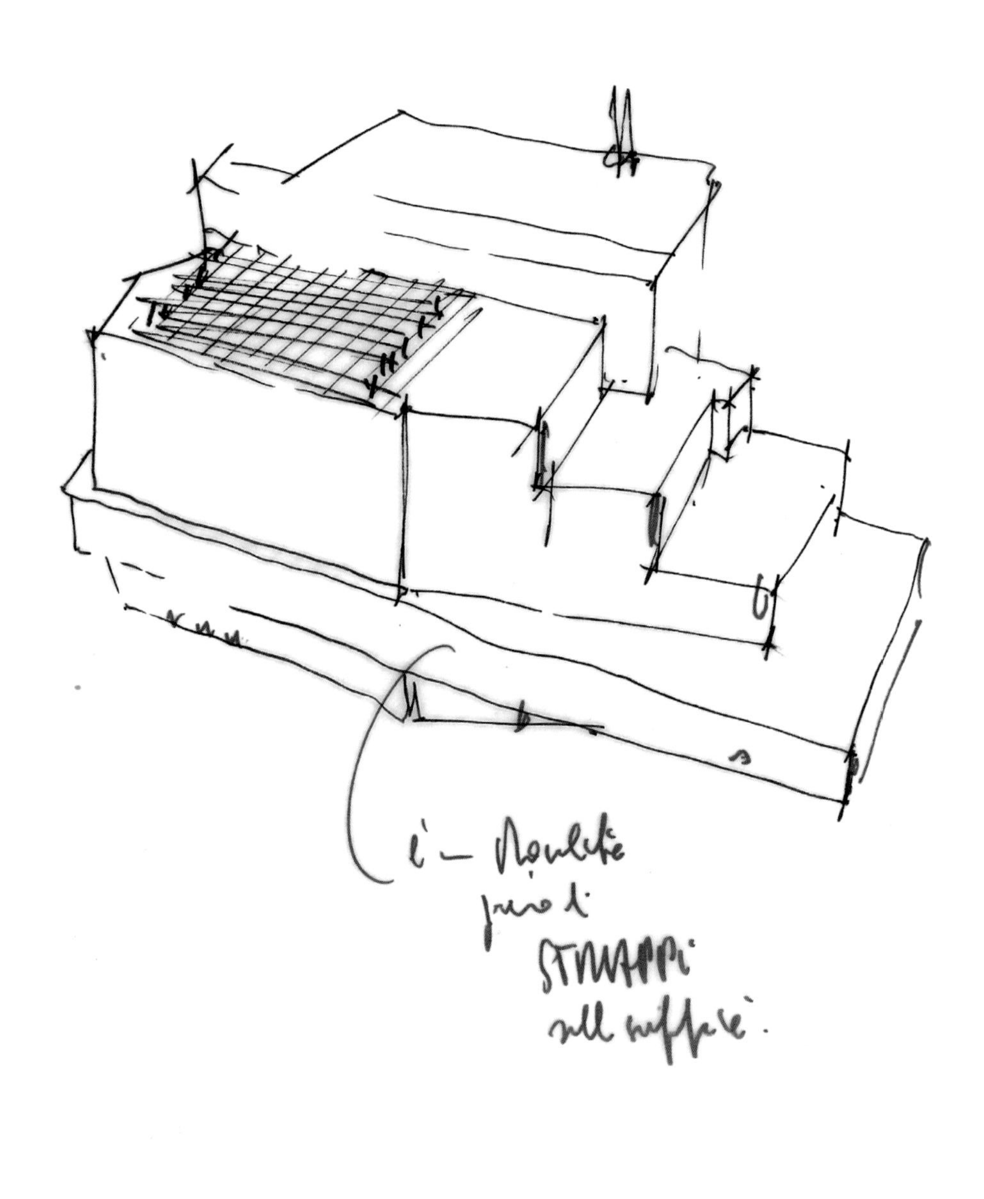

THE CITY OF NEW YORK
DEPARTMENT OF SANITATION

Un sistema con venti ventose, che “afferrano” e spostano i pannelli. In questo modo durante il montaggio non si sono deformati, e considerate che i più lunghi arrivano a 20 metri.

A system with twenty suction caps that grab hold of the panels, so you can move them wherever you want. In this way the panels were not deformed during assembly, though the longest were as much as 20 meters.

GARTNER

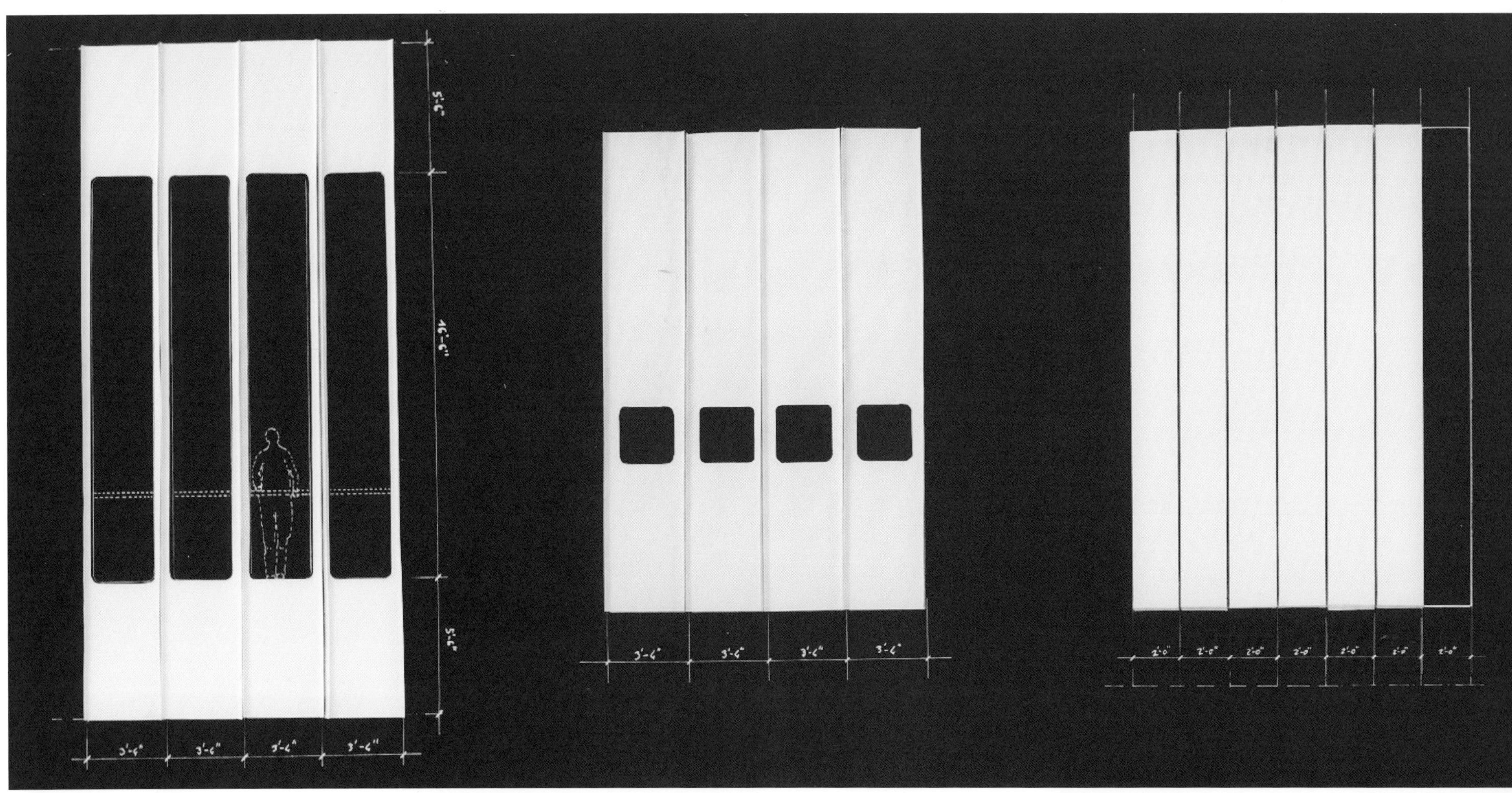
5'-6"
16'-6"
5'-6"
3'-6"
3'-6"
3'-6"
3'-6"
3'-6"
3'-6"
3'-6"
3'-6"
2'-0"
2'-0"
2'-0"
2'-0"
2'-0"
2'-0"
2'-0"

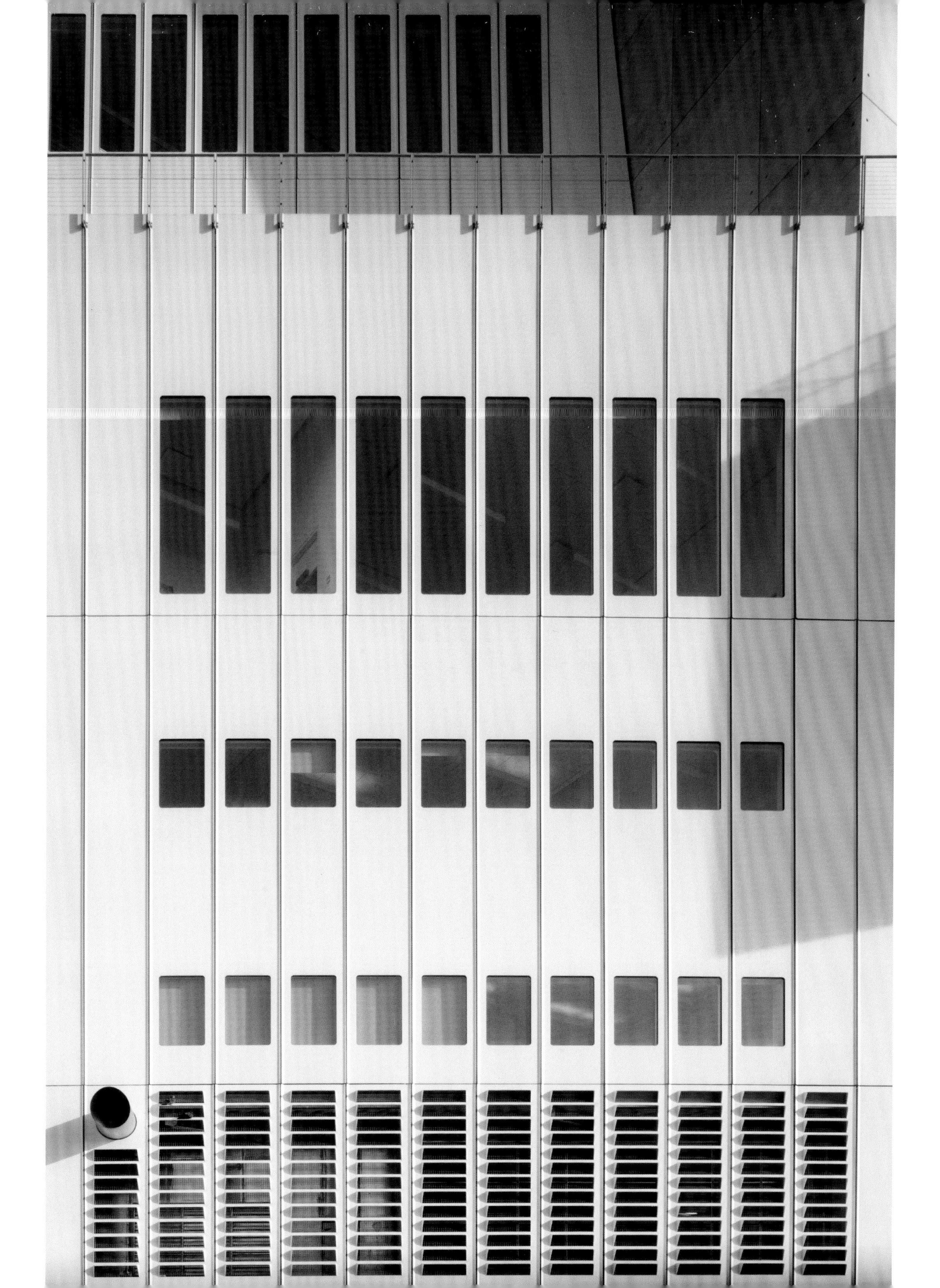

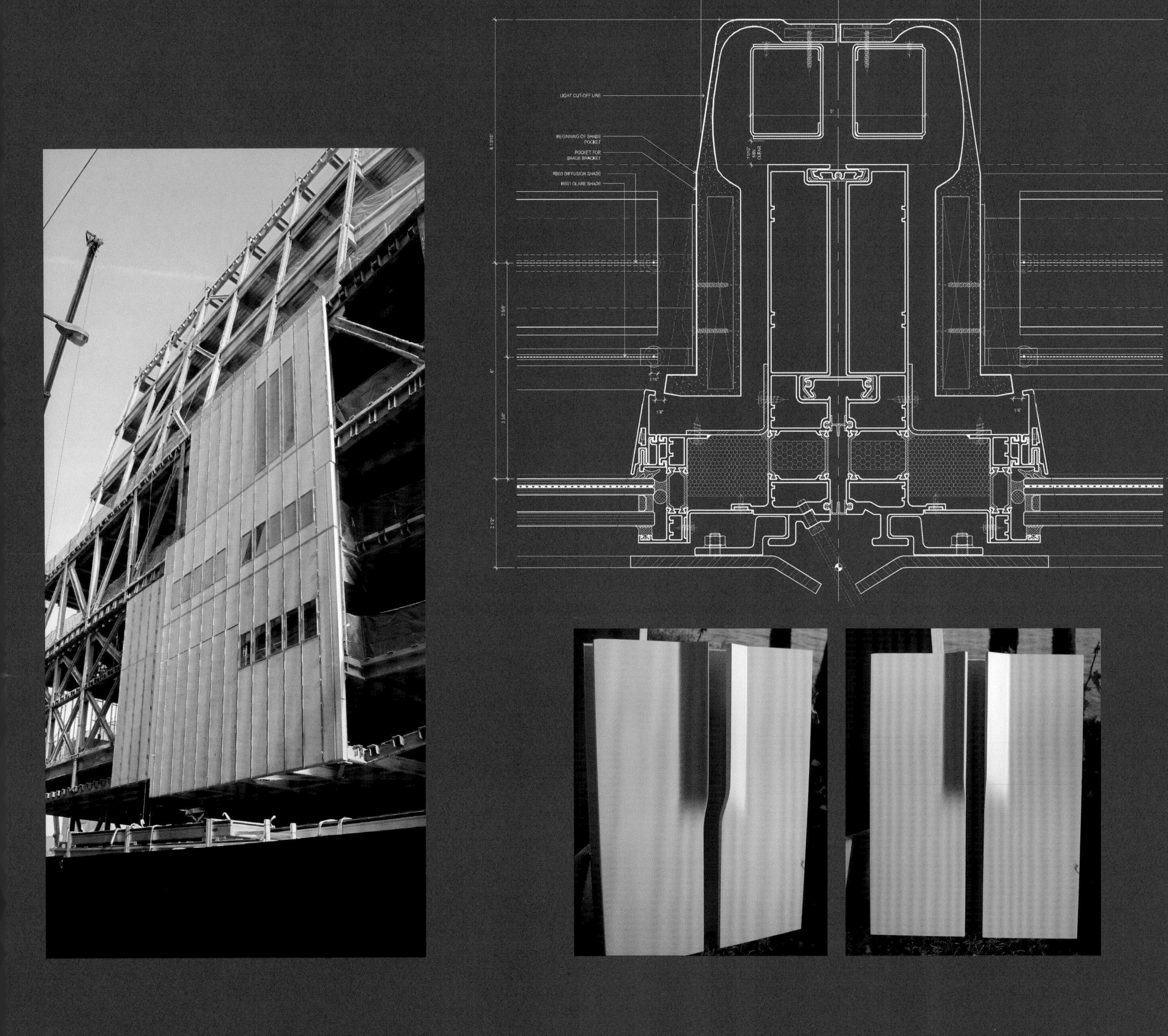
2'-8 1/8" TO OPPOSITE SHADE BUMP-OUT/POCKET
3 15/16"
4 1/16"
LIGHT CUT-OFF LINE
BEGINNING OF SHADE POCKET
POCKET FOR SHADE BRACKET
RB03 DIFFUSION SHADE
RB01 GLARE SHADE
6 13/16"
5"
11/16" MIN. CLEAR

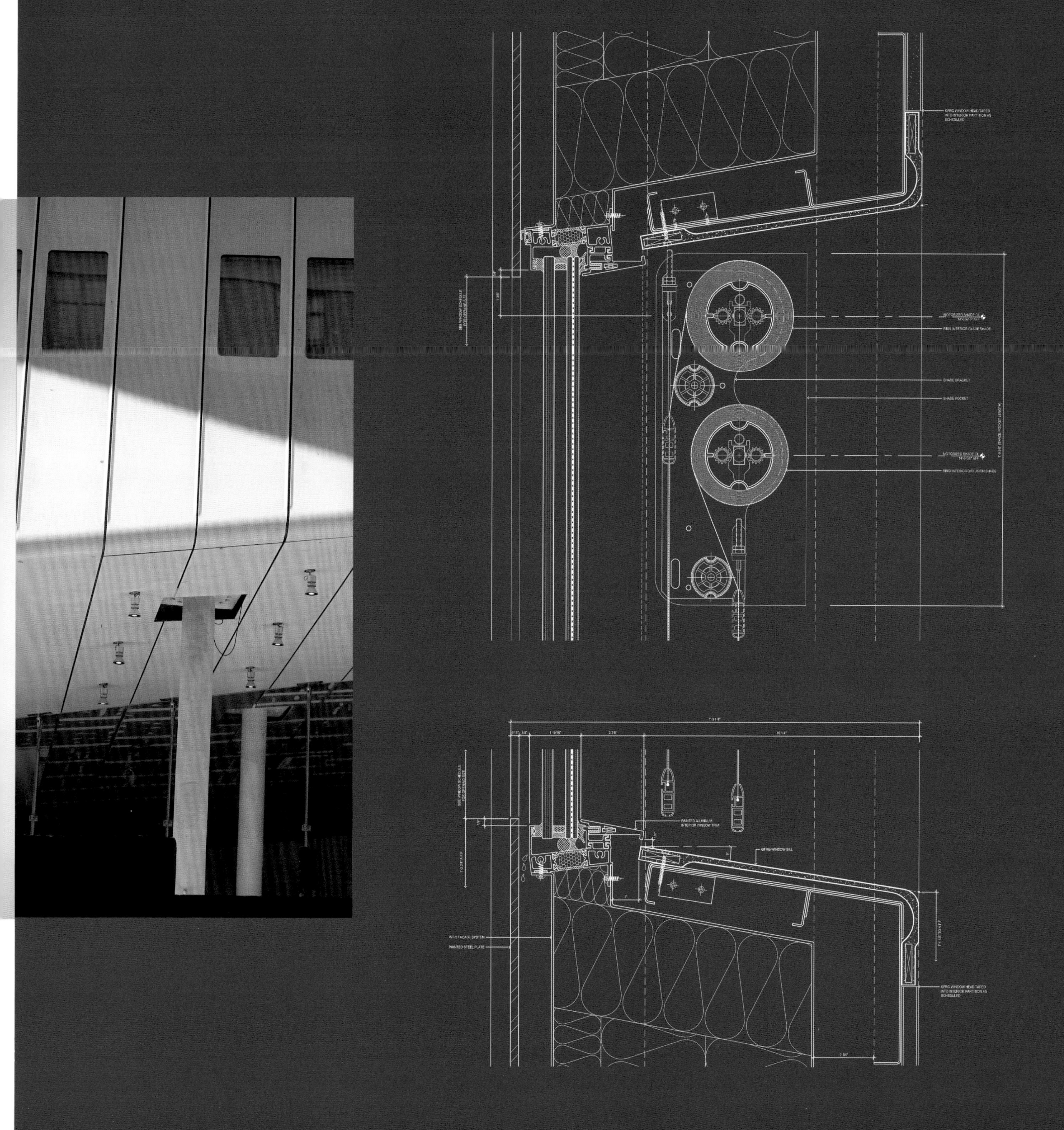
GFRG WINDOW HEAD TAPED
INTO INTERIOR PARTITION AS
SCHEDULED
MOTORIZED SHADE CL
14'-8 9/16" AFF
RB01 INTERIOR GLARE SHADE
SHADE BRACKET
SHADE POCKET
MOTORIZED SHADE CL
14'-3 5/8" AFF
RB03 INTERIOR DIFFUSION SHADE
PAINTED ALUMINUM
INTERIOR WINDOW TRIM
GFRG WINDOW SILL
WT-2 FACADE SYSTEM
PAINTED STEEL PLATE
GFRG WINDOW HEAD TAPED
INTO INTERIOR PARTITION AS
SCHEDULED

Toby Stewart, Kevin Schorn, Donna de Salvo, Brooke Garber Neidich, Renzo Piano, Lauren Resnick, Scott Newman, Adam D. Weinberg, Greg Weithman.

INTERSTATE FOODS INC.
565
POULTRY·BEEF·PORK·PROVISIONS
212-929-3550
INTE STATE FOODS INC.
Hwang's Meat Corp
MITSUBISHI FUSO

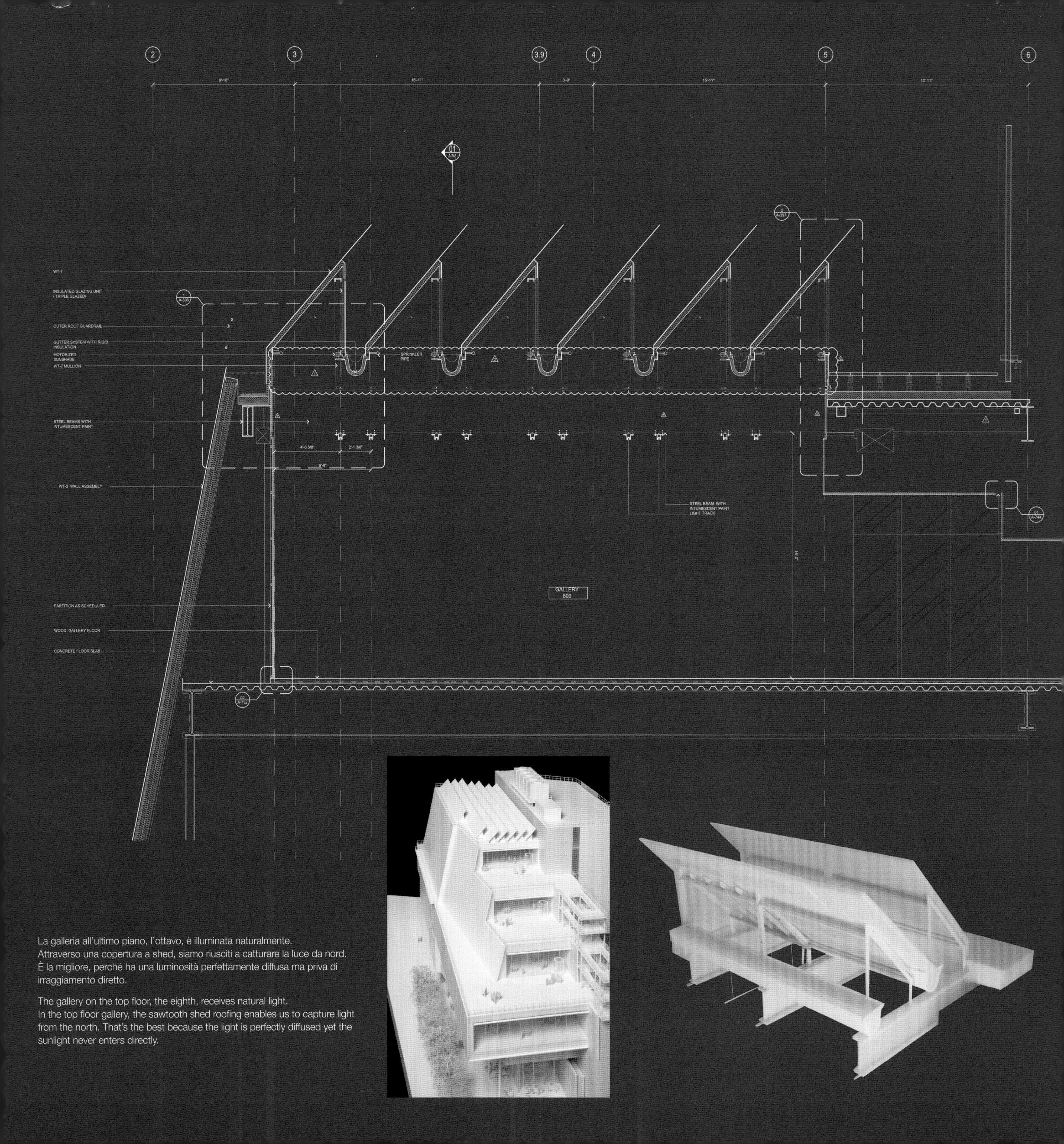

La galleria all'ultimo piano, l'ottavo, è illuminata naturalmente.
Attraverso una copertura a shed, siamo riusciti a catturare la luce da nord.
È la migliore, perché ha una luminosità perfettamente diffusa ma priva di irraggiamento diretto.

The gallery on the top floor, the eighth, receives natural light.
In the top floor gallery, the sawtooth shed roofing enables us to capture light from the north. That's the best because the light is perfectly diffused yet the sunlight never enters directly.

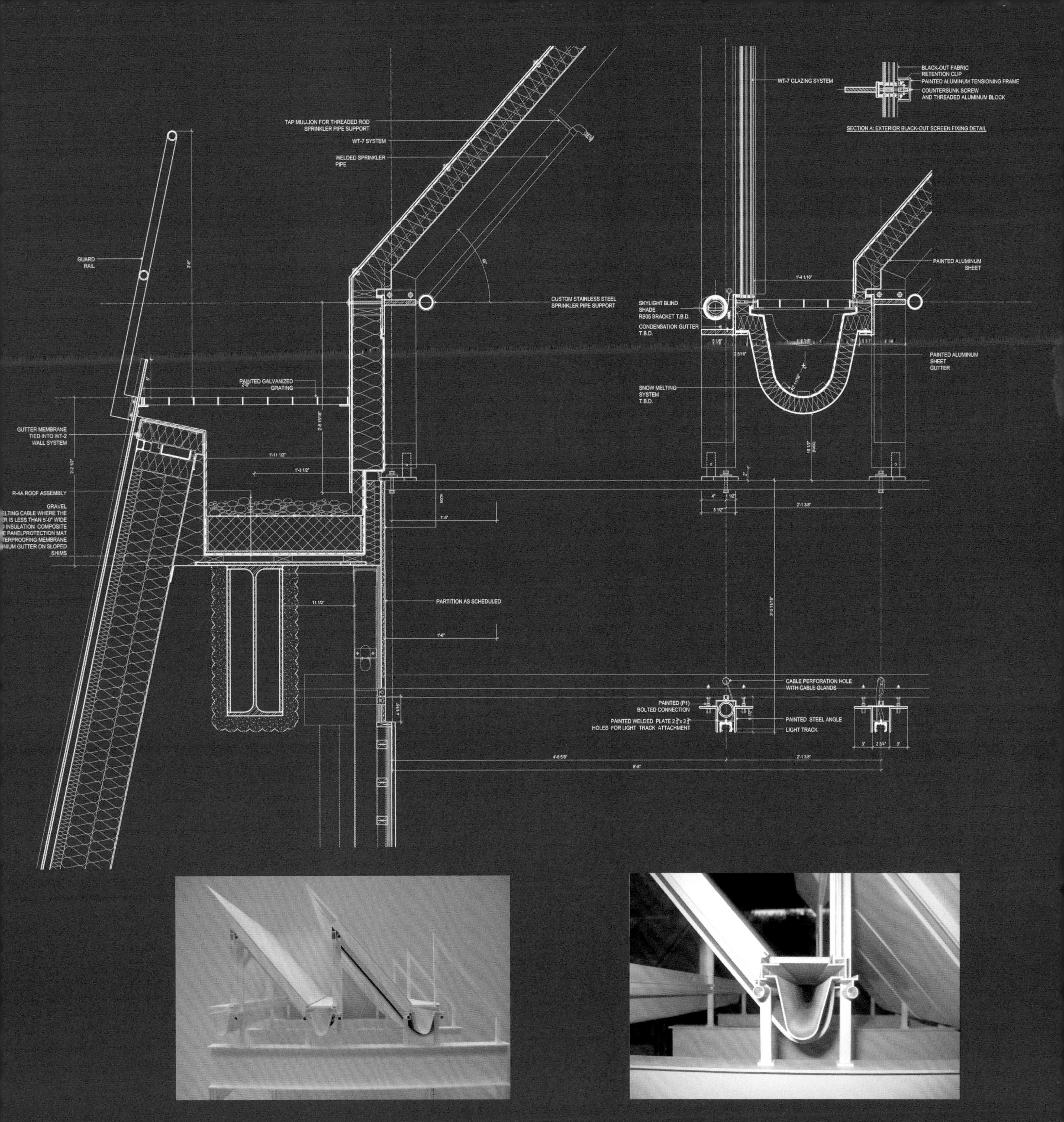

TAP MULLION FOR THREADED ROD
SPRINKLER PIPE SUPPORT
WT-7 SYSTEM
WELDED SPRINKLER
PIPE
GUARD
RAIL
CUSTOM STAINLESS STEEL
SPRINKLER PIPE SUPPORT
PAINTED GALVANIZED
GRATING
GUTTER MEMBRANE
TIED INTO WT-2
WALL SYSTEM
1'-11 1/2"
1'-3 1/2"
R-4A ROOF ASSEMBLY
GRAVEL
SHIMS
1'-5"
11 1/2"
PARTITION AS SCHEDULED
1'-6"
4'-6 5/8"
2'-1 3/8"
6'-8"
3'-3 11/16"
WT-7 GLAZING SYSTEM
BLACK-OUT FABRIC
RETENTION CLIP
PAINTED ALUMINUM TENSIONING FRAME
COUNTERSUNK SCREW
AND THREADED ALUMINUM BLOCK
SECTION A: EXTERIOR BLACK-OUT SCREEN FIXING DETAIL
1'-4 1/16"
PAINTED ALUMINUM
SHEET
SKYLIGHT BLIND
SHADE
RB05 BRACKET T.B.D.
CONDENSATION GUTTER
T.B.D.
PAINTED ALUMINUM
SHEET
GUTTER
SNOW MELTING
SYSTEM
T.B.D.
CABLE PERFORATION HOLE
WITH CABLE GLANDS
PAINTED (P1)
BOLTED CONNECTION
PAINTED WELDED PLATE
HOLES FOR LIGHT TRACK ATTACHMENT
PAINTED STEEL ANGLE
LIGHT TRACK

GARTNER

DINO

SKYJACK
10132807
unitedrentals.com

JOHN W. WILLIAMS, INC.
Weichsel Beef
WHOLESALE
BEEF & LAMB

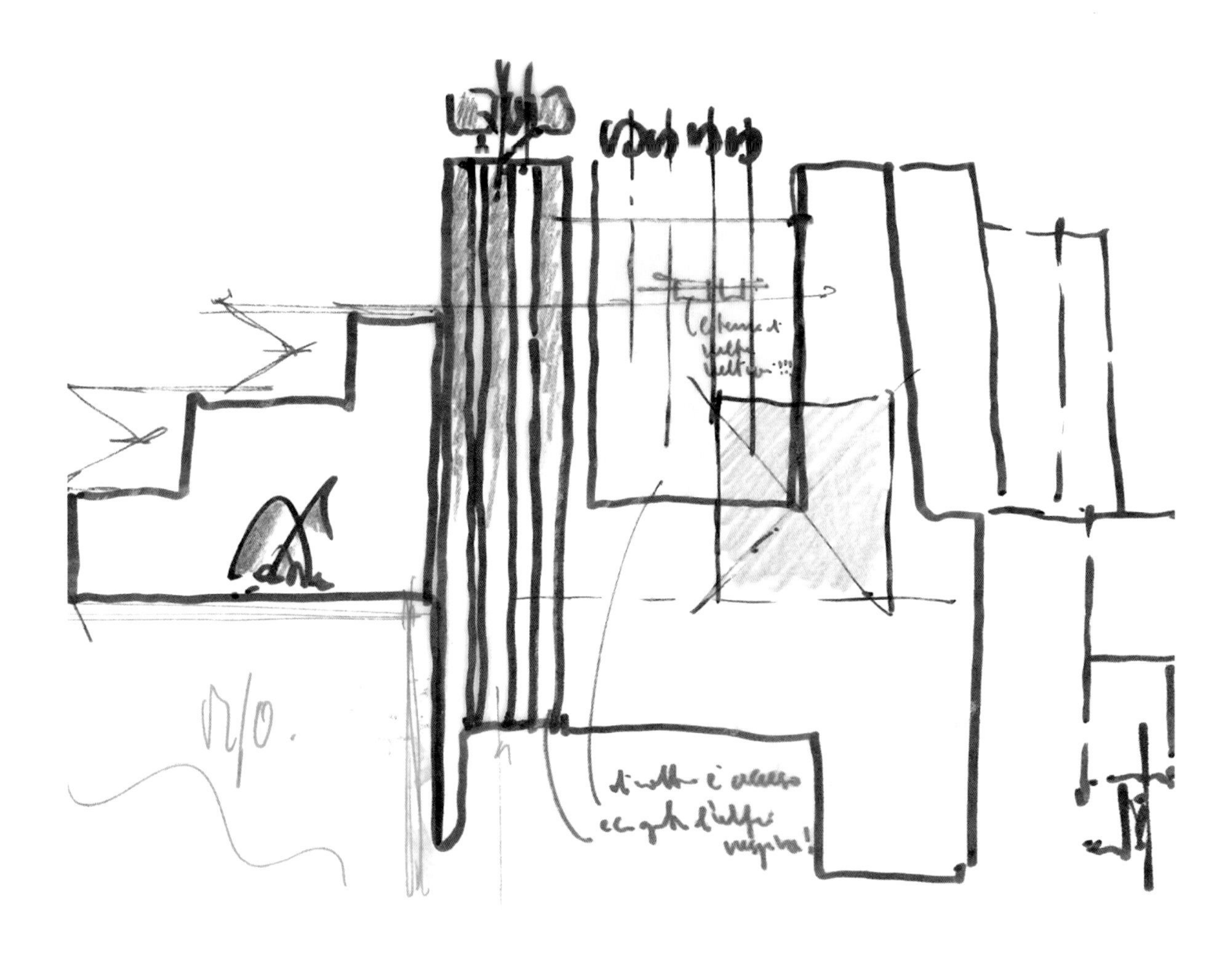

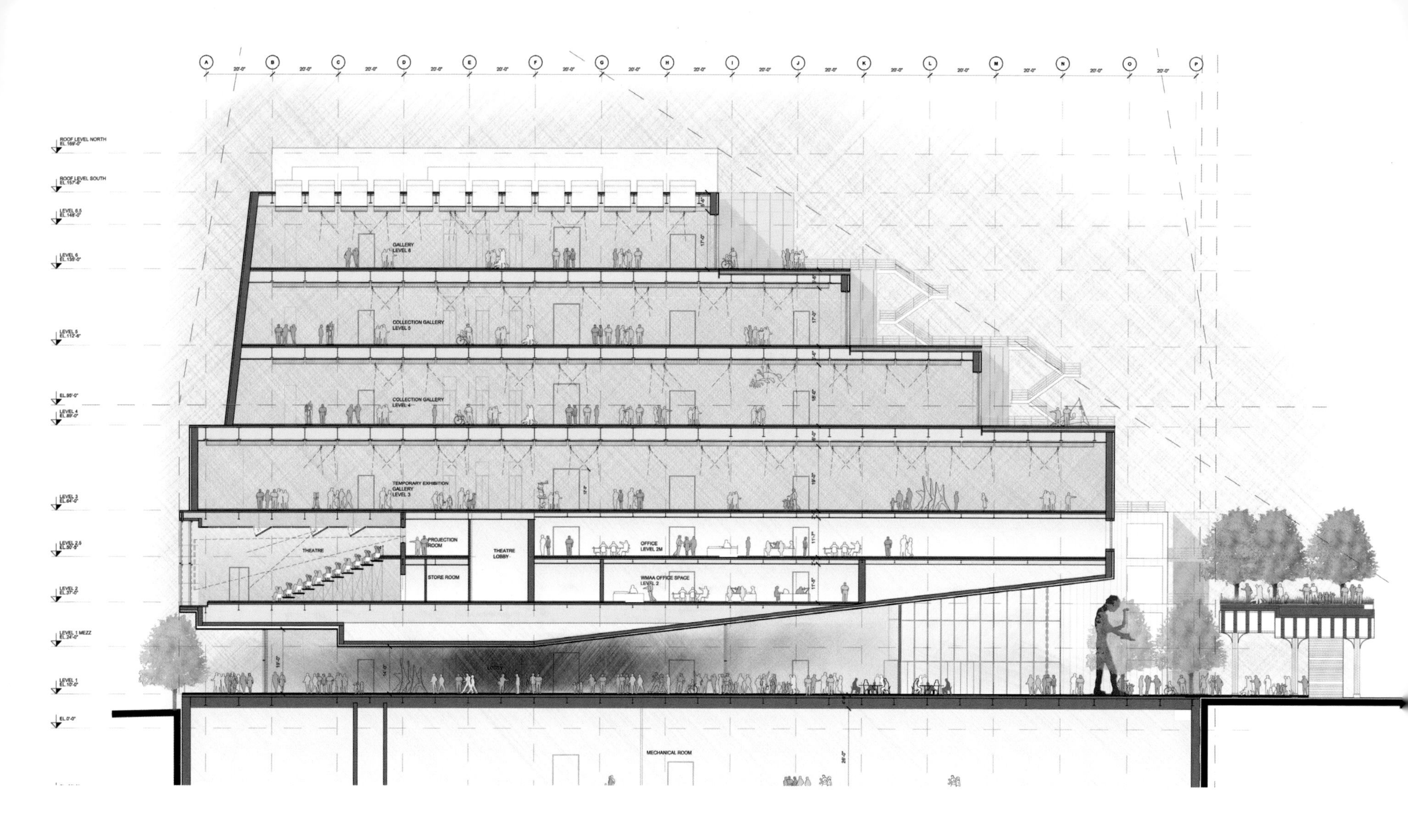
ROOF LEVEL NORTH
EL.169'-0"
ROOF LEVEL SOUTH
EL.157'-6"
LEVEL 6.5
EL.148'-0"
LEVEL 6
EL.135'-0"
LEVEL 5
EL.112'-6"
EL.95'-0"
LEVEL 4
EL.89'-0"
LEVEL 3
EL.64'-0"
LEVEL 2.5
EL.50'-5"
LEVEL 2
EL.37'-0"
LEVEL 1 MEZZ
EL.24'-0"
LEVEL 1
EL.10'-0"
EL.0'-0"
GALLERY
LEVEL 6
COLLECTION GALLERY
LEVEL 5
COLLECTION GALLERY
LEVEL 4
TEMPORARY EXHIBITION
GALLERY
LEVEL 3
THEATRE
PROJECTION
ROOM
STORE ROOM
THEATRE
LOBBY
OFFICE
LEVEL 2M
WMAA OFFICE SPACE
LEVEL 2
MECHANICAL ROOM

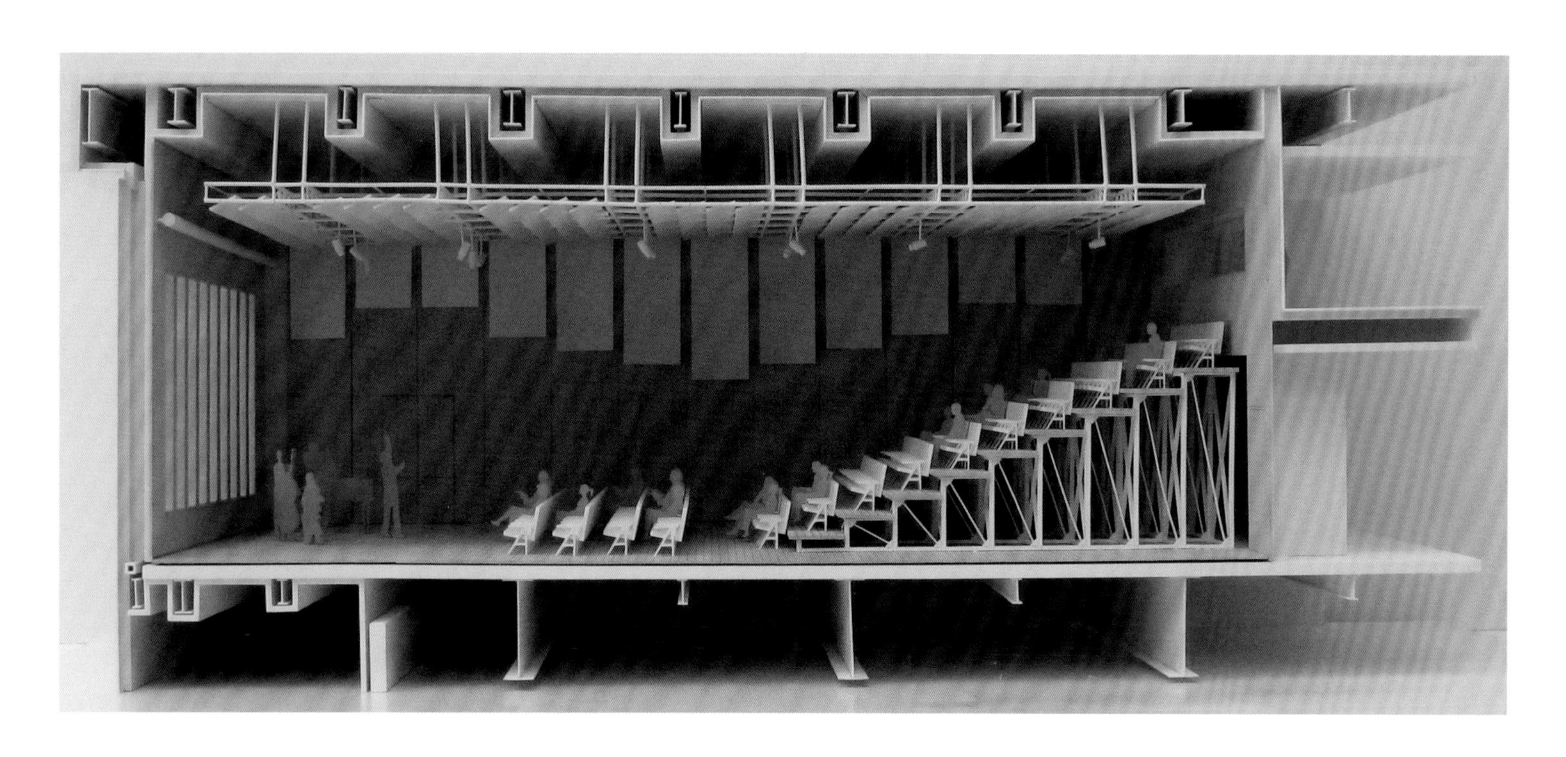

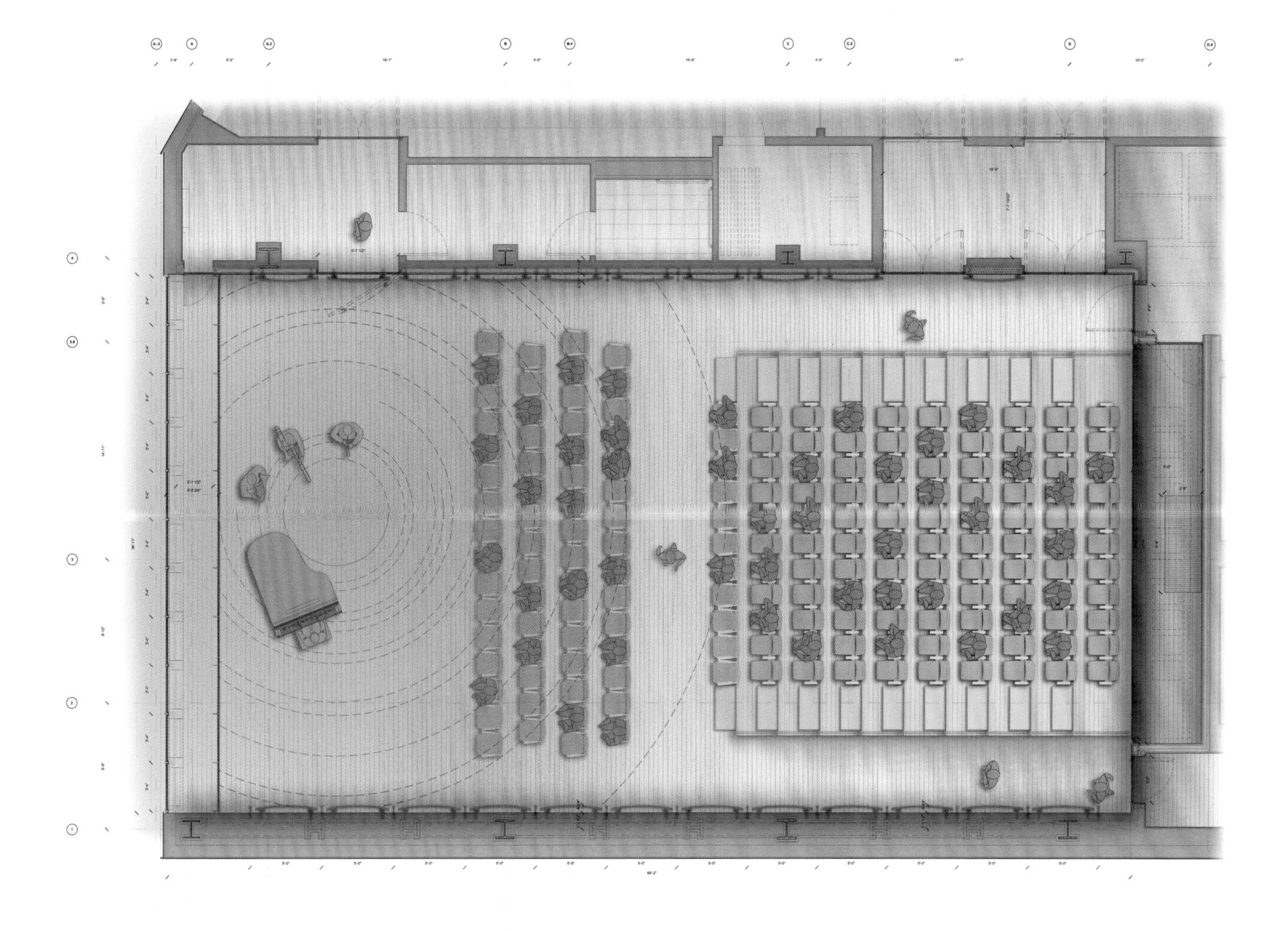

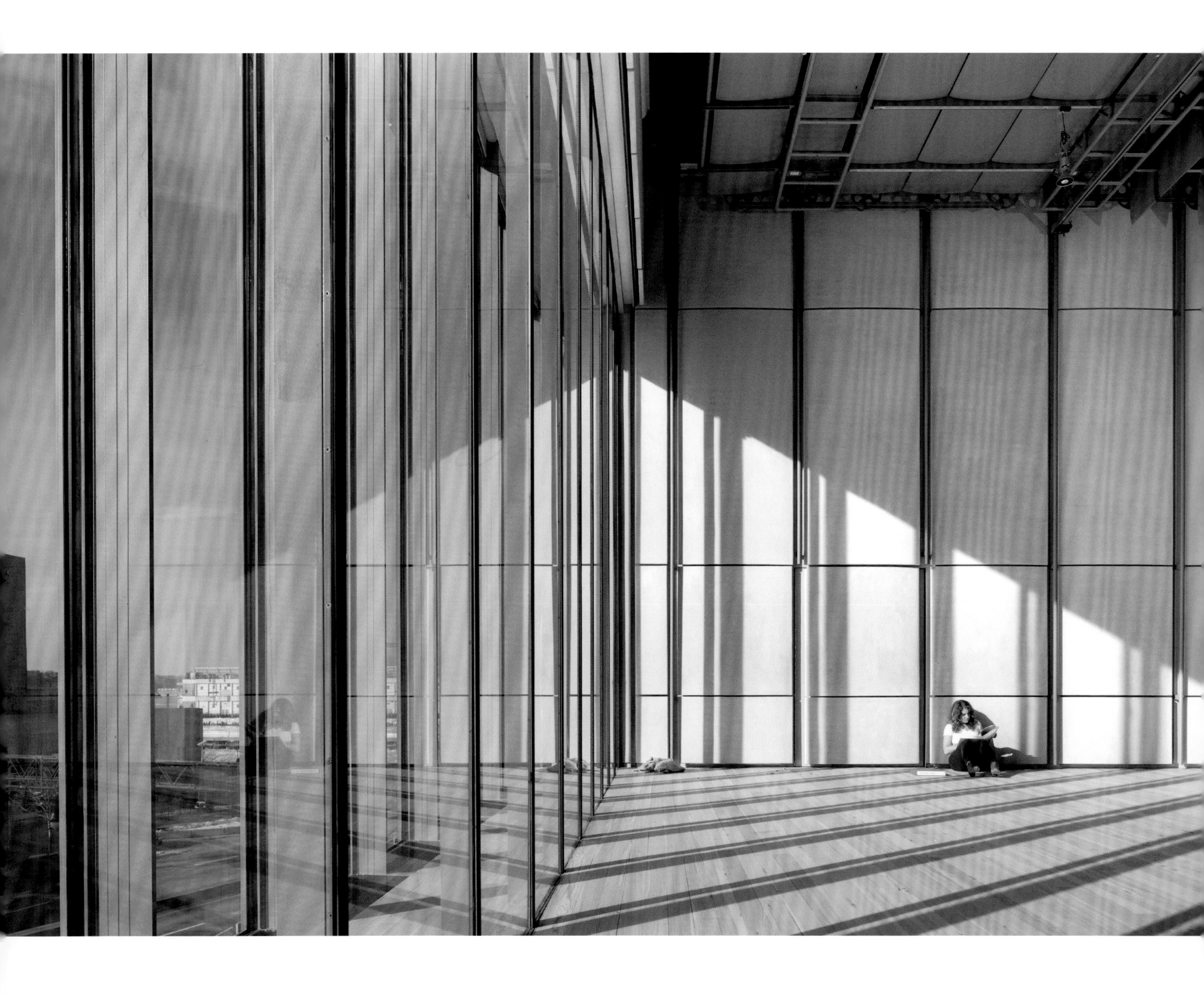

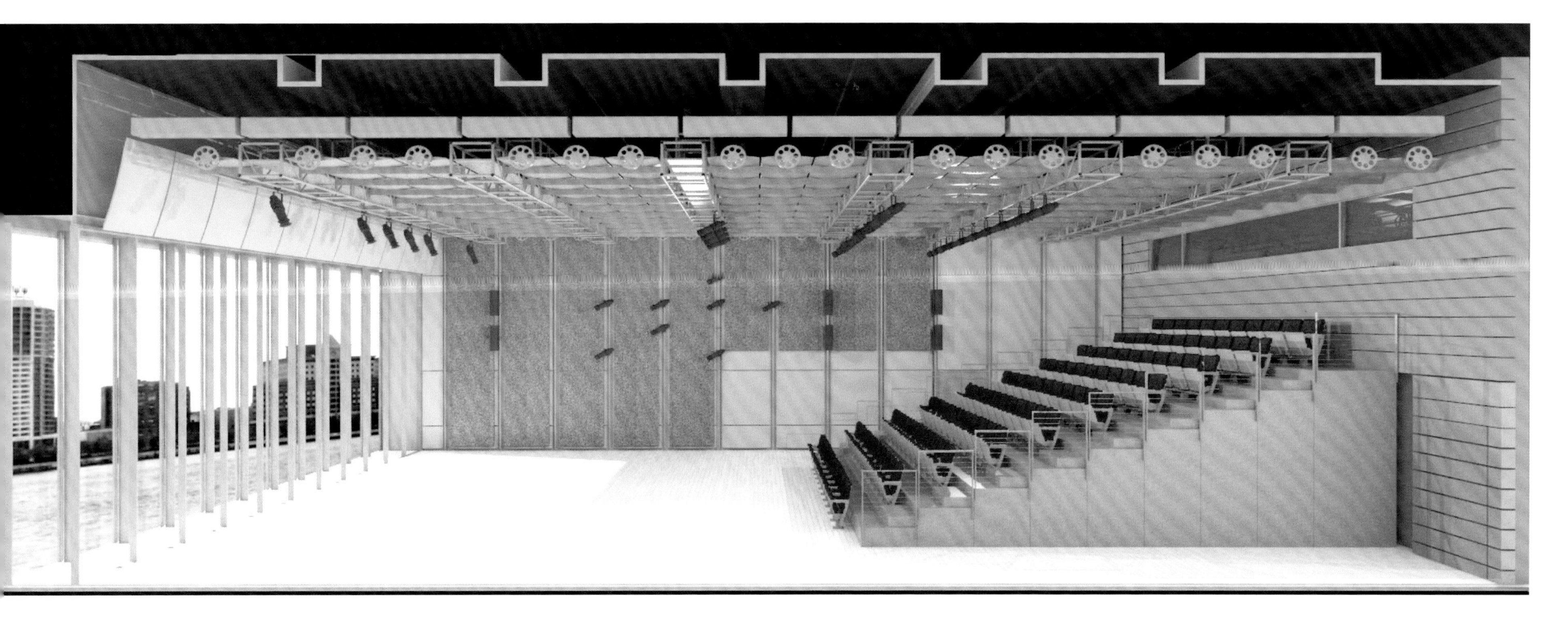

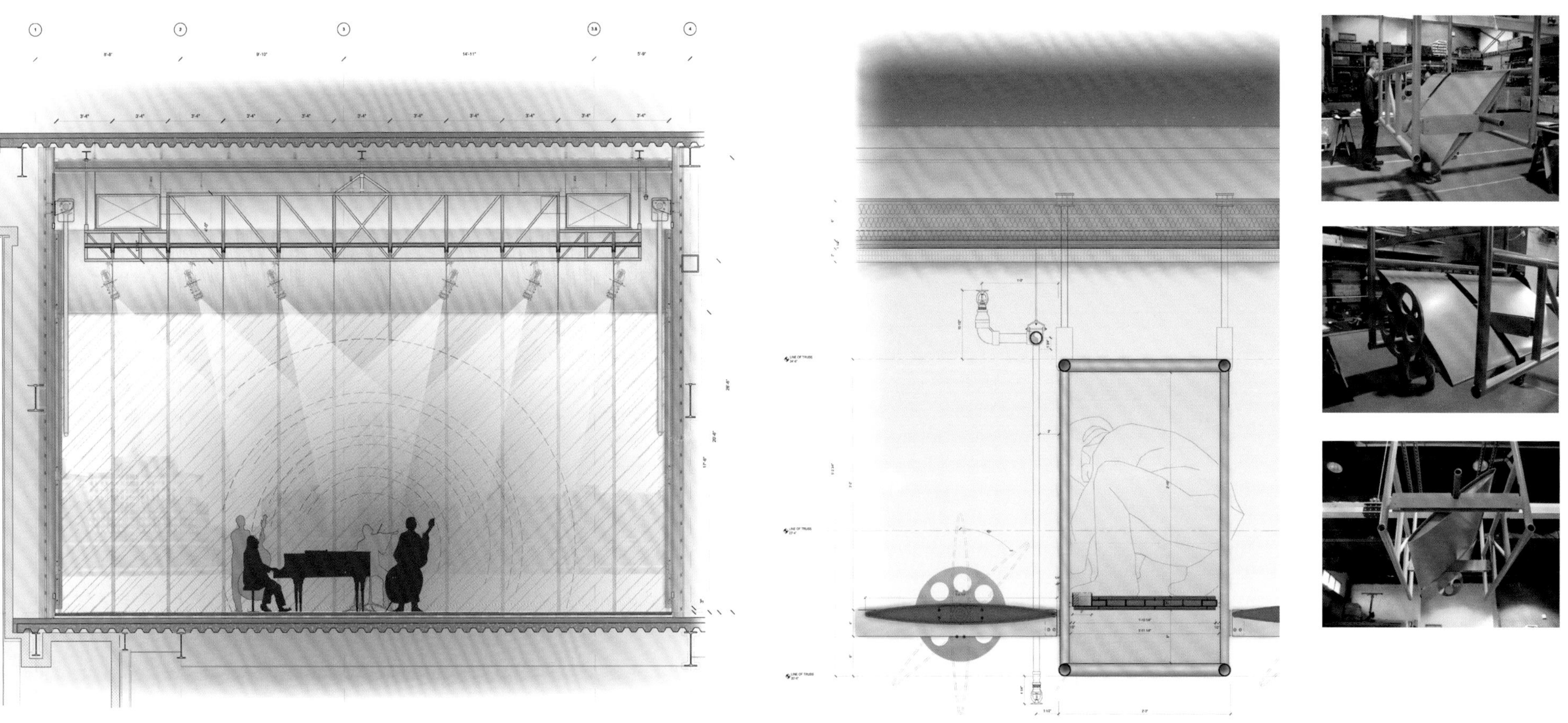

La galleria più grande del museo, al 5° piano, è una sala rettangolare di 1.675 mq senza pilastri, lunga 81 metri e larga 22.5.

The museum's largest gallery, on the 5th floor, is a rectangular interior covering 18000 square feet, free from pillars, 270 feet long and 72 feet wide.

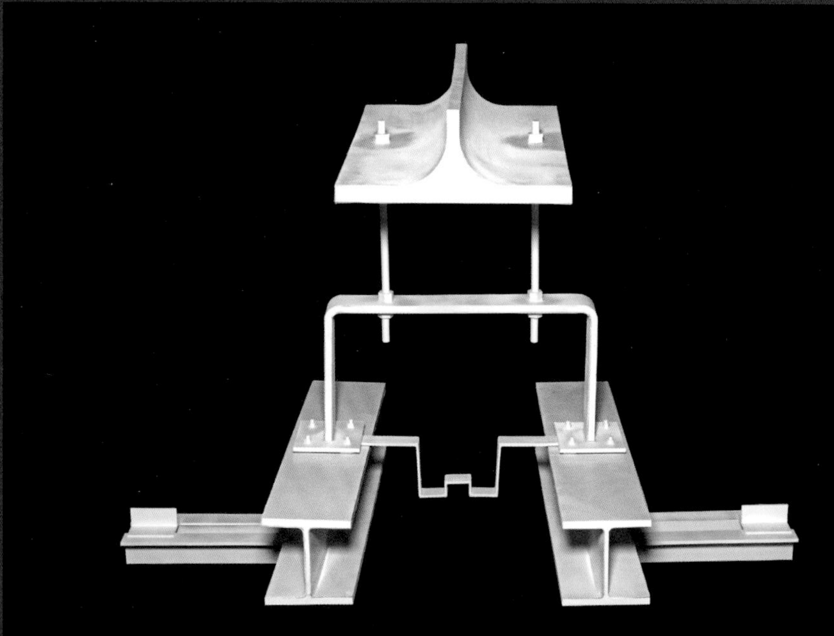

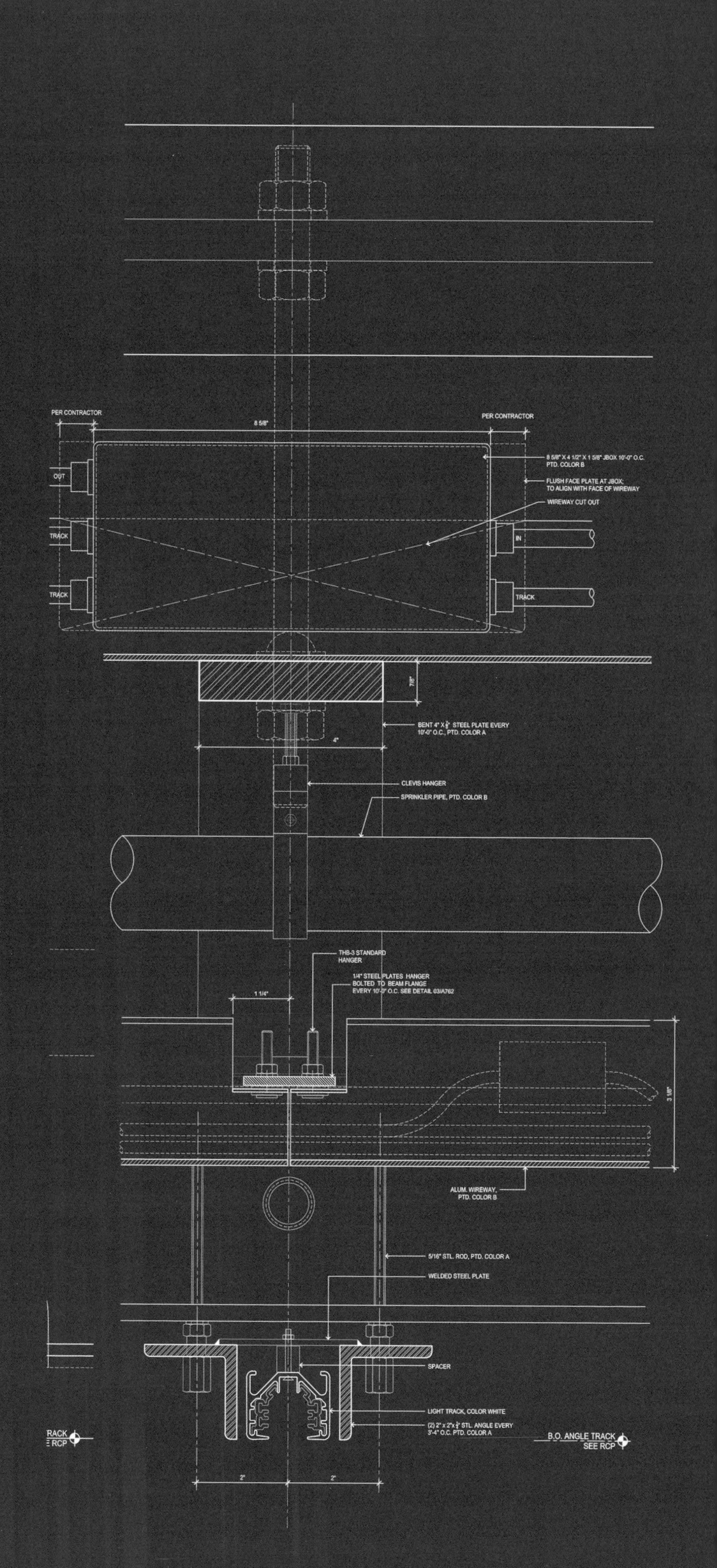

PER CONTRACTOR
8 5/8"
PER CONTRACTOR
8 5/8" X 4 1/2" X 1 5/8" JBOX 10'-0" O.C.
PTD. COLOR B
FLUSH FACE PLATE AT JBOX;
TO ALIGN WITH FACE OF WIREWAY
WIREWAY CUT OUT
OUT
TRACK
TRACK
IN
TRACK
7/8"
BENT 4" X 7/8" STEEL PLATE EVERY
10'-0" O.C., PTD. COLOR A
4"
CLEVIS HANGER
SPRINKLER PIPE, PTD. COLOR B
THB-3 STANDARD
HANGER
1/4" STEEL PLATES HANGER
BOLTED TO BEAM FLANGE
EVERY 10'-0" O.C. SEE DETAIL 03/A762
1 1/4"
3 1/8"
ALUM. WIREWAY,
PTD. COLOR B
5/16" STL. ROD, PTD. COLOR A
WELDED STEEL PLATE
SPACER
LIGHT TRACK, COLOR WHITE
(2) 2" x 2"x 1/4" STL. ANGLE EVERY
3'-4" O.C. PTD. COLOR A
RACK
RCP
B.O. ANGLE TRACK
SEE RCP
2"
2"

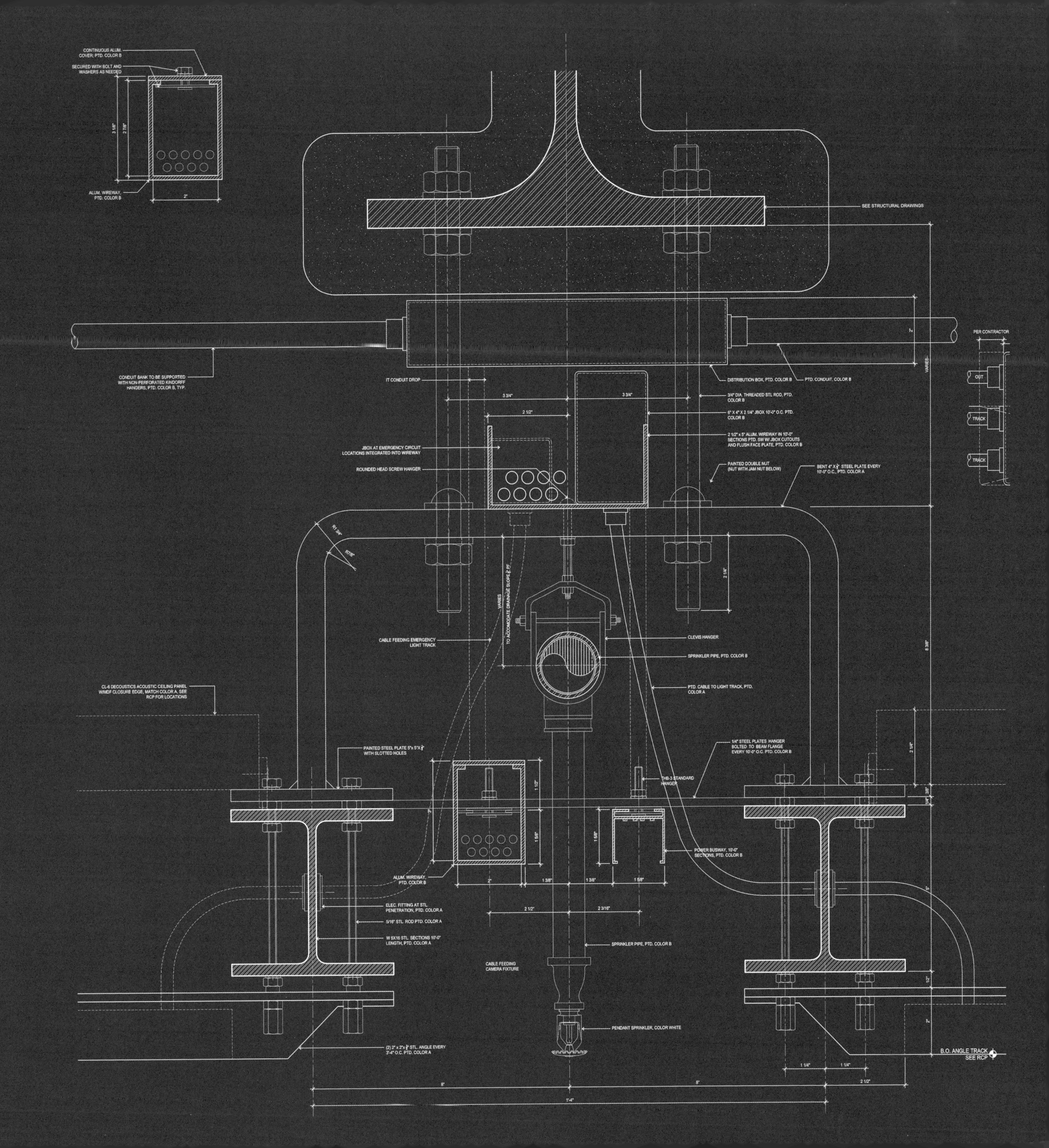
CONTINUOUS ALUM. COVER, PTD. COLOR B
SECURED WITH BOLT AND WASHERS AS NEEDED
ALUM. WIREWAY, PTD. COLOR B
SEE STRUCTURAL DRAWINGS
CONDUIT BANK TO BE SUPPORTED WITH NON-PERFORATED KINDORFF HANGERS, PTD. COLOR B, TYP.
IT CONDUIT DROP
DISTRIBUTION BOX, PTD. COLOR B
PTD. CONDUIT, COLOR B
PER CONTRACTOR
OUT
TRACK
TRACK
3/4" DIA. THREADED STL ROD, PTD. COLOR B
6" X 4" X 2 1/4" JBOX 10'-0" O.C. PTD. COLOR B
2 1/2" x 5" ALUM. WIREWAY IN 10'-0" SECTIONS PTD. SW W/ JBOX CUTOUTS AND FLUSH FACE PLATE, PTD. COLOR B
JBOX AT EMERGENCY CIRCUIT LOCATIONS INTEGRATED INTO WIREWAY
ROUNDED HEAD SCREW HANGER
PAINTED DOUBLE NUT (NUT WITH JAM NUT BELOW)
BENT 4" X 1/8" STEEL PLATE EVERY 10'-0" O.C., PTD. COLOR A
VARIES TO ACCOMODATE DRAINAGE SLOPE
CABLE FEEDING EMERGENCY LIGHT TRACK
CLEVIS HANGER
SPRINKLER PIPE, PTD. COLOR B
PTD. CABLE TO LIGHT TRACK, PTD. COLOR A
CL-6 DECOUSTICS ACOUSTIC CEILING PANEL W/MDF CLOSURE EDGE, MATCH COLOR A. SEE RCP FOR LOCATIONS
PAINTED STEEL PLATE 5"x 5"x 3/8" WITH SLOTTED HOLES
1/4" STEEL PLATES HANGER BOLTED TO BEAM FLANGE EVERY 10'-0" O.C. PTD. COLOR B
THB-3 STANDARD HANGER
POWER BUSWAY, 10'-0" SECTIONS, PTD. COLOR B
ALUM. WIREWAY, PTD. COLOR B
ELEC. FITTING AT STL. PENETRATION, PTD. COLOR A
5/16" STL. ROD PTD. COLOR A
W 5X16 STL. SECTIONS 10'-0" LENGTH, PTD. COLOR A
SPRINKLER PIPE, PTD. COLOR B
CABLE FEEDING CAMERA FIXTURE
PENDANT SPRINKLER, COLOR WHITE
(2) 2" x 2"x 3/8" STL. ANGLE EVERY 3'-4" O.C. PTD. COLOR A
B.O. ANGLE TRACK SEE RCP

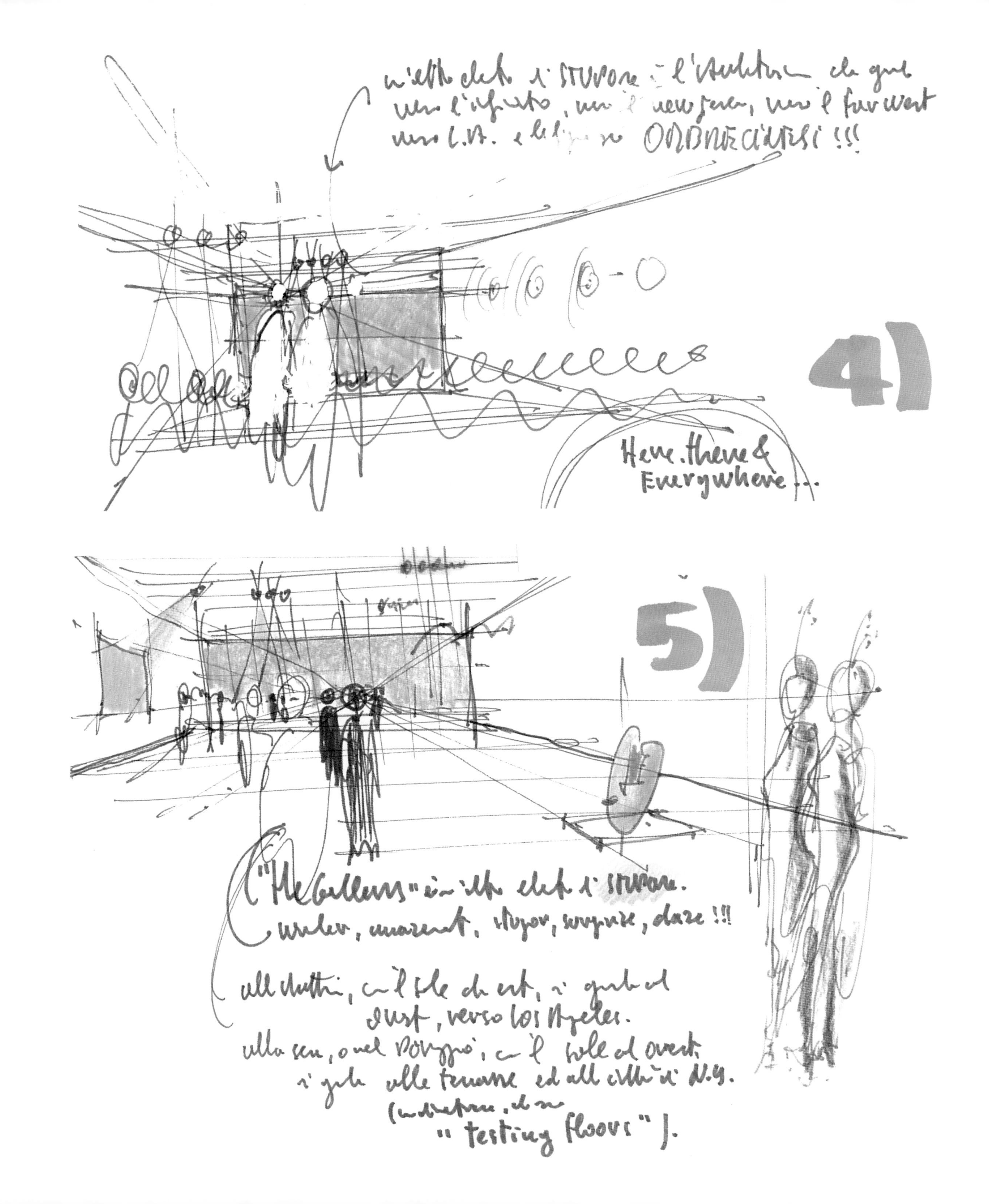

4)
Here, there &
Everywhere...
5)
verso Los Angeles.
"testing floors"

onathan Borofsky
Running People at 2,616,216
978 1979

WMAA ART HANDLERS
LOUISVILLE
BRUTE

We don't need another hero
HE KILLS ME.

FINAL
POSH EXPECTING A BABY SPICE
DAILY NEWS
NEW YORK'S HOMETOWN NEWSPAPER
TERROR CHIEF WARNS U.S.
WORST IS YET TO
The city's cracked garbage trucks
NEW YORK POST
35¢
THE
STARTED

AN ARTIST IS NOT MERELY THE SLAVISH
ANNOUNCER OF A SERIES OF FACTS,
WHICH IN THIS CASE THE CAMERA HAS
HAD TO ACCEPT AND MECHANICALLY
RECORD.

WH.

CO., INC
CHICKEN
POULTRY · PORK

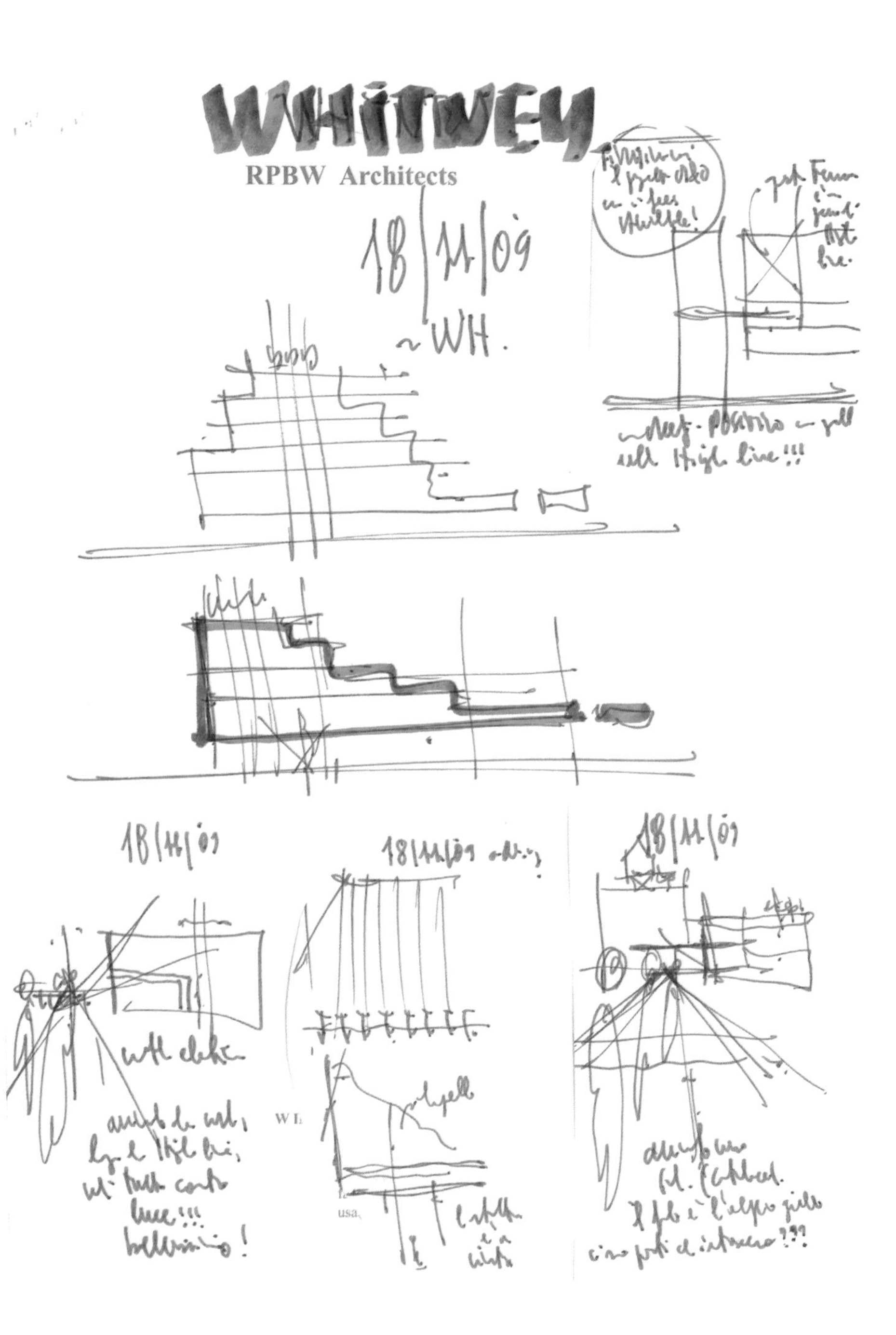
WHITNEY
RPBW Architects
18/11/09
18/11/09
18/11/09
18/11/09

INTERSTATE FOODS INC.
INTERSTATE FOODS INC.

PACE

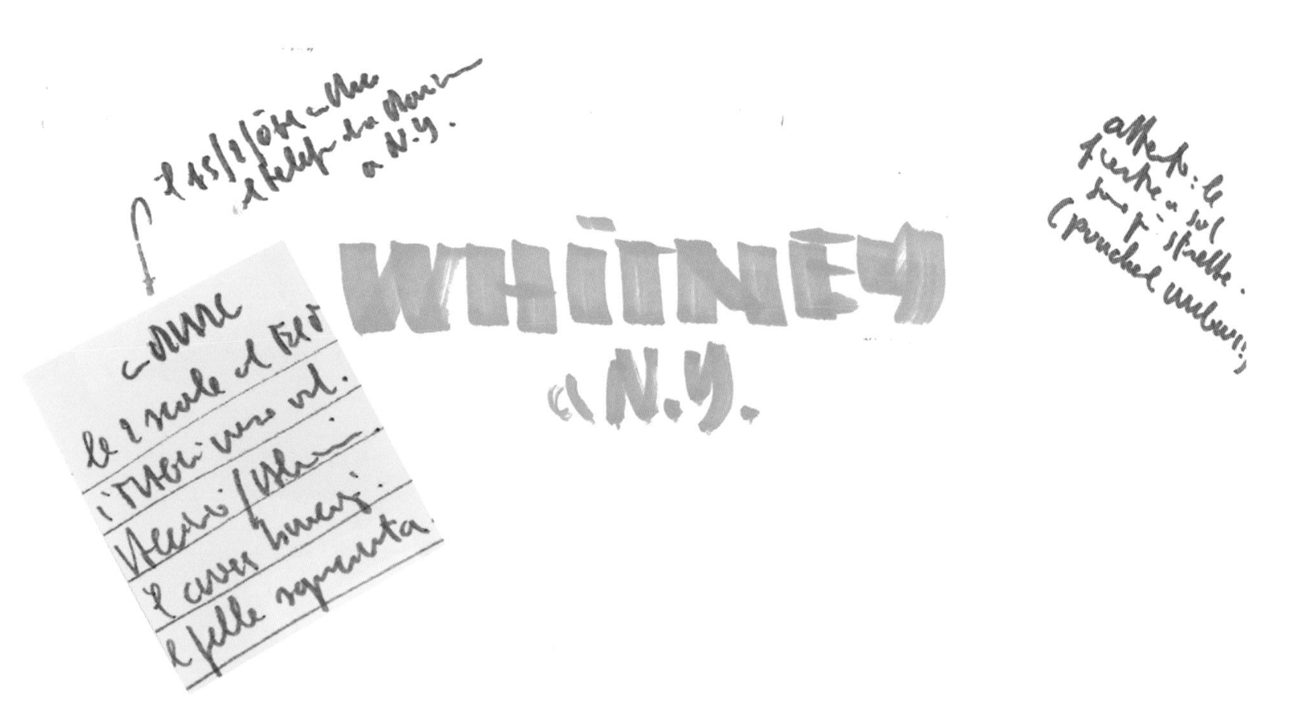

WHITNEY
N.Y.

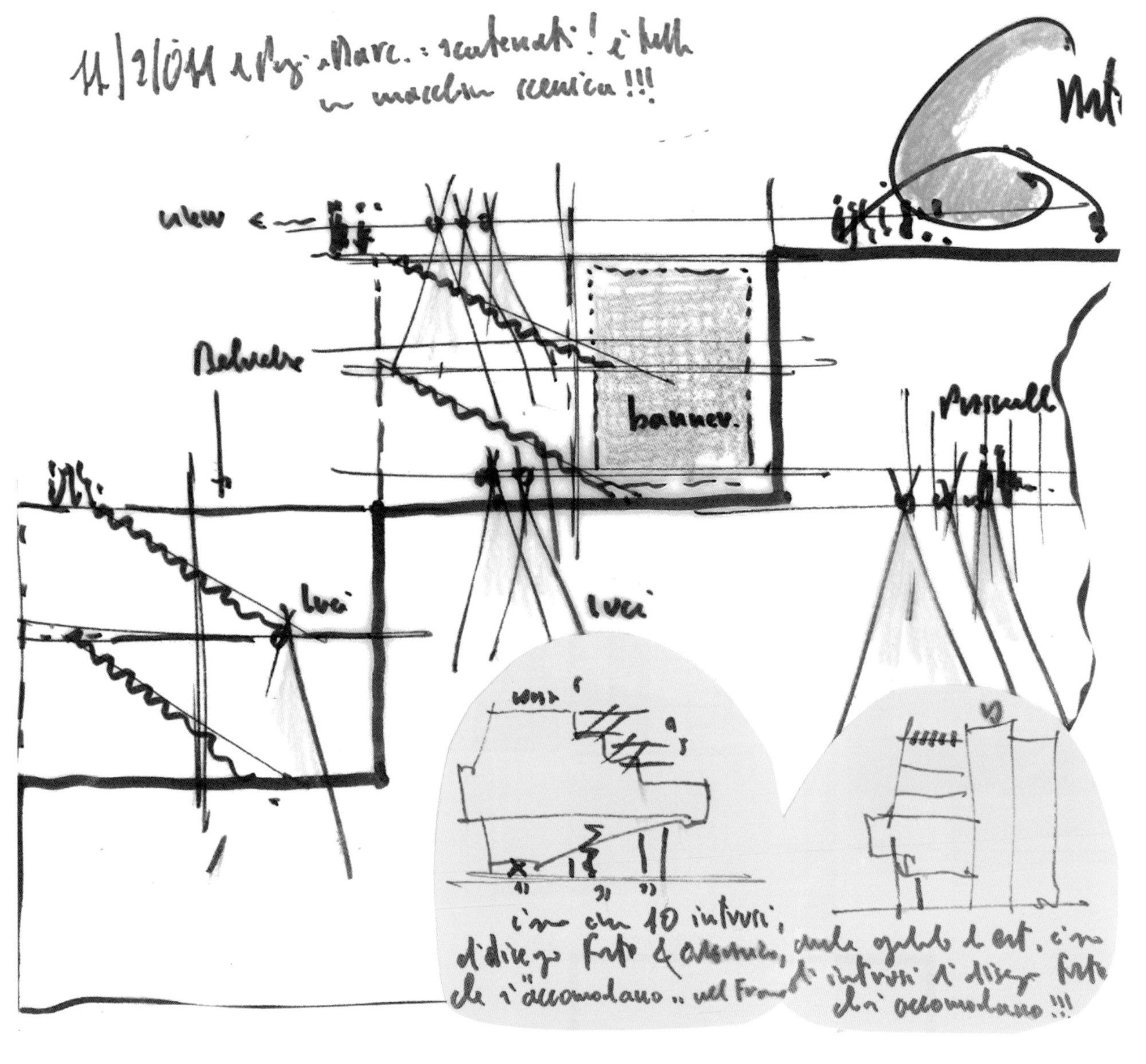

banner.
luci

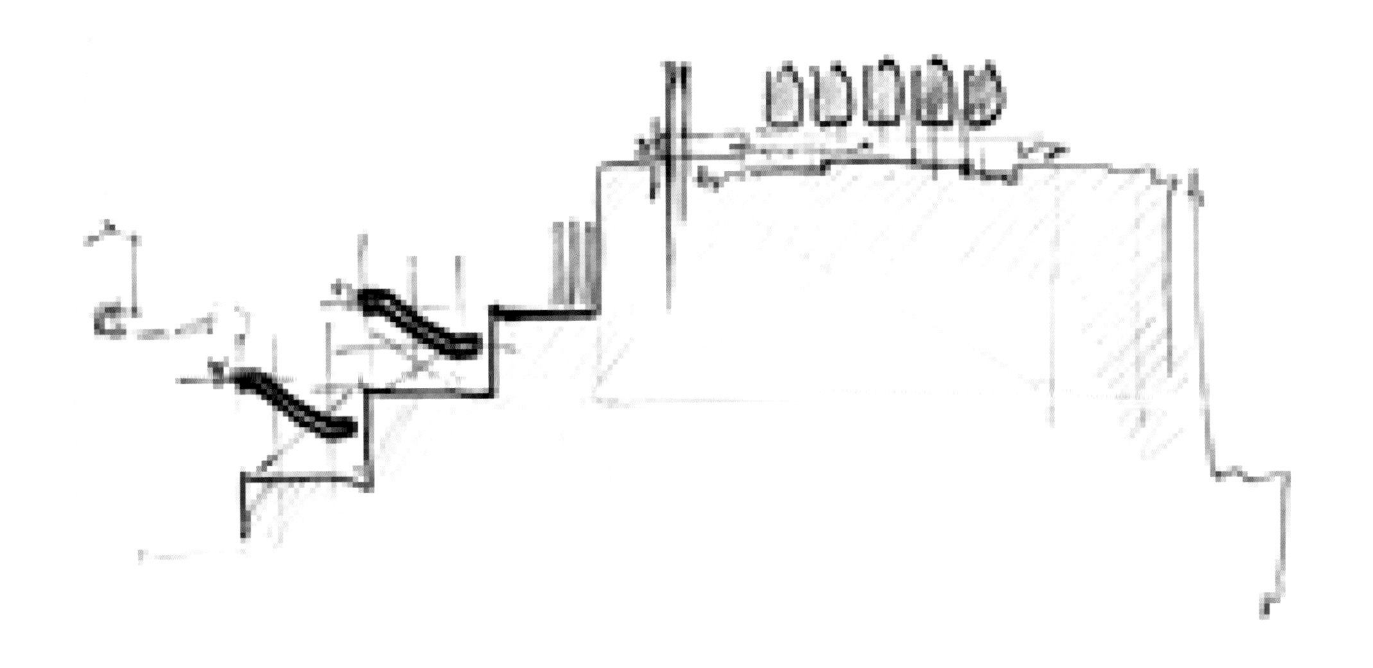

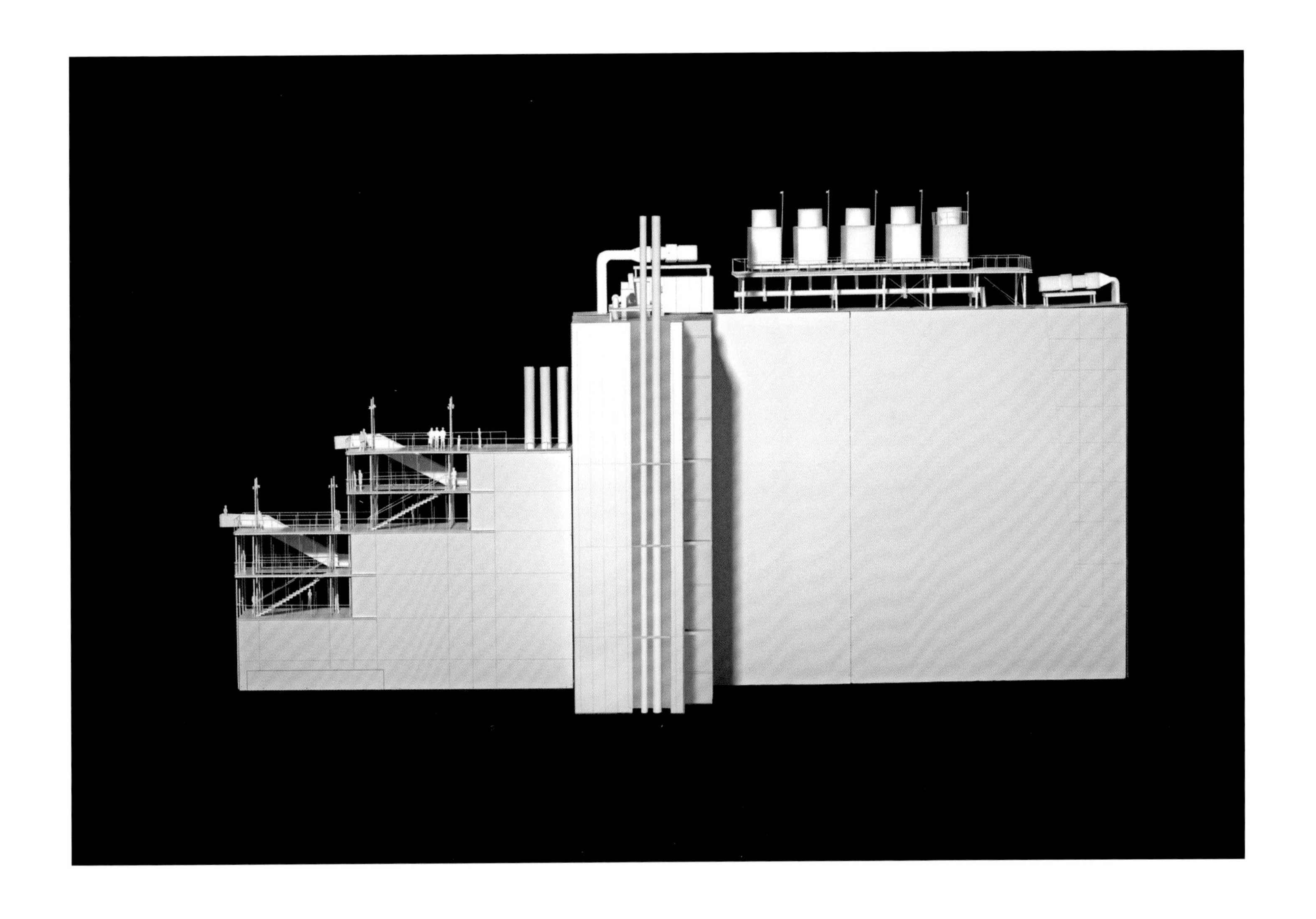

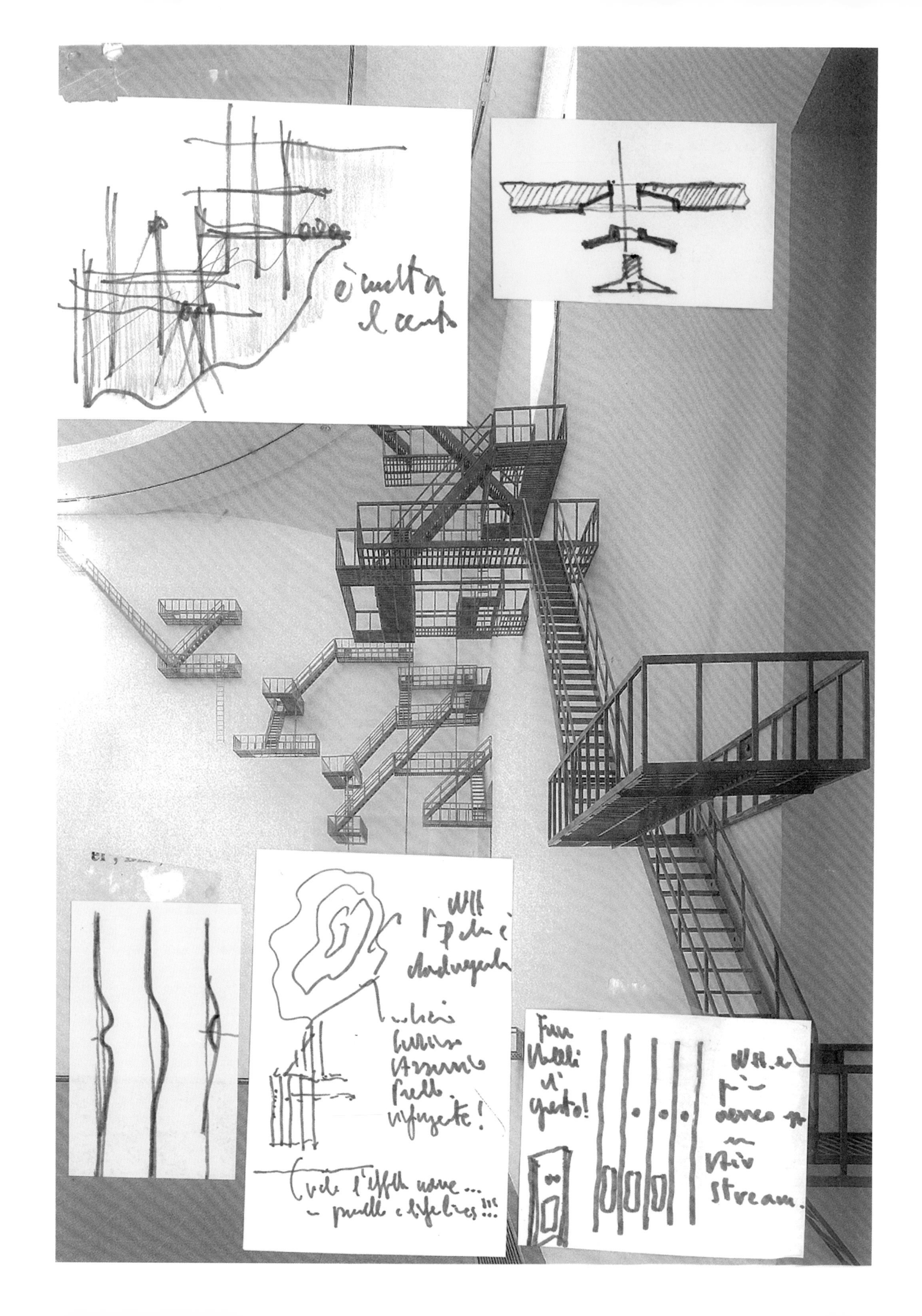

Verso est ci sono una serie di terrazze, collegate da scale che si accordano con lo skyline di New York: un flirt con il panorama. Abbiamo creato un percorso aereo, un momento di sospensione anche fisica dalla città.

To the east there are a number of terraces, linked by stairs that harmonize with the New York skyline, flirting with the panorama. We created an aerial route, a phase of mental and physical suspension from the city.

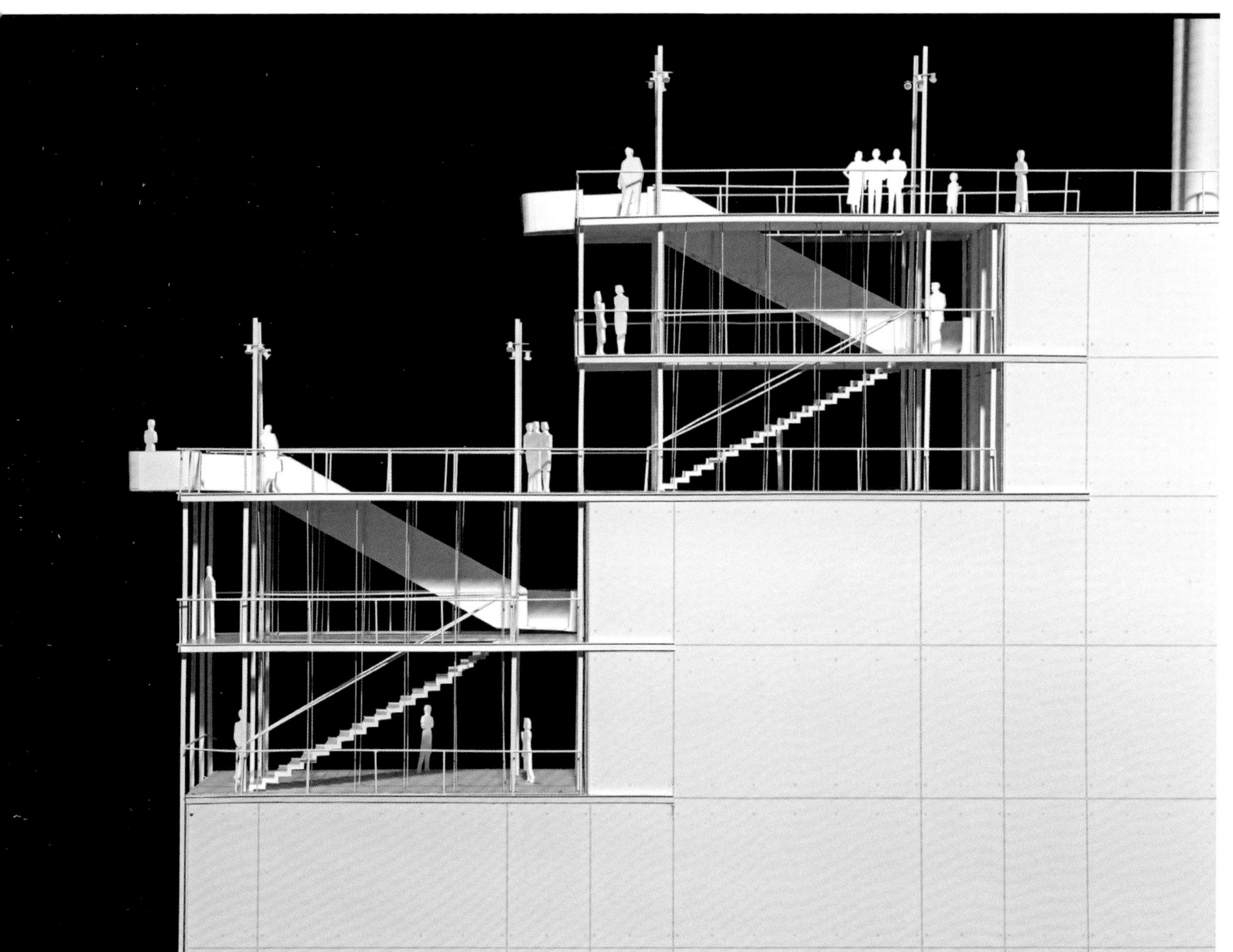

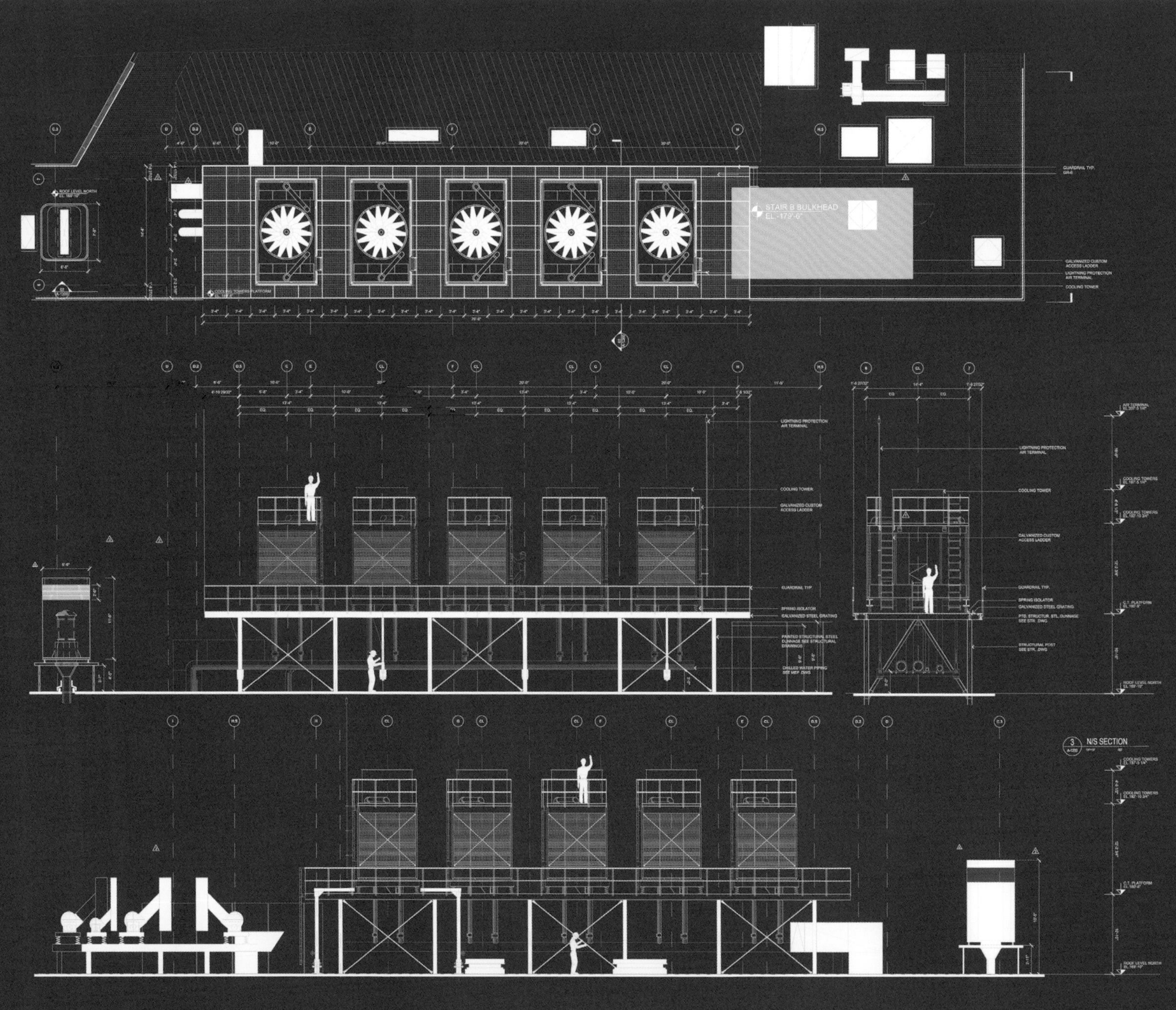
STAIR B BULKHEAD
N/S SECTION

BAY CRANE

55 GANSEVOORT STREET

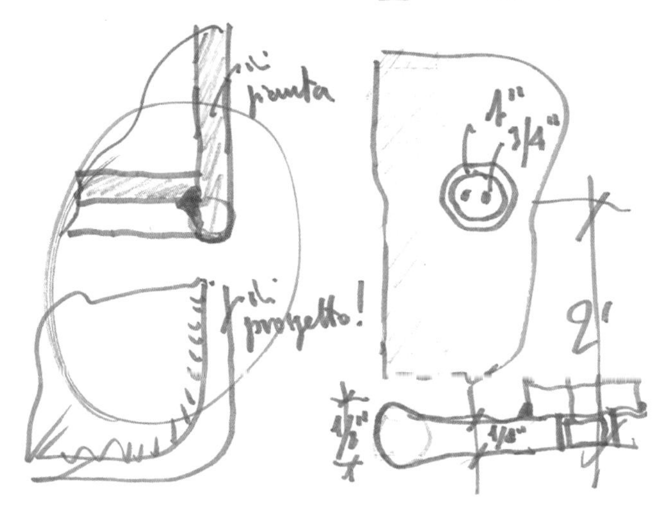

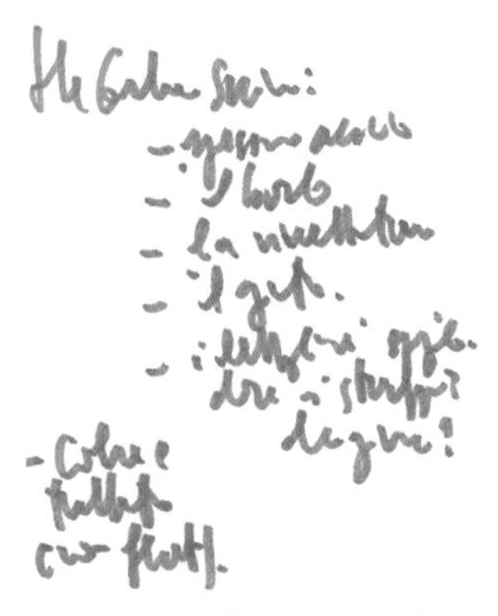

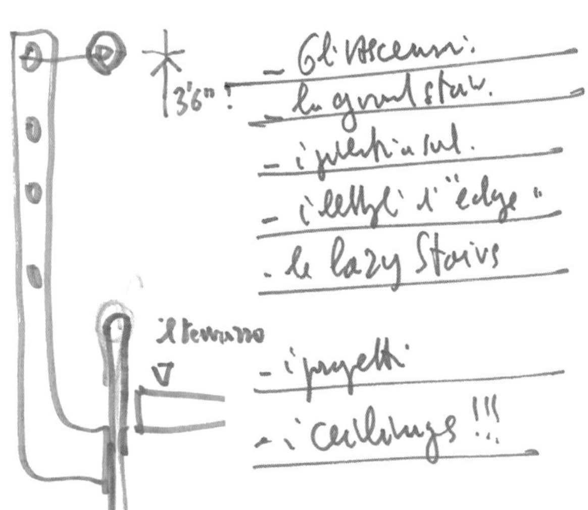

Donna De Salvo, Renzo Piano

INTERSTATE FOODS INC.
INTE STATE FOODS INC.

Adam D. Weinberg, Leonard Lauder

RETAIL SPACE
PKF

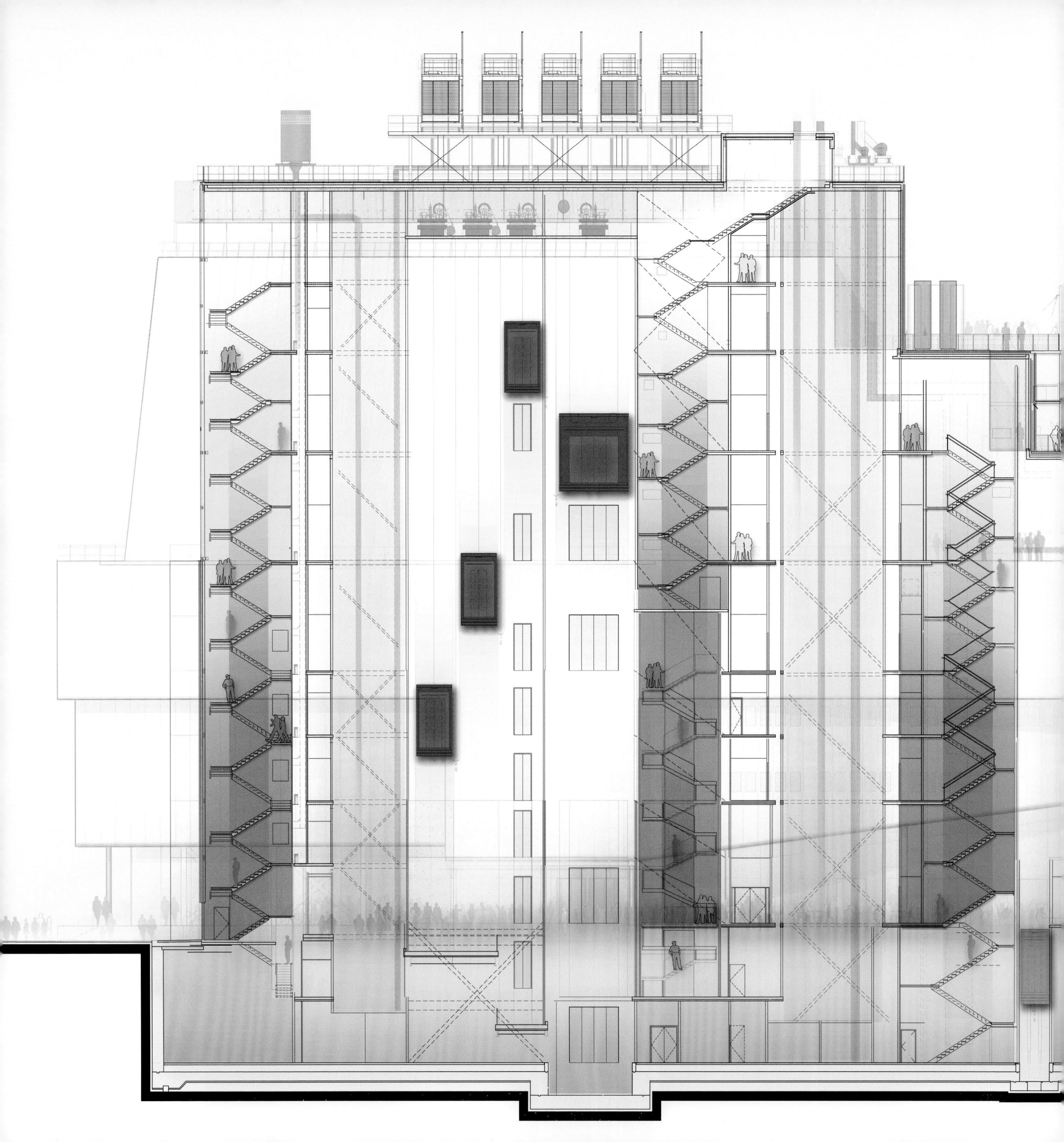

Tutti i percorsi verticali sono messi in evidenza. Esiste una sorta di poetica del movimento, e qui ci siamo divertiti a esprimerla con montacarichi, ascensori e scale, e rendere questi percorsi verticali molto visibili e percepibili, quasi diagrammatici.

All the vertical routes are given prominence. There exists a sort of poetic of movement, and here we enjoyed ourselves expressing it with hoists, elevators and staircases, and making these vertical pathways very visible and perceptible, almost diagrammatic.

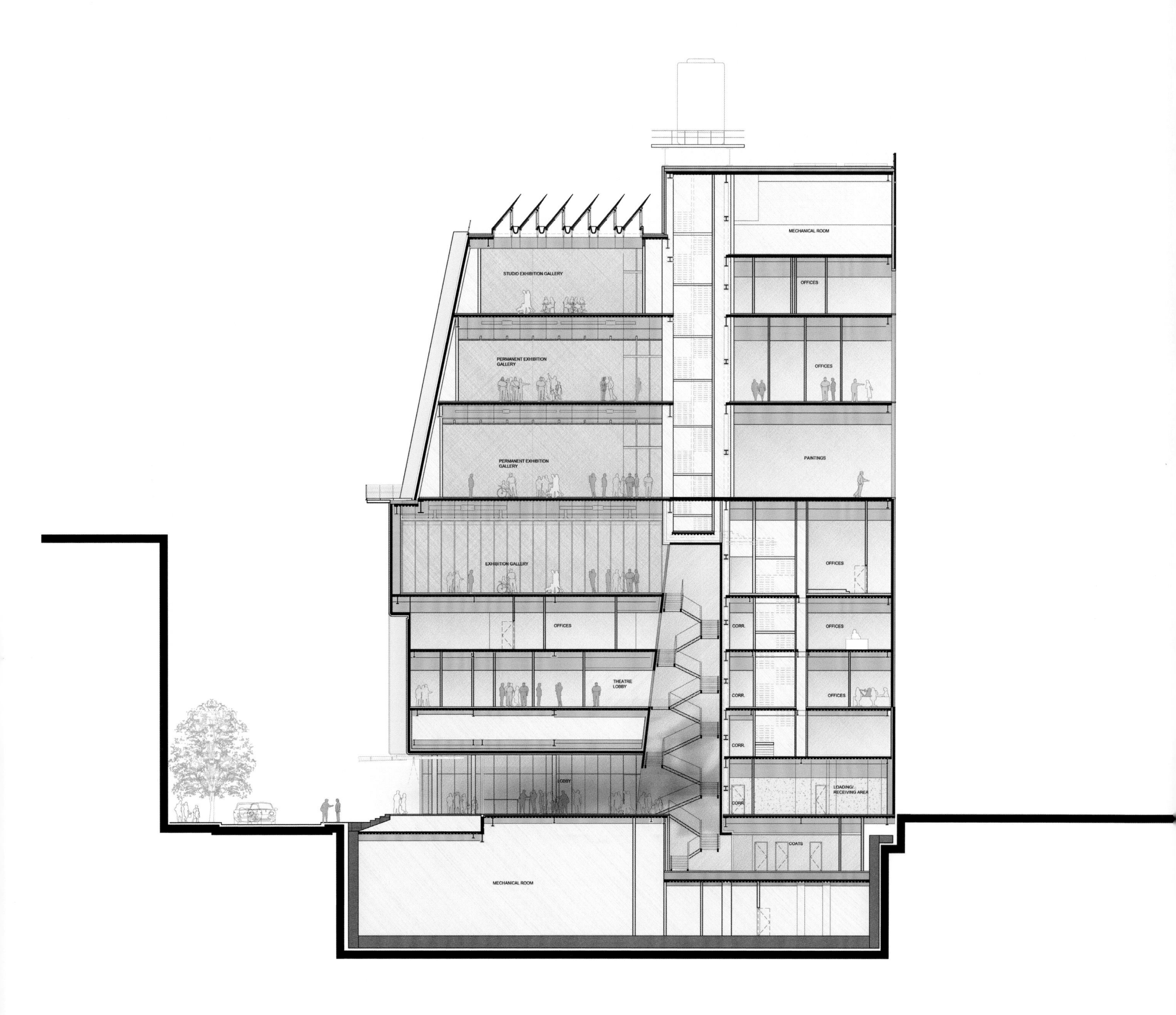
MECHANICAL ROOM
STUDIO EXHIBITION GALLERY
OFFICES
PERMANENT EXHIBITION GALLERY
OFFICES
PERMANENT EXHIBITION GALLERY
PAINTINGS
EXHIBITION GALLERY
OFFICES
OFFICES
CORR.
OFFICES
THEATRE LOBBY
CORR.
OFFICES
CORR.
LOBBY
LOADING/ RECEIVING AREA
CORR.
COATS
MECHANICAL ROOM

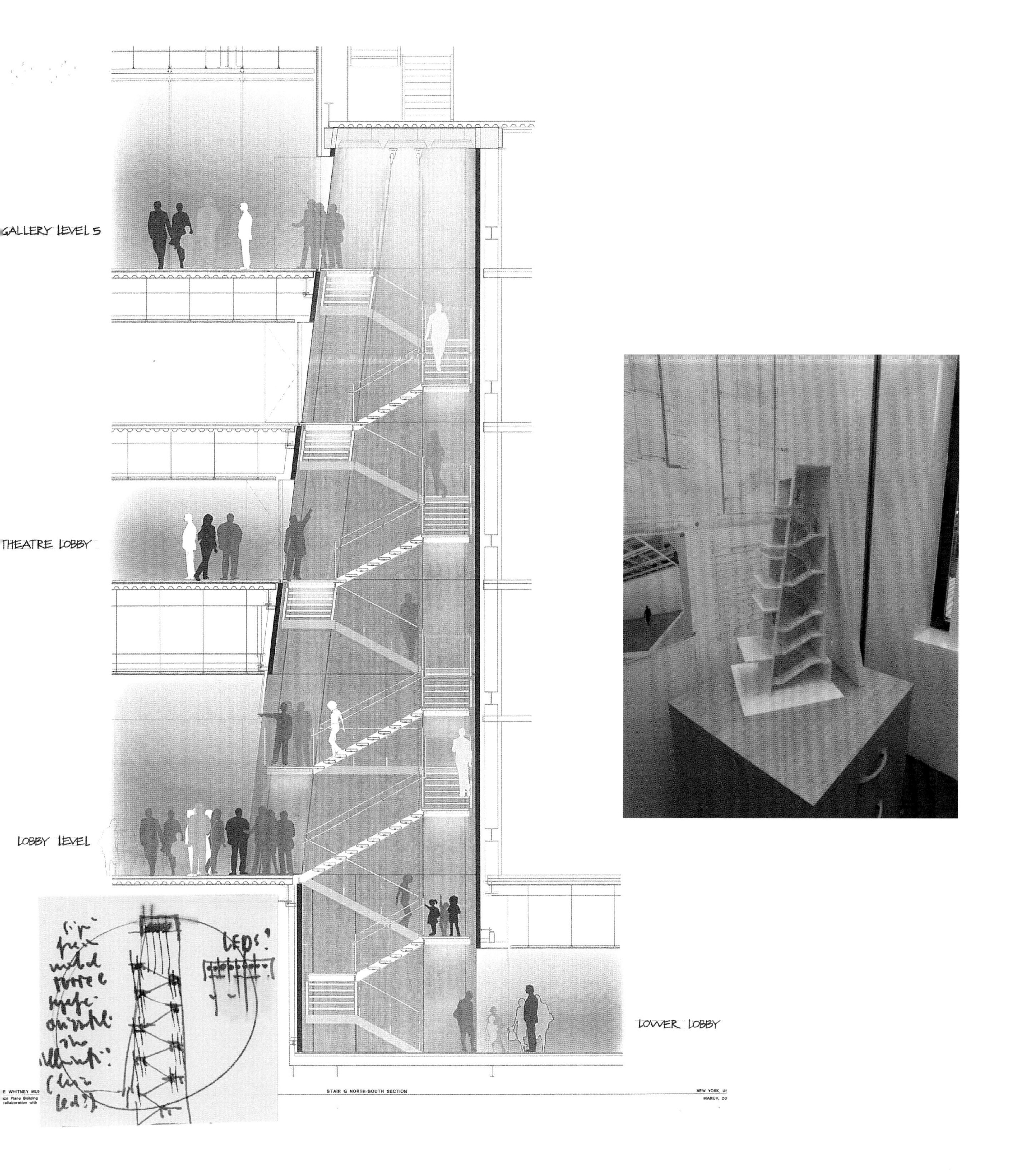
GALLERY LEVEL 5
THEATRE LOBBY
LOBBY LEVEL
LOWER LOBBY
STAIR G NORTH-SOUTH SECTION
LEDS?

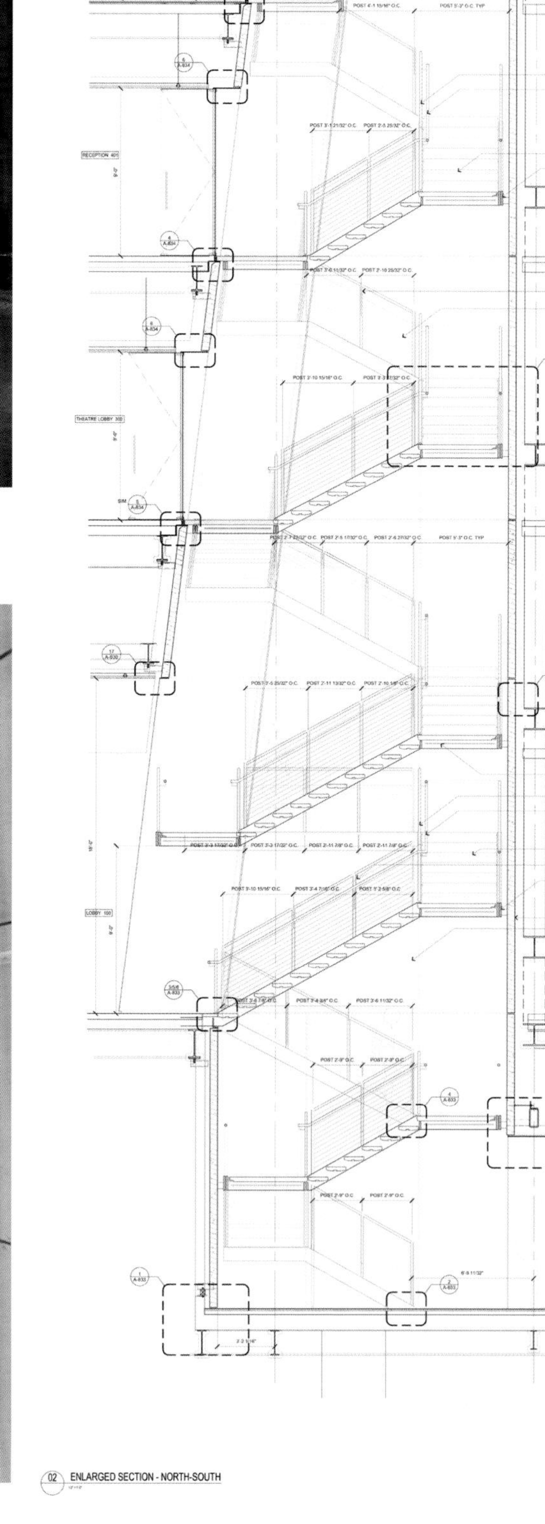

02 ENLARGED SECTION - NORTH-SOUTH

STOP
ALL WAY
ONE WAY
Bubby's
HIGH LINE

AMERICAN
ART
2015

Amanda Burden, Renzo Piano, Scott Newman, Toby Stewart,
Elisabetta Trezzani, Peter Muller, Jenny Gersten, Adam D. Weinberg

NTERSTATE FOODS INC.

MetLife

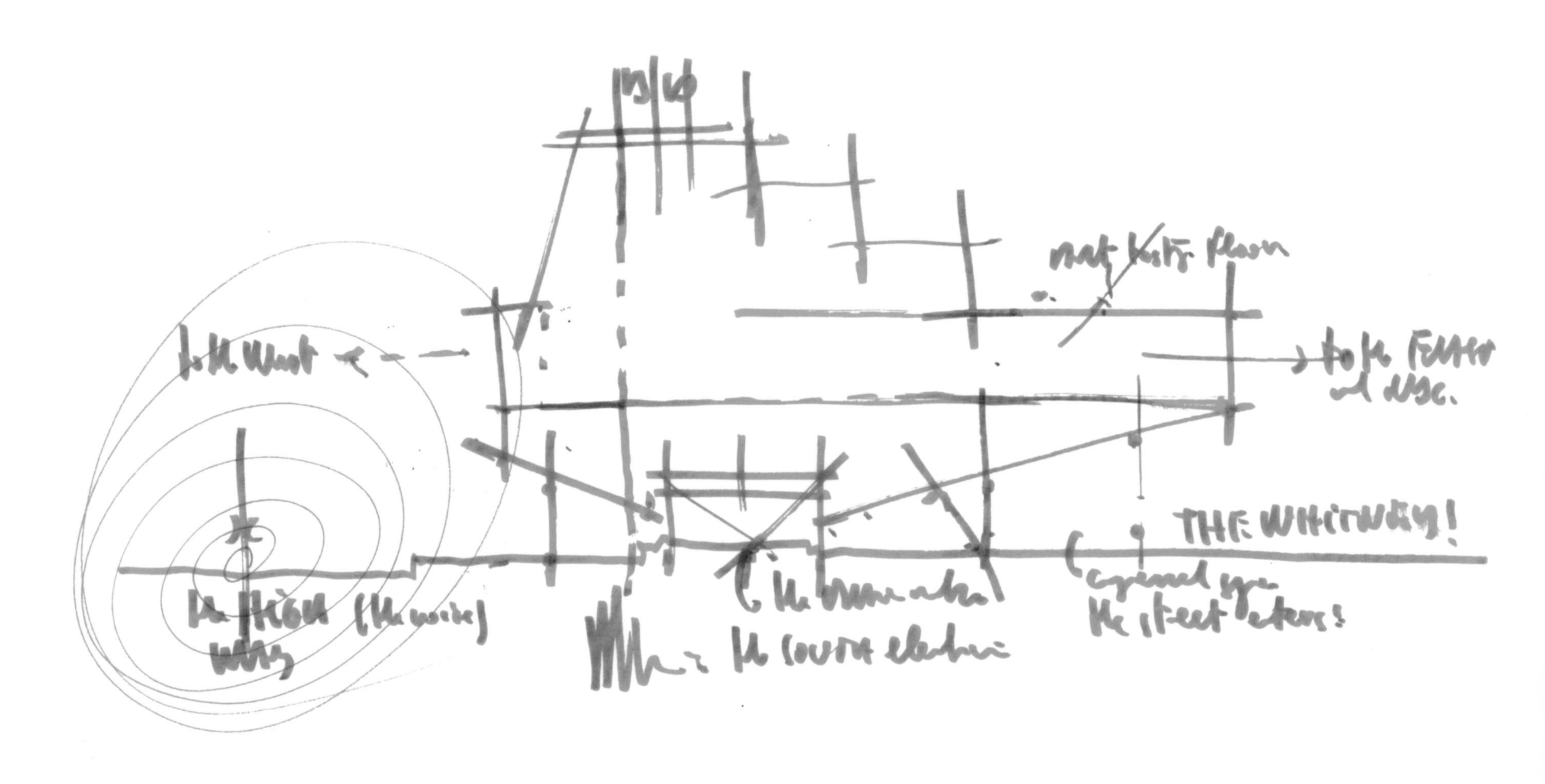
THE WHITNEY!

Whitney Museum of American Art

Questo museo ha una lunga storia, che viene da molto lontano. Inizia ai primi del secolo scorso con Gertrude Vanderbilt Whitney, la scultrice che nel 1914 fondò a New York il Whitney Studio, un club aperto ad artisti americani affermati ed emergenti. La loro prima sede fu nel Greenwich Village, un quartiere vicino a dove, cento anni dopo, è appena nato il nuovo museo.
Gertrude Whitney li ospitava, collezionava le loro opere e promuoveva il loro lavoro: per iscriversi bastava un dollaro, era una sorta di cenacolo dove gli artisti si riunivano e discutevano. Quando nel 1928 il Metropolitan Museum rifiutò la donazione delle 500 opere della sua collezione, Gertrude decise di creare un proprio museo indipendente, inaugurato nel 1931. Trentacinque anni dopo il museo abbandonò la prima sede per spostarsi a nord, nell'Upper East side, in una zona molto diversa dalla precedente, e credo anche estranea alla natura stessa dell'idea di Gertrude Whitney, che nel frattempo era morta nel 1942.
Il museo, progettato da Marcel Breuer nel 1966, ha ospitato la collezione fino ad oggi. Molto presto quell'edificio si è rivelato troppo piccolo per ospitare la collezione, cresciuta a dismisura negli anni, anche attraverso grandi donazioni. Dalle 500 opere iniziali si è arrivati a 21.000, di 3.000 diversi artisti statunitensi. Hanno inoltre una biblioteca di 50.000 volumi. Alla mancanza di spazi il museo ha reagito nel tempo spostando alcune attività negli edifici vicini, separando gli spazi espositivi dagli uffici dei curatori e dei conservatori. Una scelta sofferta e dolorosa: uno degli obiettivi era proprio quello di riunire le diverse funzioni.
Quando siamo stati contattati per la prima volta, nel 2004, abbiamo saputo che da quasi vent'anni si tentava di costruire un'espansione del museo di Breuer.
Nel 1985 avevano incaricato Michael Graves, ma il progetto fu bloccato dall'opposizione degli abitanti del quartiere, e abbandonato pochi anni dopo. Poi ci fu un progetto di Rem Koolhaas, anch'esso non realizzato.
Si è trattato di un processo lungo, segnato da numerosi tentativi, forse necessari e inevitabili. Quando mi hanno chiamato mi trovavo proprio a New York, poco lontano dal museo, fra la Madison e la 36a Strada, sul cantiere della Morgan Library che sarebbe stata inaugurata due anni dopo. A cercarmi era Leonard Lauder, Presidente del board del Whitney:

Whitney Museum of American Art

The museum has a long history, taking us back into the past. It starts early last century with Gertrude Vanderbilt Whitney, the sculptor who in 1914 founded the Whitney Studio in New York as a club open to established and emerging American artists. Its first premises were in Greenwich Village, the neighborhood not far from where the new museum has just been built a hundred years later.
Gertrude Whitney hosted artists, collected their works and encouraged their development. It cost just a dollar to join the Studio, which was a sort of salon where artists could meet and talk shop. In 1928 the Metropolitan Museum refused Gertrude's offer of a donation of 500 works from her collection, so she decided to create her own independent museum, inaugurated in 1931. Thirty-five years later the museum abandoned its original premises and moved north to the Upper East Side, in a very different area from the previous one. I believe the location was also alien to the essential conception of Gertrude Whitney, who meanwhile had died in 1942. This museum, designed by Marcel Breuer in 1966, has housed the collection to date.
Very soon that building was too small for the collection, which grew dramatically over the years, partly through major donations. The 500 initial works had snowballed to 21,000 by 3,000 different American artists. The museum now has a library of 50,000 volumes.
The museum juggled with the lack of space over the years by moving some activities into neighboring buildings, separating the exhibition space from the offices of curators and conservators. This was a difficult and troubled decision. One of the objectives was to bring together the different functions.
When we were contacted for the first time, in 2004, we learned that for almost twenty years the museum had been seeking to build an extension to Breuer's museum. In 1985 it had given the commission to Michael Graves, but the project was blocked by opposition from local residents and abandoned a few years later. Then there was a project by Rem Koolhaas, which also remained unbuilt.
It was a lengthy process, perhaps necessarily and inevitably marked by numerous attempts exploring different approaches. When they called me I happened to actually be in New York, not far from the museum, between Madison Avenue and 36th Street, on the construction site of the Morgan

voleva incontrarmi per una chiacchierata informale in un hotel lì vicino. Mi invitò allora il giorno dopo al museo, ma una volta arrivato all'appuntamento mi trovai davanti tutto il comitato direttivo. C'erano Chuck Close, grande artista e persona straordinaria, Adam Weinberg, direttore del Whitney già da un anno, e molti altri membri del board.
Non ero assolutamente preparato a questo imprevisto e fortunato agguato, anche se non era la prima volta che mi capitava una cosa simile. Forse perché è risaputo che io partecipo raramente ai concorsi, ma non per arroganza come potrebbe sembrare, al contrario per qualcosa che somiglia alla paura. Fare un concorso significa iniziare a lavorare su un progetto che potrebbe non avere un futuro. Significa innamorarsi di un'idea che potrebbe finire.
Durante quel primo incontro mi spiegarono di aver deciso di ricominciare con un nuovo progetto, ma che non potevano indire un secondo concorso: dovevano affidare un incarico diretto. Il board si era già riunito e aveva fatto una specie di sondaggio interno, chiedendo a ogni membro quale fosse, in assoluto, il suo museo preferito: quasi tutti avevano citato uno dei nostri progetti, come la Fondazione Beyeler o la Menil Collection. Da quel giorno abbiamo cominciato a ragionare su come realizzare un'espansione, e ovviamente immaginavamo di farla lì, nell'edificio accanto, demolendo un palazzo esistente. La mia idea iniziale, già chiara, era di lasciare molto libero l'accesso a terra. In qualche modo questa prima scelta deriva dall'osservazione dell'edificio di Breuer, che pur essendo straordinario è separato dalla strada, se ne allontana addirittura con un fossato; per accedere al museo bisogna infatti attraversare un piccolo ponte. Io avevo reagito intuitivamente nella maniera opposta, portando la strada dentro al museo, e creando una piazza sotto l'edificio.
Lavorammo a questo progetto per circa due anni. Tuttavia, questa scelta si è rivelata sbagliata per una serie di ragioni, probabilmente le stesse che avevano causato il fallimento dei progetti precedenti. Innanzitutto, anche sfruttando al massimo le potenzialità del sito, non avremmo risposto alle esigenze che avevano spinto il museo a commissionare una nuova sede. Non avremmo soddisfatto due punti chiave del programma: riunire tutti i dipartimenti all'interno di un solo edificio, riavvicinando i curatori alla collezione, e avere sale di dimensioni adatte alla collezione stessa, che comprende pezzi molto grandi e impossibili da esporre nella vecchia sede. In qualche modo il progetto avrebbe comportato uno sforzo ed un costo troppo alti rispetto al risultato.
Senza contare che l'edificio accanto, un brownstone building, era protetto dal Landmark Commission e vincolato da una serie di limiti che ci impedivano di apportare modifiche importanti e fare le necessarie connessioni tra i vecchi e i nuovi spazi. Peraltro Breuer stesso aveva previsto nel suo progetto la possibilità di espansione verso sud, lasciando in

Library which would be inaugurated two years later. My caller was Leonard Lauder, Chairman of the Whitney's Boar of Trustees. He wanted to meet me for an informal chat in a hotel nearby. He then invited me to the museum the next day, but when I arrived for the appointment I found myself faced with the Board of Trustees complete. There was Chuck Close, a great artist and an extraordinary person, Adam Weinberg, director of the Whitney for a year, and many othe trustees. I was not utterly unprepared for this unexpected ye lucky ambush, though it was by no means the first time such a thing happened to me. Perhaps because it is well known that I rarely take part in architecture competitions. This is not arrogance, as it might seem. On the contrary, it's due to something much closer to fear. Entering a competition means starting work on a project that might well have no future. It means falling in love with an idea that could come to nothing At the first meeting I explained I had decided to start over with a new project, but they could not hold a second competition: they had to give me a direct commission. The board had already met and held a kind of internal survey, asking each member to name his or her favorite museum. Almost al of them had mentioned one of our projects, like the Beyeler Foundation or the Menil Collection.
From that day on we began to reflect on how to build an extension, and obviously we thought of doing it right there, in the building next door, by demolishing some existing building. My initial idea, already clear, was to leave the ground level access clear. In some way this first choice stemmed fron observation of Breuer building. Despite being extraordinary, it is detached from the street, actually separated from it by a moat. To access the museum you have to cross a small bridge. I had intuitively reacted the opposite way, by bringing the street into the museum and creating a piazza under the building. We worked on this project for about two years. However, this choice proved wrong for a number of reasons, probably the same ones that had caused the failure of previous projects. First, even by exploiting the full potential of the site, we would never have responded to the needs that ha prompted the museum to commission a new home. We would never have satisfied two key points in the brief: firstly to unite all the departments within a single building and bring the curators closer to the collection, and secondly to have galleries of dimensions proportioned to the collection itself, which includes some very large sculptures that simply can't be exhibited on the old premises. In some way the project woul have involved too much effort and cost too much compared to the result. Not to mention that the brownstone next door was protected by the Landmark Commission and subject to various constraints. They would have stopped us making major changes and adding the essential connections between the ol spaces and the new.

facciata le tracce di dove si sarebbe potuto attuare il collegamento all'edificio adiacente. Sarebbe stato un progetto interessante ma non funzionava.
Tuttavia le idee di un piano terra pubblico e accessibile dalla strada, e di un museo aperto e tollerante sono rimaste: semplicemente hanno attraversato Manhattan e sono state utilizzate nel progetto definitivo, in tutt'altra parte della città. Come l'idea di un edificio stratificato, con le attività più legate al pubblico, la zona educational e il teatro, più vicine al piano terra. Il gruppo di lavoro è stato straordinario e numeroso. Con quello che ne consegue: l'eterogeneità delle opinioni e la difficoltà di gestirle e coordinarle. Ma questa complessità è stata una ricchezza, e non è certamente stata la causa della fine di questa prima ipotesi di collocazione del museo, tra la Madison avenue e la 75° strada. La ragione è più ovvia: semplicemente in quel sito non ci stavamo. E allora nel 2006, dopo due anni di lavoro, c'è stato un cambiamento che ha segnato una svolta radicale: il board ha deciso di spostare la sede. Una scelta difficile: non solo dal punto di vista logistico, ma anche da quello funzionale. Immaginate solo la discussione su come utilizzare la vecchia sede sulla Madison, una volta rimasta vuota.
Ma c'era anche un motivazione a favore molto forte: il Whitney è un museo dedicato all'arte americana, molto aderente alla cultura statunitense profonda, ed era giusto riportarlo downtown, dov'era nato, e non nell'Upper East. Emigrare a sud era un modo di tornare alle origini, a casa.
Ricordo esattamente la prima visita al sito dove sarebbe nato il museo. Il board aveva contattato la municipalità di New York per sapere quali siti pubblici fossero disponibili. Ne trovarono due, entrambi a Meatpacking District, la zona dove si trovavano i mattatoi e il mercato di carne della città. Un quartiere industriale in piena espansione e trasformazione, dove infatti non abbiamo avuto nessun problema.
I siti erano vicini: il primo fra Washington Street e Gansevoort Street, e il secondo appena due blocchi più a nord. Entrambi affacciavano sulla High Line, un tratto in disuso della ferrovia sopraelevata che è stata poi recuperata: in quel periodo avevano appena finito il concorso che la avrebbe trasformata nel parco urbano lineare che vediamo oggi. Andammo a vederli con Leonard Lauder e Adam Weinberg. Quello che alla fine abbiamo scelto era straordinario: affacciato da un lato sul fiume Hudson e dall'altro esattamente al termine della High Line, dove era stata interrotta durante la demolizione parziale, prima di deciderne il recupero. Si trovava insomma nel luogo in cui finiva un'avventura, e abbiamo subito immaginato che nello stesso punto poteva cominciarne un'altra: quella del nuovo Whitney. Ero entusiasta: pensate che quel giorno durante il primo sopralluogo vidi dall'altro lato della strada, su Washington Street, un cartello con scritto "affittasi".

In his project Breuer himself had actually envisioned the possibility of expanding southward. So he had left traces in the façade where the connections could be made to the building next door. It would have been an interesting project, but it simply did not work.
All the same, the ideas for a public ground level accessible from the street and an open, tolerant museum remained. They have simply been taken across Manhattan and used in the final project, in a completely different part of town. As has the idea of a layered building, with more activities involving the public, the educational zone and the theater all closer to the ground floor.
The working party was outstanding and numerous. With everything that went with it: a diversity of opinions and the difficulties in managing and coordinating them. But this complexity was valuable, and it was certainly not to blame for abandoning our first idea for the museum's location, between Madison Avenue and 75th Street. The reason is clear: it just wouldn't fit into the site.
And then in 2006, after two years' work, there came the breakthrough. The board decided to move the premises. It was a tough choice: not just logistically but also functionally. Just imagine the discussions about how to use the old premises on Madison Avenue once they were empty. But there was also a very strong argument in favor of moving: the Whitney is a museum dedicated to American art. It is closely entwined with the depths of American culture, and it was right to take it back downtown, where it was born, not on the Upper East Side. Migrating south was a way of getting back to its roots, of going back home.
I clearly recall my first visit to the site where the museum would be built. The board had contacted the City of New York to know which public locations were available. They found two, both in the Meatpacking District, with its slaughterhouses and the city's meat market. A booming, changing industrial neighborhood, and sure enough, we never had any problems here. The two sites on offer weren't far apart: the first between Washington Street and Gansevoort Street, and the second just two blocks further north. Both faced onto the High Line, an abandoned stretch of elevated railroad that has now been reclaimed. At that time the competition to turn it into the linear urban park we see today had just ended. We went to inspect the locations with Leonard Lauder and Adam Weinberg.
The one we eventually chose was extraordinary. It had one side facing the Hudson River and the other right at the end of the High Line, where demolition work had been halted, when it was decided to reclaim it. It was just at the place where the adventure ended, and we immediately imagined it as the starting point for another: the new Whitney.
I was enthusiastic about it. That same day, while we were

Già il giorno seguente visitammo i locali per creare lì il nostro ufficio di New York, dove siamo tuttora. Ho quindi finito, negli anni, per conoscere molto bene quella zona: un quartiere pieno di energia. La scelta era fatta, e quindi cominciammo a lavorare a questo secondo progetto.
Un'impresa piuttosto difficile. Intanto per le dimensioni: abbiamo costruito circa 19.500 metri quadri, sollevati dal suolo. Questa era un'idea importante che abbiamo mantenuto: non prendere possesso dello spazio a terra, ma lasciarlo alla città, farsi invadere dalla strada. Significa riconoscere il valore civico di un luogo per la cultura e per l'arte, e farne uno spazio trasparente e accessibile, non elitario. Un museo accogliente come una piazza. E inoltre finalmente tutti i dipartimenti del Whitney sarebbero stati riuniti in un unico edificio. Queste idee, così fondanti, non si sarebbero potute portare avanti nell'espansione sulla Madison Avenue: qui invece le abbiamo realizzate.
Avremmo messo fine alla sofferenza che aveva accomunato molti dei membri del board, a partire dal direttore Adam Weinberg e il capo curatore Donna De Salvo. In seguito, con una organizzazione più sistematica delle istituzioni culturali di New York, c'è stato un contratto tra il Whitney e il Metropolitan Museum, che per circa dieci anni gestirà la vecchia sede per ospitare attività legate alle mostre temporanee.
In questo modo il museo di Breuer rimane un frammento del sistema culturale cittadino, si trasforma senza perdere la propria identità .
Hanno detto che il nuovo museo Whitney sembra una nave a terra. Ma a me non piace usare metafore per descrivere i miei progetti: un edificio è un edificio.
Se proprio dovessi tradurlo in un'immagine direi piuttosto che è una grande fabbrica, sollevata da terra, che da un lato guarda verso l'acqua e dall'altra verso la città. E mi piace pensare che sarà utilizzata in modo aperto e flessibile.
Un edificio che è nato a strati: al piano terra si svolgono le attività pubbliche e di accoglienza: ci sono anche una galleria pubblica e gratuita, che ospita a rotazione una parte della collezione, e un ristorante. Appena sopra si trovano le attività amministrative e di gestione; metterle altrove sarebbe stato un errore (avrebbe rotto l'unità del sistema) e un teatro.
Salendo ancora si accede alle gallerie che ospitano la collezione. Tutti i percorsi verticali sono messi in evidenza: poiché l'edificio si sviluppa in altezza li abbiamo voluti mostrare in maniera un po' esagerata, in modo che diventino essi stessi espressione di movimento. In architettura esiste una sorta di poetica del movimento, e qui ci siamo divertiti a esprimerla con montacarichi, ascensori e scale, e rendere questi percorsi verticali molto visibili e percepibili, quasi diagrammatici. In qualche modo è anche un omaggio all'edificio di Breuer e ai suoi due grandi ascensori al piano terra, che entrando nel museo costituivano una sorpresa.

making our first site inspection, I saw a "To Rent" sign across the way on Washington Street. The next day we visite the premises to install our New York office, and that's where we are today. Naturally, over the years, I ended up getting to know the setting well, a neighborhood tingling with energy. The choice was made, and so we started work on this second project. It was no easy task. First of all because of its scale. We built 214,000 square feet, cantilevered off the ground. This was an important idea and we stuck to it: not to take possession of the space at grade, but leave it to the city and let the street encroach. It meant recognizing the civic value of a place for culture and art, and making the space transparent, accessible, not elitist. A museum as welcoming as a city square. And finally all the departments of the Whitney coul be brought together in a single building. These ideas, so fundamental, could never have been realized by building an extension on Madison Avenue. Here they were fulfilled.
We would put an end to the exasperation shared by many of the board members, starting from the director Adam Weinberg and chief curator Donna De Salvo. Later, in a mor systematic organization of New York's cultural institutions, there was an agreement between the Whitney and the Metropolitan Museum, which for the next ten years or so will use the old premises to host activities connected with its temporary exhibitions. In this way Breuer's museum will remain a fragment of the cultural system of the city, being converted without losing its identity.
The new Whitney museum has been described as like a ship on shore. But I don't like to use metaphors to describe my projects. A building is a building. If I had to translate it into an image I'd prefer to call it a big factory, raised off the ground, that looks out over the water on one side and toward the city on the other on the other. And I like to think it will be used in open and flexible ways.
The building is stacked up in layers. Public activities and reception are on the ground floor. There is also a public gallery, with admission free of charge, that presents exhibits from the collection in rotation, and a restaurant. The administration and management offices are just above. Putting them anywhere else would have been wrong (it would have broken up the unity of the system). There's also a theater. Keep going up and you come to the galleries housing the collection. All the vertical routes are given prominence. As the building develops upwards we wanted to display them in a somewhat exaggerated way, so they would become expressive of movement. There exists a sort of poetic of movement in architecture, and here we enjoyed ourselves expressing it with hoists, elevators and staircases, and making these vertical pathways very visible and perceptible, almost diagrammatic.
In some ways it is also a tribute to Breuer's building and his two big elevators on the ground floor, which come as a surpri

Nel nostro edificio la presenza degli ascensori è ancora più forte. Lo stesso vale per la lunga scala che collega il livello 0 con il livello 5.
Al livello della strada l'edificio è sostanzialmente aperto: guardando verso ponente si vede il traffico sulla highway, che percorre Manhattan in tutta la sua lunghezza sul lato ovest, e oltre la strada si vede l'Hudson. Invece a est, verso levante, l'edificio si affaccia su Washington Street, una via molto vivace. Intorno ci sono edifici industriali, alcuni dei quali sono destinati a sparire, come quello più vicino al museo, che stanno demolendo proprio in questo periodo per creare un parco. Per fortuna la purezza e la neutralità non sono nel carattere di questo quartiere. Entrambe le vedute, verso est e verso ovest, e la trasparenza del museo a terra ricordano che sei in città. A me è sempre piaciuta l'idea che un luogo per la cultura, una cultura non elitaria e paludata, sia un luogo che non dimentica dove nasce. Come ho accennato la High Line proprio in quel punto, all'altezza del museo, si interrompe. E poiché si sa che l'avventura accompagna sempre l'architettura, ci siamo trovati a disegnare anche un piccolo edificio di supporto delle attività dei botanici che ci lavorano: è il punto di aggancio del parco lineare a terra.
La magia della High Line è proprio quella di essere una strada, solo che vola a 8-10 metri di altezza: quel tanto da ricordarti che sei in città, e al tempo stesso proteggerti da ogni rischio. Anche dai rumori, che infatti arrivano leggermente attenuati. La dimensione urbana, presentissima a New York, è qui centuplicata. Certamente questo edificio ha una massa notevole: ed è la sua forza. Dall'inizio abbiamo immaginato che potesse essere vissuto dall'alto verso il basso, con un percorso a scendere sia all'interno che all'esterno. Verso est infatti ci sono una serie di terrazze, collegate da scale che si accordano con lo skyline di New York: un flirt con il panorama. Abbiamo creato un percorso aereo, un momento di sospensione anche fisica dalla città. Sono certo che qualcuno parlerà di Luna Park. New York è una città che sa fare il miracolo di mettere assieme il sacro e il profano. Io invece immagino questo spazio un po' come la piazza di fronte al Centre Pompidou di Parigi, che si è trasformata in uno spazio urbano vivo e frequentato. Non bisogna dimenticare che questo edificio nasce per esporre l'arte, anzi raddoppia gli spazi espositivi. Era molto importante avere spazi flessibili e aperti: la galleria più grande del museo, al 5° piano, è una sala rettangolare di 1.675 mq senza pilastri, lunga 81 metri e larga 22.5. Trovo inutile la diatriba sulla supremazia dell'arte sull'architettura: quando si progetta un museo l'assoluta protagonista deve essere la prima. Non bisogna dimenticare che la funzione di base dell'architettura è quella di creare ripari per le funzioni umane; quando progetti una casa devono essere le persone che ci vivranno a guidarti, se fai una sala per concerti è la musica a comandare.

se when you enter his museum. In our building, the elevators are even more prominent. The same applies to the long staircase connecting level 0 to level 5.
At street level, the building is basically open: looking westward you see the traffic on the highway, running the whole length of Manhattan on the West Side, and across the road you see the Hudson. Then eastward, the building overlooks Washington Street, which is very lively. Around it there are industrial buildings, some of them slated to disappear, like the one closest to the museum, now being demolished to lay it out as a park. Luckily purity and neutrality are no part of the character of this neighborhood. Both views, east and west, and the transparency of the museum at ground level, remind you you're in town. I always liked the idea of culture that isn't elitist or pompous being in a place that never forgets where it was born. As I mentioned, the High Line comes to an end at that point, at the museum. And because it's well known adventure always comes with architecture, we designed a small building to support the activities of the botanists who work there. It's the point where the linear park is anchored to the ground. The magic of the High Line lies in the fact that it's like a road, but one soaring some 30 feet above grade. Just enough to remind you you're in the city, while protecting you from all risks. Also from the noise, which is actually slightly muffled.
The urban dimension, everywhere in New York, is here multiplied a hundredfold. Of course this building has a considerable mass: that's its strength. From the start we imagined how it would be experienced from top to bottom, with routes down the interior and exterior. To the east there are a number of terraces, linked by stairs that harmonize with the New York skyline, flirting with the panorama. We created an aerial route, a phase of mental and physical suspension from the city. I daresay someone will say it's like a Luna Park. New York is a city that's capable of working the miracle of bringing together the sacred and the profane. But I imagine this space as rather like the forecourt of the Centre Pompidou in Paris, which has grown into a lively, busy urban space. Never forget that this building was created to exhibit artworks. In fact it doubles the exhibition space. It was very important to have flexible, open spaces. The museum's largest gallery, on the 5th floor, is a rectangular interior covering 18000 square feet, free from pillars, 270 feet long and 72 feet wide. As for the diatribe about the supremacy of art over architecture, I find it pointless. When you design a museum, the focus has to be on the art. Never forget that the basic function of architecture is to create shelters for human functions. In designing a house you have to let yourself be guided by the people who are going to live in it. If you're going to build a concert hall then the music will call the shots. This gallery also has a twofold view: over the Hudson, with

Anche questa galleria ha un doppio affaccio: sull'Hudson, con la vista che si allarga fino al New Jersey (a me piace dire, scherzando, che aguzzando lo sguardo si potrebbe vedere Los Angeles) e sulla città. Inizialmente non era rettangolare, ma tagliata in diagonale. E questo taglio era stato fatto per lasciare libera la vista dalla città verso il fiume. Poi abbiamo modificato la pianta e raddrizzato le sale, rendendoci conto che non era necessario. Insomma, la forma dell'edificio è stata disegnata dall'interno e dal piano terra, sollevato, e poi da questi volumi che dovevano creare un percorso da un livello all'altro. Le dimensioni del nuovo museo e delle sale permettono di esporre contemporaneamente l'intera collezione, cosa che non è mai successa prima. Lo spazio al 5° piano sarà parzialmente suddiviso per l'inaugurazione, ma Donna De Salvo, capo dei curatori del museo, mi ha detto che già nella seconda metà del 2015 sarà lasciato completamente aperto. La galleria all'ultimo piano, l'ottavo, è illuminata naturalmente. Come è noto la penisola di Manhattan non è orientata a nord per un'inclinazione di 23° verso ovest.
Ma per nostra fortuna il tessuto urbano su cui è stato costruito il museo è leggermente disassato. Così nella sala dell'ultimo piano, attraverso una copertura a shed, siamo riusciti a catturare la luce da nord. È la migliore, perché ha una luminosità perfettamente diffusa ma priva di irraggiamento diretto. Scendendo ai piani inferiori questo non è più possibile, ma abbiamo delle aperture vetrate verso est e verso ovest.
L'edificio in pianta è formato da due metà, distribuite ai lati di una spina centrale che ospita tutti i sistemi di risalita e di sicurezza: la parte a nord è la zona di "sostegno" del museo, dove lavorano anche i curatori. Quella a sud ospita gli spazi espositivi. Inizialmente la facciata avrebbe dovuto essere in pietra. C'è anche una montagna negli Stati Uniti che si chiama proprio Whitney. Abbiamo lavorato per un po' di tempo su questa ipotesi, per poi capire che sarebbe stata troppo pesante e costosa, e inoltre, cosa anche più grave, fuori luogo in un quartiere costituito soprattutto da edifici industriali, in mattoni o in metallo. Quindi siamo passati all'idea dell'acciaio. L'edificio è rivestito di pannelli che lo avvolgono come se fossero nastri: i pannelli seguono le diverse inclinazioni dell'edificio, per mantenere l'effetto di massa. Li abbiamo verniciati di un azzurro molto chiaro e luminoso, che gioca con la luce.
Il cantiere è stato come sempre un'esperienza avventurosa. Ne abbiamo viste di tutti i colori: pensate che gli elementi prefabbricati di cemento faccia a vista sono stati prodotti in Canada e trasportati a New York, e la facciata è stata fatta in Germania. Abbiamo anche realizzato molti prototipi della facciata nella fabbrica della Gartner, in mezzo alla campagna della Ruhr, per testare le parti più complicate. I loro tecnici sono geniali, si divertono a creare nuove invenzioni: per montare i pannelli hanno sviluppato un sistema con una

a vista reaching to New Jersey (I like to joke that if you look hard enough you can see Los Angeles) and across the city. Initially the building was not rectangular but cut diagonally in half. This cut was made to keep out the view from the city towards the river. Then we modified the plan and straightened the rooms, realizing it wasn't necessary. In short, the shape of the building has been designed from inside and from the ground floor, cantilevered up, and then from these volumes that had to create a path going from one level to another. The dimensions of the new museum and its galleries make it possible to show the whole collection at once, something that has never been done before. The space on the fifth floor will be partially subdivided for the inauguration, but Donna De Salvo, chief curator at the museum, told me that by the second half of 2015 it will be left completely open.
The gallery on the top floor, the eighth, receives natural light. As everyone knows, the Manhattan peninsula is not oriented due north but tilts 23° west. But fortunately for us the urban fabric on which the museum is built is slightly misaligned. Hence in the top floor gallery, the sawtooth shed roofing enables us to capture light from the north. That's the best because the light is perfectly diffused yet the sunlight never enters directly. On the lower floors this is no longer possible, but we have windows facing east and west.
In plan the building consists of two halves laid out at the sides of a central spine, which houses all vertical communications and fire escapes. The one on the north side is the museum's support space, where the curators work. The one on the south side houses the exhibition spaces.
Initially the façade was meant to be built of stone. (There's even a mountain in the United States called Mt. Whitney.) We worked for a while on this idea, only to realize it would be too heavy and expensive. Even worse, it would have been out of place in a neighborhood consisting mainly of industrial buildings built of brick or metal. So we went over to the idea of steel. The building is faced with panels that enwrap it like ribbons: the panels follow the different angles of the building, to maintain the effect of mass. We painted them a very light, luminous blue, that plays with the light.
Construction was an adventure, as always, really hectic. We ran through the whole gamut of experiences. The precast concrete facing elements were made in Canada and transported to New York, and the façade was made in Germany. We even produced a number of prototypes of the façade in the Gartner factory, out in the Ruhr countryside, to test the most complicated parts. Their technicians are brilliant, they really have fun creating new inventions. To mount the panels they developed a system with a twenty suction caps that grab hold of them, so you can move them wherever you want. In this way the panels were not deformed during assembly, though the longest were as much as 70 feet. The whole construction

ventina di ventose, che li "afferrano" e li spostano. In questo modo i pannelli durante il montaggio non si sono deformati, e considerate che i più lunghi arrivano a 20 metri. Tutto il cantiere è stato accompagnato da un'importante attività di sperimentazione, anche sui materiali: ad esempio sono state fatte molte prove per trovare la proporzione esatta di caolino, compositi e leganti per ottenere la giusta finizione del cemento faccia a vista. E da qualche contrattempo: ad esempio nel 2012, con il passaggio dell'uragano Sandy.
La marea molto alta e il vento fortissimo hanno spinto le onde verso la costa, e l'acqua ha invaso i fondi dell'edificio, che non erano ancora stati chiusi. Questo incidente ci ha portati a migliorare il sistema di sicurezza dell'edificio, in modo da proteggerlo anche da eventi di portata straordinaria come questo: oggi in poche ore è possibile montare una serie di barriere al piano terra, che lo chiudono ermeticamente in caso di inondazione. Va considerato che costruendo un edificio come un museo si deve ragionare in termini temporali molto lunghi, con proiezioni centenarie.
Un cantiere che abbiamo potuto seguire quotidianamente, perché si trova esattamente di fronte al nostro ufficio: lo vedevamo affacciandoci dalla finestra. Le visite erano mitiche: bastava prendere il casco protettivo, indossarlo e attraversare la strada. C'è stato quindi un confronto continuo con il cliente, su ogni tema.
All'interno del museo abbiamo utilizzato il cemento a vista: inizialmente volevamo "gettarlo in opera", che sarebbe il procedimento più corretto, ma si è rivelato molto difficile. Intanto per le forti escursioni termiche di New York, che incidono sulla qualità del risultato, e poi perché è una tecnica che non appartiene alle migliori abitudini costruttive di questa città. Infatti per l'espansione del Kimbell Art Museum, dove era assolutamente necessario utilizzare il cemento faccia a vista, abbiamo chiamato in aiuto Pietro Dottor da Venezia, e abbiamo costruito un team internazionale per realizzare una struttura molto complessa. Il risultato è stato perfetto, ma non sarebbe stato possibile riproporlo sul cantiere di Whitney, anche per i costi troppo elevati. Quindi abbiamo preferito produrre moduli prefabbricati in Canada e poi trasportarli. Lo abbiamo fatto molto attentamente: non sono pannelli che vengono assemblati l'uno all'altro come nelle costruzioni prefabbricate, dove spesso si coglie la fragilità del pezzo. La bellezza del cemento è la massa, che deve essere espressa: qui ad esempio tutti gli angoli sono costituiti da pezzi unici.
Il pavimento invece è fatto di assi di pino recuperate da vecchi edifici. Un legno usato, che conserva tracce e imperfezioni, che toglie l'aspetto troppo ricercato e restituisce quello un po' industriale, giusto per la sede di un grande museo dedicato all'arte americana contemporanea.
Questo accomuna il nostro progetto a quello di Breuer,

work was accompanied by important experiments with materials as well as the other components. For example we carried out a lot of tests to find out the exact proportions of kaolin, composites and binders and to get the right exposed concrete finish.
Then there were some real upsets, like in 2012 when Hurricane Sandy blew through. The tide was running very high and strong winds drove the waves towards the coast. The water came flooding into the building's basement, which hadn't been enclosed by that point. This led us to improve the building's security system, so as to protect it from extraordinary events like this. Today in just a few hours a series of barriers can be mounted around the ground level, hermetically sealing it in the event of flooding. It should be recognized that when you construct a building like a museum you have to think very long term, with projections for hundreds of years ahead. We were able to follow the construction work on a daily basis, because it went on right opposite our office. We could see it by simply looking out the window. Site visits were wonderful. We would just pick up a builder's helmet, clap it on and cross the street. There was a continuous exchange of ideas with our client about all the issues.
Inside the museum we used exposed concrete. Initially we wanted to pour it on site, which would have been the best way, but it proved too difficult. One factor was the extreme temperatures in New York, which affect the quality of the result. And then because it's a technique that does not belong to the city's best construction practices. In fact, for the extension to the Kimbell Art Museum, where it was absolutely necessary to use exposed concrete, we called in Pietro Dottor from Venice to assist us, and we assembled an international team to build a very complex structure. The result was perfect, but it could never have been done for the Whitney, because of the high costs for one thing. So we preferred to have the modules precast in Canada and then transported here. We did it all very carefully. They aren't panels assembled by joining them to each other as in prefabricated buildings, where the fragility of a piece is often perceptible. The beauty of concrete is its mass, which has to be expressed. Here, for example, every corner is a one-off piece.
The flooring is made of pine boards salvaged from old buildings. Reused timber preserves traces and imperfections, so toning down the too refined appearance and restoring that rather industrial look, just right for the premises of a big museum devoted to contemporary American art. This is something our project has in common with Breuer's building and its split stone floors. True, it's hard to imagine two more different designs. Breuer's is built up out of masses, but ours is massive only in appearance. It's actually made up of transparencies and light effects.
The Genoa office worked on this project. First Shunji Ishida,

che ha pavimenti di pietra a spacco. Certo, è difficile immaginare due edifici più diversi: il museo di Breuer è fatto di masse, il nostro lo è solo apparentemente, in realtà è fatto di trasparenze e di giochi di luce. A questo progetto ha lavorato lo studio di Genova: innanzitutto Shunji Ishida, mio partner storico, che ha sempre uno sguardo complessivo sui progetti più importanti, e poi Mark Carroll e Elisabetta Trezzani che è stata il capoprogetto. Un team interessante: Toby Stewart aveva lavorato prima al Gardner Museum di Boston, e poi si è fermato a New York per seguire il cantiere di Whitney, Kevin Schorn invece era stato a Genova per 3 o 4 anni, anche lui lavorando al progetto del Gardner Museum, poi si è spostato. Elisabetta ha continuato a viaggiare avanti e indietro almeno due volte al mese. È interessante anche questo movimento degli architetti che lavorano nei nostri uffici.
La dimensione numerica del nostro studio, né troppo piccola né troppo grande, permette che le persone giuste si trovino nel posto giusto, come per miracolo. E questo è molto importante, perché se è vero che l'architettura è un lavoro corale è altrettanto vero che bisogna ci siano bravi musicisti, e che siano intonati. Tutti devono avere la capacità di lavorare all'unisono, condividendo gli stessi valori, prima di tutto tra loro e poi con il cliente. In questo caso il cliente è stato straordinario. È vero che il board era complesso ed è cambiato tante volte, ma è sempre stato composto da persone speciali. Intanto Leonard Lauder, che è stato molto generoso con il Whitney. E poi Adam Weinberg, al nostro fianco dall'inizio del progetto, e Donna De Salvo con la quale abbiamo avuto un rapporto continuativo. Non credo che in questi anni sia mai trascorsa più di una settimana senza che ci sentissimo e confrontassimo. Ci siamo visti spesso nel nostro ufficio di Genova, sono venuti ogni volta che c'era da vedere un prototipo e validare i passaggi più importanti. La forma finale di questo museo risponde a una serie di esigenze: è disegnata dalla forza di necessità, dai limiti geografici, da quelli funzionali ed economici. Ma il Whitney per fortuna è disegnato anche dalla forza dei desideri. Le due cose si combinano: perché la forza di necessità da sola disegnerebbe dei mostri, e i desideri da soli chissà cosa potrebbero provocare.
I desideri sono come la fantasia: vanno bene, ma alle giuste dosi. O se preferite sono come la marmellata: è ottima mangiata un po' alla volta, ed è molto meglio se spalmata su una fetta di pane. I desideri hanno bisogno di essere ancorati ai bisogni. In questo progetto tutto poteva essere fatto in mille modi diversi, non c'era una sola soluzione possibile.
Ci sono diverse dimensioni che sono di carattere sociale e poetico, e fanno sì che non esistano automatismi in architettura. Non esiste che date certe premesse il risultato sia certo, non c'è questa desiderabile semplificazione che renderebbe tutto più facile. E qui entra in gioco questa straordinaria miscela che è l'architettura, che è fatta da necessità, da quella cosa

my long-term partner, who always has an overview of the most important projects, and then Mark Carroll and Elisabetta Trezzani as project leader. An interesting team. Toby Stewart had worked before on the Gardner Museum in Boston, and then stayed on in New York to oversee construction work on the Whitney. Kevin Schorn had been in Genoa for three or four years, likewise working on the Gardner Museum project before moving to New York. Elisabetta kept shuttling back and forth at least twice a month. This movement of architects who work in our offices is also interesting. The numerical size of our office, not too small or too large, means the right people are in the right place, as if by a miracle. And this is very important, because if it's true that architecture is choral work, it's equally true that there have to be good musicians, they hit have to hit the right notes. Everyone needs to work in unison, sharing the same values, first of all together and then with the client.
And in this case the client was outstanding. It's true the museum board was complex and kept changing, but it was always made up of special people. First of all Leonard Lauder who has been very generous to the Whitney. And then Adam Weinberg, at our side right from the start of the project, and Donna De Salvo, whom we kept in touch with continuously. I believe not a week ever went by in these years without our seeing each other and exchanging views. We often met in our Genoa office. They came whenever there was a prototype to be seen and validated the most important stages of the work. The final form of this museum meets a number of requirements. It is designed by the force of necessity, by geographical constraints as well as functional and budgetary ones. But fortunately the Whitney has also been designed by the force of desire. The two things go together, because the force of necessity alone would produce monstrosities, and goodness knows what desires alone might lead to. Desires are like the imagination. They're fine, but in the right doses. Or let's say they're like jam, excellent eaten a little at a time, and all the better if it's spread on a slice of bread.
Desires need to be anchored to needs. In this project everything could be done in so many different ways, there wasn't just a single possible solution. There are different dimensions that are social and poetic in nature, and this ensures there are no automatisms in architecture. You can never argue that given certain preconditions the result will be assured. There's no such desirable simplification that would make everything easier. And this is where the extraordinary mixture that is architecture comes in, because it is fashioned out of necessity, the stubborn fact of the force of gravity, the weight of things, but also, thankfully, social aspirations, community needs. Nobody asked us to design a building raised off the ground, but it was obvious this was the right way to engage with the rest of the city.

testardissima che è la forza di gravità, dal peso delle cose e grazie al cielo anche dalle aspirazioni sociali, dai bisogni della comunità. Nessuno ci aveva chiesto di disegnare un edificio sollevato da terra, ma era evidente che quello era il modo giusto per agganciarsi al resto della città.
E poi c'è una cosa imprendibile, di cui non si può parlare, che è la parte poetica, che misura questo edificio che gioca da una parte con il paesaggio della città e dall'altra cerca di liberarsi verso l'acqua.
Sono appena rientrato da New York, dove ho fatto l'ultima visita di cantiere. La prossima volta che vedrò il museo sarà aperto al pubblico, ma già ora è occupato da una parte del personale. Anche le sale espositive iniziano ad essere abitate dai curatori, che lavorano all'allestimento. Li ho incontrati e mi sembravano felici. Non posso ancora parlarne come di un edificio finito, ma sperare che succeda quello che mi sono augurato nel progettarlo: che venga adottato dalla città, proprio perché non scende a terra in modo arrogante e aggressivo, ma è accogliente. E sono già in tanti a girare lì intorno incuriositi. Una delle motivazioni più importanti del lavoro di architetto, che tiene vivi e dà la forza di continuare i progetti, è proprio l'idea di non costruire edifici indifferenti alla città, ma al contrario luoghi di incontro in cui la gente si ritrovi e condivida valori. Che poi questo significhi che ci saranno più amanti dell'arte io non lo so dire, ma credo di sì. È una specie di giardino incantato, a forza di frequentarlo funziona per osmosi.
Durante questa ultima visita di cantiere ho fatto un esperimento: mi sono costruito mentalmente un ologramma e l'ho finito aggiungendo le persone, le facce e le espressioni giuste. Le vedo al piano terra, che si stagliano lungo il traffico della highway come piccole ombre cinesi, nella luce della sera. Credo che l'edificio sarà vissuto felicemente: un luogo dove spero che la gente imparerà a stare insieme.
Questo è il mio augurio.

Renzo Piano, 2015

And then there is an elusive factor, something that defies words, which is the poetic part, which gives the measure of this building, so it plays on one side with the city's landscape and on the other soars out over the water.
I've just come back from New York, where I made my last visit to the construction site. The next time I see the museum it will be open to the public, but it's already occupied by some of the staff. Even the galleries are beginning to be taken over by the curators, at work on the exhibit design. I met them and they struck me as happy. I can't talk about it as a finished building yet, but I hope that what I wished for in creating it does really happen: that it will be adopted by the city, precisely because it does not occupy the ground arrogantly and aggressively. It's welcoming. And there are already a lot of people who wander around it intrigued. One of the most important reasons for the architect's work, which keeps us going and gives us the strength to continue our projects, is the idea of not creating buildings indifferent to the city, but meeting places, where people will get together and share their values. Whether this means that there will be more art lovers I can't say for certain, but I think so. It's a kind of enchanted garden. If you keep frequenting it, it works by osmosis.
During this last visit to the construction site I conducted a little experiment. I conceived a mental hologram and finished by adding the people, the right faces and expressions. I see them on the ground floor, standing out against the traffic on the highway like small shadow puppets, in the evening light. I think the building will be a happy place to use: a place where I hope people will learn to come together. This is my wish for it.

2007-2015
**The Whitney Museum
of American Art at Gansevoort**
New York, USA

Client
The Whitney Museum of American Art

Renzo Piano Building Workshop, architects
in collaboration with
Cooper Robertson & Partners (New York)

Design team
M. Carroll and E. Trezzani
(partners in charge)
with K. Schorn, T. Stewart,
S. Ishida (partner), A. Garritano,
F. Giacobello, I. Guzman, G. Melinotov,
L. Priano, L. Stuart and C. Chabaud,
J. Jones, G. Fanara, M. Fleming, D. Piano,
J. Pejkovic; M. Ottonello (CAD operator);
F. Cappellini, F. Terranova, I. Corsaro (models)

Consultants
Robert Silman Associates (structure);
Jaros, Baum & Bolles (MEP, fire prevention);
Arup (lighting);
Heintges & Associates (facade engineering);
Phillip Habib & Associates (civil engineering);
Theatre Projects (theatre equipment);
Cerami & Associates
(audiovisual equipment, acoustics);
Piet Oudolf (landscaping);
Viridian Energy Environmental
(LEED consultant)

Construction manager
Turner Construction

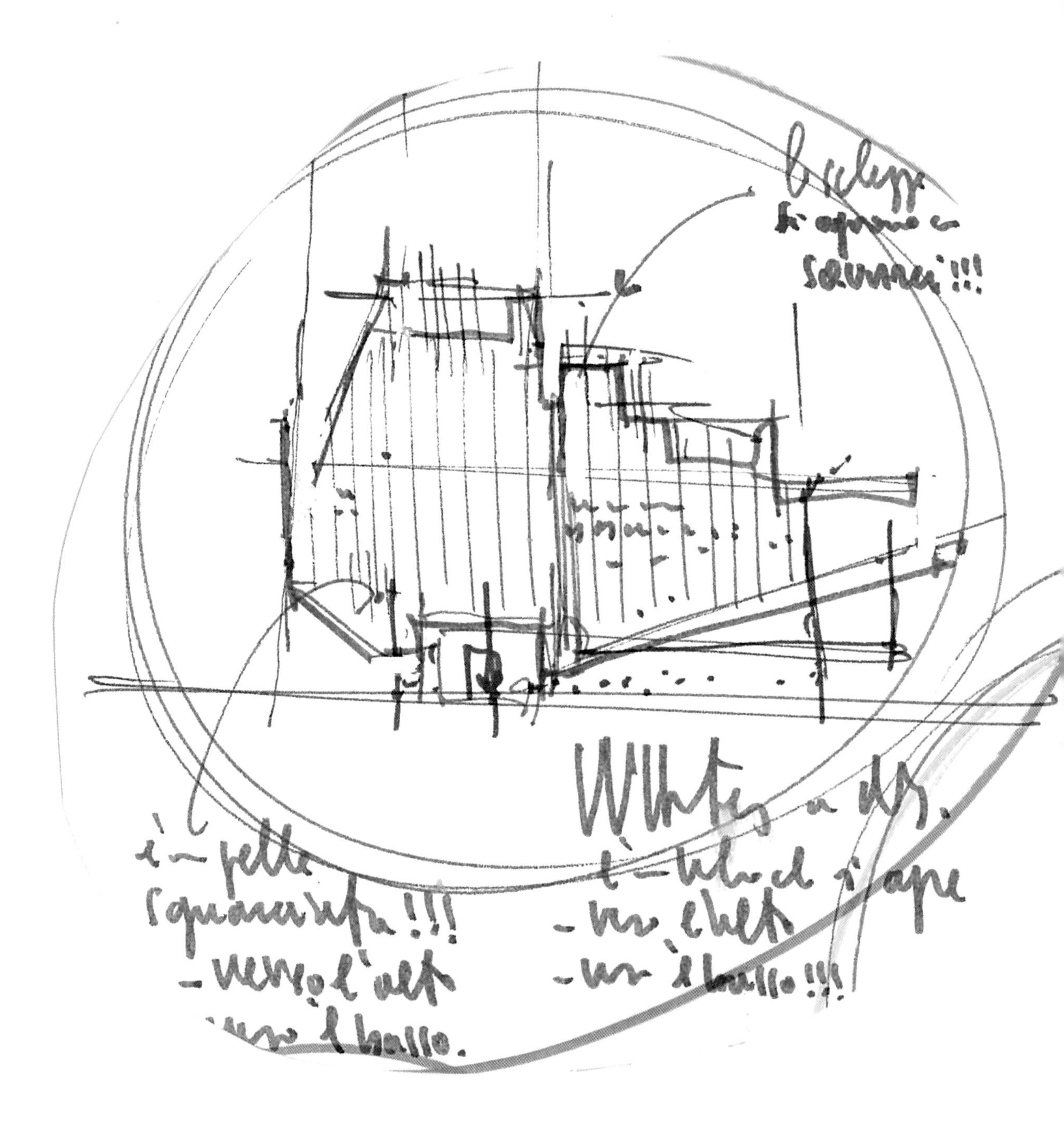

oncezione
ella collana editoriale
onception
f the book series

ia Piano
ranco Origoni
iorgio Bianchi
Iilly Rossato Piano
tefania Canta

Volume a cura di / Book edited by
Lia Piano

Concezione e realizzazione del volume
Book conception and realization

Lia Piano e Franco Origoni
con / with
Elisabetta Trezzani (partner RPBW)
e / and
Renzo Piano Building Workshop:
Shunji Ishida (partner RPBW)
Elena Spadavecchia

Con la partecipazione di
With the partecipation of
Whitney Museum of American Art :
Adam D.Weinberg
(Alice Pratt Brown Director)
Donna De Salvo
(Chief Curator and Deputy Director for Programs)
Renzo Piano Building Workshop:
Stefania Canta
Chiara Casazza
Enrico Ginocchio
Giovanna Langasco
Antonio Porcile
Linda Zunino
Fondazione Renzo Piano:
Nicoletta Durante
Giovanna Giusto

Si ringraziano
Special thanks to
Whitney Museum of American Art:
Anita Duquette
Jeff Levine
Christie Mitchell
Sara Rubenson

Progetto grafico e impaginazione
Layout
Origoni Steiner
Architetti
Franco Origoni e Anna Steiner
con / with
Silvia Liuzzo

Traduzione / Translation
Richard Sadleir
Miranda Westwood
Verto Group Srl

Prestampa / Prepress
Elleviemme

Stampa / Print
Grafiche Antiga

Crediti Fotografici
Photoscredits
Photograph by
© Marco Anelli
© Iwan Baan
© BANKER STEEL
©Mathew Carasella
© Gartner
© Google
© CENTRO INOX
Associazione italiana per lo sviluppo degli acciai inossidabili
© Karin Jobst
© Nic Lehoux
© Ed Lederman
© Piet Oudolf
© Timothy Schenck
© Whitney Museum of American Art
Ph. Stefano Goldberg - Publifoto
Francesco Giacobello - RPBW
Elisabetta Trezzani - RPBW
Kevin Schorn - RPBW
Toby Stewart - RPBW
Render by
Cristiano Zaccaria

Aerial shots: courtesy of the
Whitney Museum of American Art
Webcam
© Whitney Museum of American Art

Charles Sheeler (1883 1965).
Office Interior, Whitney Studio Club,
10 West 0 Street, (c. 1928).
Gelatin silver print7 1/2 × 9 1/4in.
(19.1 × 23.5 cm).
Whitney Museum of American Art,
New York; gift of Gertrude Vanderbilt
Whitney 93.24.2. Digital Image
© Whitney Museum of American Art, N.Y.

Façade of the Whitney Museum of American Art, 10 West 8th Street, 1931-32. Re-modeled by Noel & Miller Architects. Frances Mulhall Achiles Library, Whitney Museum of American Art, N.Y.Photograph by F.S. Lincoln.

Installation view of Part II of the Permanent Collection (November 18, 1931-January 2, 1932). Whitney Museum of American Art, New York. Frances Mulhall Achiles Library, Whitney Museum of American Art, N.Y. Photography by Samuel Gottscho.

Gertrude and Juliana in 1939 in the MacDougal Alley Studio. (Photo by Herbert Gehr/The LIFE Images Collection/Getty Images)Credit: Herbert Gehr / contributor

Façade of Whitney Museum of American Art, West 54th Street, New York. Auguste L. Noel, architect in consultation with Philip C. Johnson. Opening date October 26, 1954. Photograph by Ezra Stoller. © Ezra Stoller, ESTO

Façade of Whitney Museum of American Art, designed by Marcel Breuer on Madison Avenue at 75th Steet. Photograph by Ed Lederman

Opere selezionate
Selected Artworks

Mark Rothko, 1903 - 1970
Four Darks in Red, (1958)
Oil on canvas, 101 13/16 × 116 3/8in. (258.6 × 295.6 cm). Whitney Museum of American Art, New York; purchase, with funds from the Friends of the Whitney Museum of American Art, Mr. and Mrs. Eugene M. Schwartz, Mrs. Samuel A. Seaver and Charles Simon 68.9© 2015 Kate Rothko & Christopher Rothko / Artists Rights Society (ARS), New York. Digital Image © Whitney Museum of American Art, N.Y.

Edward Hopper, 1882 - 1967
Early Sunday Morning, (1930)
Oil on canvas, 35 3/16 x 60in. (89.4 x 152.4 cm) Whitney Museum of American Art, New York; purchase, with funds fromGertrude Vanderbilt Whitney 31.426. © Whitney Museum of American Art.

Eva Hesse, 1936 - 1970
No title, (1969 1970)
Latex, rope, string, and wire, Dimensions variable. Whitney Museum of American Art, New York; purchase, with funds from Eli and Edythe L. Broad, the Mrs. Percy Uris Purchase Fund, and the Painting and Sculpture Committee 88.17a b. © Estate of Eva Hesse, courtesy Hauser & Wirth, Switzerland. Photography by Sheldan C. Collins.

Edward Ruscha, b. 1937
Large Trademark with Eight Spotlights, (1962)
Oil, house paint, ink, and graphite pencil on canvas, 66 15/16 × 133 1/8in. (170 × 338.1 cm). Whitney Museum of American Art, New York; purchase, with funds from the Mrs. Percy Uris Purchase Fund 85.41 © Ed Ruscha. Digital Image © Whitney Museum of American Art, N.Y.

Alice Neel, 1900 - 1984
Andy Warhol, (1970)
Oil and acrylic on linen, 60 x 40in. (152.4 x 101.6cm) Whitney Museum of American Art, New York; gift of Timothy Collins 80.52 © The Estate of Alice Neel, courtesy David Zwirner, New York/London

Alexander Calder, 1898 - 1976
Calder's Circus, (1926 1931).
Wire, wood, metal, cloth, yarn, paper, cardboard, leather, string, rubber tubing, corks, buttons, rhinestones, pipe cleaners, and bottle caps, 54 × 94 1/4 × 94 1/4in. (137.2 × 239.4 × 239.4 cm). Whitney Museum of American Art, New York; purchase, with funds from a public fundraising campaign in May 1982. One half the funds were contributed by the Robert Wood Johnson Jr. Charitable Trust. Additional major donations were given by The Lauder Foundation; the Robert Lehman Foundation, Inc.; the Howard and Jean Lipman Foundation, Inc.; an anonymous donor; The T. M. Evans Foundation, Inc.; MacAndrews & Forbes Group, Incorporated; the DeWitt Wallace Fund, Inc.; Martin and Agneta Gruss; Anne Phillips; Mr. and Mrs. Laurance S. Rockefeller; the Simon Foundation, Inc.; Marylou Whitney; Bankers Trust Company; Mr. and Mrs. Kenneth N. Dayton; Joel and Anne Ehrenkranz; Irvin and Kenneth Feld; Flora Whitney Miller. More than 500 individuals from 26 states and abroad also contributed to the campaign. 83.36.1 72. © 2015 The Calder Foundation, Artists Rights Society (ARS), New York. Photography by Sheldan C. Collins

Trisha Baga, b. 1984
Plymouth Rock 2, (2012).
Two channel video installation, color, 27:12 min., with memory cards, acrylic on three canvas, spray painted CD player, foil, bubbled wrapped plinth, box of electrical wires, spray paint, acrylic on foam, and water bottle, Dimensions variable. Whitney Museum of American Art, New York; purchase, with funds from the Painting and Sculpture Committee and the Film, Video, and New Media Committee 2013.92. © Trisha Baga and Greene Naftali, New York. Photography by Sheldan C. Collins.

Georgia O'Keeffe, 1887 - 1986
Summer Days, (1936)
Oil on canvas, 36 1/8 × 30 1/8in. (91.8 × 76.5 cm). Whitney Museum of American Art, New York; gift of Calvin Klein 94.171. © Georgia O'Keeffe Museum / Artists Rights Society (ARS), New York. Digital Image © Whitney Museum of American Art, N.Y.

Cindy Sherman, b. 1954
Untitled, 2008
Chromogenic print, Sheet (Sight): 63 3/4 x 57 1/4in. (161.9 x 145.4 cm). Whitney Museum of American Art, New York; purchase, with funds from the Painting and Sculpture Committee and the Photography Committee 2009.46a b © Cindy Sherman, courtesy of the artist and Metro Pictures, N.Y.

Glenn Ligon, b. 1960
Warm Broad Glow II, (2011)
installation view from the exhibition Glenn Ligon: America (March 10-June 5, 2011, from the series Warm Broad Glow. Neon, paint, and powder coated aluminum, 27 1/2 × 242 × 4 5/8in. (69.9 × 614.7 × 11.7 cm) Whitney Museum of American Art, New York; purchase, with funds from Marcia Dunn and Jonathan Sobel 2011.114a b © Glenn Ligon. Photography by Sheldan C. Collins.

John Sloan, 1871 - 1951
Backyards, Greenwich Village, 1914
Oil on canvas, 26 × 31 15/16in. (66 × 81.1 cm). Whitney Museum of American Art, New York; purchase 36.153 © 2015 Delaware Art Museum / Artists Rights Society (ARS), New York Digital Image © Whitney Museum of American Art, N.Y.

Richard Artschwager, 1923 - 2013
Maquette for Six in Four E1 E4, 2012 201
Design forWhitney Museum of American Art, New York. © 2015 Estate of Richard Artschwager / Artists Rights Society (ARS), New York Photography by Bill Orcutt

Jonathan Borofsky, b. 1942
Running People at 2,616,216 (1978-79)
installed on the West Ambulatory, 5th floor, the inaugural exhibition, America Is Hard to See (May 1-September 27, 2015). Whitney Museum of American Art, New York. Photograph © Nic Lehoux